GUIA DE REDAÇÃO: ESCREVA MELHOR

Antonio Carlos Viana

Doutor em Literatura Comparada pela Universidade de Nice (França). Mestre em Teoria Literária pela PUC-RS. Ex-coordenador da Oficina de Redação do Departamento de Letras da Universidade Federal de Sergipe.

editora scipione

editora scipione

Diretora-Geral Editoras Ática e Scipione
Vera Balhestero
Diretora Editorial Editoras Ática e Scipione
Angela Marsiaj
Gerente Editorial Didáticos Editoras Ática e Scipione
Teresa Porto
Gerente de Qualidade e Suporte Editoras Ática e Scipione
Beatriz Mendes
Gerente Editorial Didáticos Scipione
Elizabeth Soares

Conforme a nova ortografia da Língua Portuguesa

Responsável Editorial: Roberta Vaiano
Editor: Renato Luiz Tresolavy
Assistente Editorial: Nathalia de Oliveira Matsumoto (Estagiária)
Gerente de Revisão: Hélia de Jesus Gonsaga
Equipe de Revisão: Kátia Scaff Marques (Coord.), Claudia Virgilio (Preparação), Maiza Prande Bernardello, Vanessa de Paula Santos
Supervisor de Arte: Sérgio Yutaka Suwaki
Equipe de Arte: Didier D. C. Dias de Moraes (Programação Visual), Eber Alexandre de Souza (Produção de Arte), Josias Silva (Coordenação de Editoração Eletrônica) e Ana Lucia C. Del Vecchio (Editoração Eletrônica)
Supervisor de Iconografia: Sílvio Kligin
Equipe de Iconografia: Josiane Camacho Laurentino (Pesquisa) e Nadiane Santos (Assistência)
Tratamento de Imagem: Cesar Wolf e Fernanda Crevin
Colaboração: Regina Braz da Silva Santos Rocha (Sugestões de Leitura) e Nova Parceria (Editoração Eletrônica)
Programação Visual de Capa e Miolo: Vista Design
Ilustrações: Filipe Rocha
Fotos de abertura: Parte 1 – Kurhan/Shutterstock/Glowimages; Parte 2 – Phtotoroller/Shutterstock/Glowimages; Parte 3 – ARENA Creative/Shutterstock/Glowimages; Parte 4 – Nat Ulrich/Shutterstock/Glowimages; Parte 5 – Tiplyashin Anatoly/Shutterstock/Glowimages; Parte 6 – StockLite/Shutterstock/Glowimages;

Direitos desta edição cedidos à Editora Scipione S.A.
Av. Otaviano Alves de Lima, 4400
6º andar e andar intermediário ala "B"
Freguesia do Ó – CEP 02909-900 – São Paulo – SP
Tel.: 0800 161700
www.scipione.com.br / atendimento@scipione.com.br

MISTO
Papel produzido a partir de fontes responsáveis
FSC® C137933

Dados Internacionais de Catalogação na Publicação (CIP)
(Câmara Brasileira do Livro, SP, Brasil)

Viana, Antonio Carlos
 Guia de redação: escreva melhor / Antonio Carlos
Viana – 1. ed. – São Paulo: Scipione, 2011.

 Bibliografia.

 1. Português – Redação I. Título. II. Série.

11–05903   CDD–808.0469

Índice para catálogo sistemático:
1. Redação : Português   808.0469

2023
ISBN 978 85 262 8441 8 (AL)
ISBN 978 85 262 8442 5 (PR)
Cód. da obra CL 737574
1ª edição
10ª impressão

Impressão e acabamento: Forma Certa Gráfica Digital

Escrever: enfrente esse desafio

Guia de Redação: Escreva Melhor nasceu do desafio de recuperar em um ano aquilo que em onze não foi possível aprender. Após me aposentar da Universidade Federal de Sergipe, onde era professor de Produção de Texto e Teoria Literária, resolvi testar novos caminhos que levassem o aluno não só a recuperar o tempo perdido, mas também a escrever com prazer, dando ênfase à expressão e ao estilo.

De fato, o trabalho continuava um outro feito com mais três colegas de departamento, que culminou no livro *Roteiro de Redação*, publicado por esta mesma editora. Longe da universidade, fui trabalhar com alunos que muitas vezes não tinham a menor noção do que era uma frase, muito menos um texto. Sempre me perguntava a razão daquela dificuldade de escrever por quem passou tanto tempo numa escola.

Fui testando a cada ano novas atividades, procurando meios de levar principalmente alunos refratários à escrita, a escrever sem medo. A angústia de escrever teria de ser substituída pelo prazer de lutar com as palavras, como diz o poeta. Tarefa difícil, mas é esse o papel de todo professor de redação. Mostrar que escrever é superar os próprios limites a cada texto, e saber que escrever bem é apenas uma questão de tempo, vontade e paciência.

Ao detectar as dificuldades da maioria dos alunos, comecei a pesquisar atividades que fossem eficientes para produzir um texto sem provocar neles aquele ar de enfado tão conhecido dos professores. Quem chega às portas do vestibular ou do Enem não tem tempo a perder; por isso precisamos agir, e rápido. O aluno tem pressa. Se não sentir progresso depois de alguns meses, se impacienta e desanima.

É evidente que ninguém vai se transformar em escritor em apenas um ou dois anos, mas nesse espaço de tempo é possível aprender a redigir um texto com uma boa coesão e uma boa coerência. Se o aluno ainda não chegou a escrever com a perfeição sonhada, é bom que ele saiba que está apenas no começo de um caminho que pode ir cada vez mais longe. Nessa hora, é importante mostrar o prazer de ler e escrever um texto bem construído. Daí a literatura aparecer aqui com tanta frequência.

Para fazer alunos que estavam no ponto zero chegar a uma redação razoável, foi preciso criar estratégias que ora se organizam na forma deste livro. Observei que determinadas técnicas davam mais certo que outras. Algumas eles recebiam com prazer, outras só lhes causavam desânimo. Essas, evidentemente, abandonei.

Minha pretensão foi fazer um livro que, usando o essencial das teorias do texto, pudesse ser estudado com ou sem o auxílio do professor. Na primeira metade do livro, a sequência dos capítulos obedece a uma gradação, que vai desde a busca da coesão e da coerência até a produção de um texto dissertativo.

A segunda metade traz três outras partes independentes entre si, mas que reunidas agregam valor ao conteúdo dos capítulos: a primeira é dedicada à abordagem criativa de textos, com comentários sobre a produção e leitura de contos e crônicas; a segunda trata da revisão gramatical; a terceira inclui sugestões de leituras que julguei importantes para aperfeiçoar o conhecimento de mundo do leitor.

Como não se trata de um livro teórico, e sim prático, nele estão apenas as lições fundamentais para que se chegue a um texto bem argumentado. Por isso, o leitor não encontrará aqui os jargões acadêmicos, apenas os termos imprescindíveis para a compreensão do processo da leitura e da escrita.

O que podemos dizer, ao final desta apresentação, é que se você quer mesmo escrever bem, leia muito, aprimore sua linguagem, encontre seu estilo. Procure ser um autor e não um mero repetidor de clichês e ideias alheias. Não se assuste com as palavras. Elas estão aí para serem domadas. O grande prazer de quem escreve está em saber que pode tirar delas sentidos nunca antes imaginados. Aceite o desafio. É só o começo!

O Autor

SUMÁRIO

Parte 1
A CAMINHO DO TEXTO

Capítulo 1 – Busque a coesão e a coerência
Recursos de coesão, 10
1. Pronomes do caso reto e oblíquo, 10
2. A elipse, 10
3. Uma parte do nome ou só o sobrenome, 10
4. As perífrases, 10
5. Um termo genérico, ou seja, uma palavra que tem sentido mais amplo do que a que ela substitui, 11
6. Associações, 11
7. Um termo que engloba todos os anteriores, 12
8. Sinônimos ou quase sinônimos, 12
9. Uma paráfrase, 12
10. Numerais, 12
11. Advérbios pronominais (aí, ali, aqui, lá), 13
12. Nominalizações, 13
13. Pronomes demonstrativos, 13
14. Pronomes possessivos, 13
15. Pronomes relativos – que, cujo, o qual e suas variantes, 13

A coesão sequencial, 14

Capítulo 2 – Melhore a coesão
1. Coesão com *este*, 17
2. *Este* e *aquele*, 18
3. Coesão com *mesmo*, 19
4. Coesão com pronome possessivo, 19
5. Coesão nos mínimos detalhes, 20

Capítulo 3 – Faça bem as conexões
Lendo o texto: *O salário mínimo*, de Jô Soares, 23
A escolha dos conectivos, 25
Operadores argumentativos, 26

Capítulo 4 – Reconheça os paralelismos
Lendo o texto: *Eu*, Florbela Espanca, 29
Paralelismo sintático, 29
Paralelismo rítmico, 30
Paralelismo semântico, 31
 Paralelismo semântico e desvio, 32
Paralelismo e frase fragmentada, 33
O paralelismo como recurso de construção de texto, 34
Lendo o texto: *Eu sei, mas não devia*, de Marina Colasanti, 34
Situações em que ocorrem paralelismos, 35

Capítulo 5 – Repita palavras com arte
Lendo o texto: *Noite sem fim*, de Carlos Heitor Cony, 38

Repita de forma consciente, 39
 O quiasmo na poesia, 40
Os perigos da sinonímia, 43
Os perigos da perífrase, 44

Capítulo 6 – Dê ritmo à frase
Frase curta ou frase longa?, 47
Ritmo e texto informativo, 48
Ritmo e texto literário, 50
Trabalhe o ritmo e a expressividade, 52

Parte 2
PREPARE SUA BASE: O PARÁGRAFO

Capítulo 7 – Dê atenção ao tópico frasal
A estrutura do parágrafo, 58
Lendo o texto: Texto da *Mitsubishi Revista*, de Okky de Souza, 59
 Extensão, 60
 O tópico frasal, 60

Capítulo 8 – Não perca o sujeito de vista
Lendo o texto: *Na rua Aurora eu nasci*, de Mário de Andrade, 64
A repetição do sujeito na poesia, 64
 Repetição e clareza, 65
 Como repetir o sujeito sem prejudicar a boa expressão, 66
 Parágrafo com dois sujeitos, 67

Capítulo 9 – Pense nas associações
Lendo o poema: *Infância*, de Ronaldson, 70
A escolha das palavras, 71
 As associações e a coerência textual, 72

Capítulo 10 – Aprenda a dividir o tema
Lendo o texto: *Três meninas*, poema escrito pelo autor, 75
O texto por divisão, 78
Lendo o texto: *O louco de palestra*, de Bárbara Vanessa (Revista Piauí), 78

Capítulo 11 – Faça oposições
Lendo o poema: *Soneto*, Mario Quintana, 81
Recursos para fazer oposições, 83
1. De um lado/de outro, 83
2. Conjunções subordinativas concessivas (conquanto, embora, ainda que, mesmo que, posto que), 84
3. Locuções prepositivas como "apesar de" e "a despeito de", sempre acompanhadas de infinitivo, 84
4. Não obstante, 84

5. Malgrado, 85
6. Em que pese, 85
7. Mesmo, 85
8. Ao passo que, já, enquanto, 85

Parte 3
A HORA DO TEXTO

Capítulo 12 – Encadeie bem os parágrafos
Lendo o texto: *Como é feita a cachaça?*, Mariana Lacerda (Revista *Superinteressante*), 90
Coerência e palavra-chave, 92

Capítulo 13 – Procure motivar as palavras
O que é motivação, 96
As costuras do texto, 96
Lendo o texto: *A raposa e as uvas – Uma contrafábula*, Jô Soares, 97

Capítulo 14 – Argumente e comente
O texto dissertativo-argumentativo, 103
Persuadir e convencer, 104
A escolha dos argumentos, 104
A introdução, 105
O desenvolvimento: argumentos e comentários, 106
As artimanhas da argumentação, 109

Capítulo 15 – Conclua com segurança
Formas de concluir, 114
1. Conclusão-síntese, 115
2. Conclusão-solução, 116
3. Conclusão-surpresa, 116
4. Conclusão-pergunta, 116
5. Conclusão avaliativa, 117

Termos conclusivos: usar ou não usar?, 117
Resumindo, 118

Capítulo 16 – Enfrente os temas abstratos
O texto dissertativo-expositivo, 121
O tema e as oposições, 122
Temas com oposição explícita, 122
Lendo o texto: *Exemplo de dissertação*, 122
Temas com oposição implícita, 124
Lendo o texto: *Exemplos de dissertação*, 124

Capítulo 17 – Textos argumentativos: ler e produzir
1. Editorial, 127
Lendo o texto: *Aprovado*, Editorial da *Folha de S.Paulo*, 128
2. Carta argumentativa, 129
Lendo o texto: *Carta ao Prefeito*, 129
3. **Artigo de opinião**, 132
Lendo o texto: *Um estádio para transformar a Zona Leste*, José Roberto Bernasconi (*Folha de S.Paulo*), 132
4. **Comentário**, 134
Lendo o texto: *Não obriguem os jovens a ler*, 134
5. **Carta do leitor**, 136
Lendo o texto: *Carta ao Editor*, 136
6. **Resenha**, 137
Lendo o texto: *Narrativas afluentes*, 138

Parte 4
LER PARA CRIAR

Textos criativos, 144
1. Texto fundado na mitologia, 144
2. Texto fundado numa comparação, 148
Lendo o texto: *Múltipla escolha*, Lya Luft, 148
3. Texto fundado numa metáfora, 150
Lendo o texto: *Pau de sebo*, de Carlos Heitor Cony, 151
4. Alusão a um romance, um conto, um poema, um filme..., 152
Lendo o texto: *Sobre o Tietê*, Folha de S.Paulo, 152

Contos e crônicas, 153
Conto e crônica: qual a diferença?, 153
Lendo os textos 1 e 2: *Ah, o copo de requeijão*, Humberto Werneck e *Meias*, Antonio Prata, 155
Lendo o texto 3: *Florença, a inesgotável beleza*, Marina Colasanti, 158
Lendo o texto 4: *O arquivo*, Victor Giudice, 159
Lendo o texto 5: *Felicidade clandestina*, Clarice Lispector, 161

Parte 5
REVISÃO GRAMATICAL

1. Crase, 166
2. Concordância verbal, 170
3. O uso do infinitivo, 173
4. Regência verbal, 176
5. O uso da vírgula, 178
6. A vírgula e os relativos, 180
7. O emprego do cujo, 182

Parte 6
BANCO DE TEMAS DE REDAÇÃO

SUGESTÕES DE LEITURA, 219
RESPOSTAS DAS ATIVIDADES, 229
BIBLIOGRAFIA, 240

Parte 1

A caminho do texto

Nesta primeira parte, "A caminho do texto", você vai adquirir as noções básicas de coesão e coerência, sem as quais é impossível escrever uma frase sequer. Aprenderá também, na contramão do que dizem muitos professores, que repetir palavra não é nenhum crime. E que, para escrever bem, precisamos pensar não só na boa construção da frase, mas também nas conexões, em seu ritmo, nos recursos de expressividade da língua.

CAPÍTULO 1

Busque a coesão e a coerência

Jamais se exigiu tanto domínio da escrita quanto hoje. A disseminação do uso da internet fez de cada um de nós um redator em potencial. Mesmo um simples *e-mail* põe em ação toda a nossa capacidade de escrever uma mensagem curta e precisa, na qual dois fatores não podem ser esquecidos: a coesão e a coerência.

Quando falamos, estamos fazendo coesão a toda hora e nem percebemos. Estamos sempre procurando uma forma de manter nosso pensamento bem encadeado para que o outro nos entenda. Se não houver coesão no que falamos ou no que escrevemos, nosso discurso se perde no vazio. Se você dominá-la bem e observar as lições que estão por vir, a coerência virá naturalmente. A coesão, ao lado da coerência, é imprescindível para a constituição da textualidade.

Quando lemos um texto em que só há frases soltas, sem produzir nenhum sentido, dizemos logo que não está coeso nem coerente. A coesão é mais fácil de ser detectada do que a coerência, porque é ela que faz a conexão entre as palavras que se unem na superfície do texto. Já a coerência corre subterraneamente, escondida de nossos olhos. Vai se estabelecendo a cada palavra, a cada frase enunciada, sem que nos demos conta disso.

Quando terminamos de escrever um texto, por menor que seja, sempre nos perguntamos se seremos bem compreendidos. As palavras, as frases, os parágrafos precisam formar uma rede de sentidos coerente, o que significa não apresentar rupturas nem contradições durante todo o seu percurso. É preciso escrever frases que tenham continuidade, em que tudo se encadeie à perfeição.

Quem escreve precisa fazer escolhas a cada passo. À medida que o texto progride, vão-se formando elos coesivos e novos sentidos vão-se somando em vista de um fim. A manutenção do tema exige uma vigilância sem tréguas para que nosso objetivo de comunicação seja alcançado.

Há formas de saber se fomos ou não coerentes naquilo que enunciamos. Uma delas é ver se a palavra mais importante do texto, a palavra-chave, não desapareceu hora alguma. Outra é buscar um equilíbrio entre informação dada e informação nova, porque o texto precisa avançar e não ficar girando em torno de si mesmo, sem apontar para uma direção segura. Para alcançar esse fim, temos de fazer escolhas constantes, desde o uso das palavras até aquilo que deve ser dito ou permanecer subentendido no texto.

Isso é que é coerência!

VIEIRA, Pryscila. Tudo em três tempos. *Folha de S.Paulo*, São Paulo, 2 nov. 2010. Caderno Equilíbrio, p. 2.

Nos próximos capítulos, sempre estaremos voltando a essas duas palavrinhas tão fundamentais para quem quer escrever bem. Por ora, fiquemos apenas com uma delas: a coesão. Embora haja outros recursos mais, listamos a seguir 15 deles que você pode, desde já, ir colocando em prática. Use-os com muita reflexão. São eles que vão ajudar você a fazer os elos dentro da frase e também entre as frases.

Não pense, porém, que é só escolher a forma mais fácil e sair criando elos coesivos. É preciso ver se o mecanismo escolhido serve bem àquela situação. Tudo vai depender do tipo de texto que você está escrevendo. Se for um poema, por exemplo, as repetições são muito comuns, mas, num texto argumentativo, elas não ocorrem com a mesma liberdade. E, mesmo assim, essa liberdade do poeta tem seus limites. Ele não repete por repetir, e sim porque visa produzir efeitos estilísticos sobre o leitor.

OLHO VIVO!

A repetição e os efeitos estilísticos

Na aparente repetição sem sentido do poema "No meio do caminho", de Carlos Drummond de Andrade, esconde-se uma profunda interpretação moderna da existência humana. Alguns críticos de literatura, como Antonio Candido, entendem "pedra" como símbolo do obstáculo e do cansaço existencial. O próprio Drummond considerou seu poema uma "tentativa de exploração e de interpretação do estar-no-mundo". Acompanhe:

No meio do caminho tinha uma pedra
tinha uma pedra no meio do caminho
tinha uma pedra
no meio do caminho tinha uma pedra.

Nunca me esquecerei desse acontecimento
na vida de minhas retinas tão fatigadas.
Nunca me esquecerei que no meio do caminho
tinha uma pedra
tinha uma pedra no meio do caminho
no meio do caminho tinha uma pedra.

ACHCAR, Francisco. *Carlos Drummond de Andrade*. São Paulo: Publifolha, 2000. Texto adaptado. (Coleção Folha Explica).

Recursos de coesão

1. Pronomes do caso reto e oblíquo

Quando *Maicon Douglas* era pequeno, achava a vida muito chata, o que não era bom. Os dias se espichavam e *ele* ficava olhando para as paredes, até que uma tarde, entre um bocejo e outro, uma melodiazinha *lhe* bateu nos ouvidos, vinda de uma janela vizinha.

PIAUÍ. São Paulo: Abril, n. 47, 4 ago. 2010. p. 24.

O nome de Maicon Douglas foi retomado duas vezes. A primeira com o pronome do caso reto **ele** e a segunda pelo pronome do caso oblíquo **lhe**.

2. A elipse

Alexandre Gomes é um dos maiores esportistas do país. (Ele) *Ganhou* seu primeiro título mundial em 2008, aos 26 anos.

SUPERINTERESSANTE. São Paulo: Abril, set. 2010. p. 23.

A coesão se deu por elipse. O sujeito oculto de **ganhou** é **ele**, que retoma **Alexandre Gomes**.

3. Uma parte do nome ou só o sobrenome

Aos dezesseis anos, o paulistano *Thiago Braga*, assim como milhões de jovens brasileiros, praticava futebol, no recém-criado time do clube que frequentava. No fim da tarde do dia 8 de dezembro de 1994, depois de um jogo, já na casa da avó, *Thiago* sentiu dificuldades de respirar.

ÉPOCA. Rio de Janeiro: Globo, n. 649, 25 out. 2010. p. 98.

O nome de **Thiago Braga** é retomado na frase seguinte apenas pelo primeiro nome.

4. As perífrases

O analista financeiro *Fábio Toshi* ganhou na noite da quinta-feira o *reality show* "Hipertensão", cheio de provas perigosas e animais peçonhentos. Mas, antes mesmo de vencer a competição, *o paulista fortão de 29 anos*, descendente de japoneses, já tinha se tornado um fenômeno entre as garotas, que torciam e babavam abertamente por ele nas redes sociais.

ÉPOCA. Rio de Janeiro: Globo, n. 649, 25 out. 2010. p. 90.

A perífrase é o uso de várias palavras em lugar de outra. **O paulista fortão de 29 anos** é a perífrase que retoma o nome de **Fábio Toshi**.

5. Um termo genérico, ou seja, uma palavra que tem sentido mais amplo do que a que ela substitui

"Muitos *cães* apresentam problemas como avançar em estranhos, urinar no lugar errado, latir sem parar", observa o veterinário Aldo Macellaro Júnior, proprietário do Hotel Fazenda Clube do Cãompo, em Itu, no interior paulista. Sem falar naqueles abusados que lançam mão de agressividade ao pedir comida. Se o dono cede a qualquer apelo hostil, o caminho é sem volta: o *animal* reagirá de maneira cada vez mais violenta para ter seu desejo atendido.

SAÚDE É VITAL. São Paulo: Abril, n. 323, abr. 2010. p. 58.

Na primeira linha aparece a palavra **cães**, de sentido restrito. Depois vem **animal**, de sentido amplo. Pode também ocorrer o contrário: primeiro aparece a palavra de sentido mais amplo, na qual está contida aquela que vem logo depois.

Os adestradores geralmente usam o método da compensação. Funciona assim: se o *bicho* responde ao comando, recebe uma recompensa. Caso contrário, adeus, petiscos e afagos. Evite o adestramento militar, aquele em que o *cachorro* é geralmente instruído para ser um animal de guarda.

SAÚDE É VITAL. São Paulo: Abril, n. 323, abr. 2010. p. 59.

Primeiro aparece a palavra de sentido genérico: **bicho**. Depois é que vem a de sentido restrito: **cachorro**.

6. Associações

Na *Grécia* não se atravessava um rio sem antes executar um ritual de louvor e purificação, talvez por temor e respeito a *Caronte*, o barqueiro que se encarregava da travessia das almas após a morte. Depois de chegar ao Inferno, o passageiro era julgado por seus atos. Caso fosse condenado, teria de enfrentar um dos quatro rios das regiões infernais: *Aqueronte*, cujo flagelo era a dor; *Cocito*, as lamentações; *Flegetonte*, cujas águas provocavam queimaduras; e, por fim, o mais conhecido deles, *Lete*, o rio do esquecimento. De caráter ambíguo, este mesmo rio também preparava para a vida as almas que iriam renascer. Se na cultura grega as imagens dos *rios do Inferno* são tão fortes, são tão mais vigorosas as imagens dos *rios do Paraíso*, que vertem leite e mel, na cultura judaico-cristã.

VERUNSCHK, Micheliny, "Rio abaixo, rio afora, rio adentro: os rios". In: *Continuum*, São Paulo, Itaú Cultural, abr. 2008, p. 24. (Adapt.).

A junção de **Grécia** e **rio** logo no começo do parágrafo leva a uma rede de associações constituída pelas palavras **Caronte, Aqueronte, Cocito, Flegetonte, Lete**. Essas, por sua vez, criam novas associações, como: Caronte/travessia das almas, Inferno; Aqueronte/dor; Cocito/lamentações; Flegetonte/queimaduras; Lete/esquecimento.

A associação também pode ser feita por oposição, como ocorre na última frase, quando **rios do Inferno** provoca o aparecimento de **rios do Paraíso**.

Busque a coesão e a coerência

7. Um termo que engloba todos os anteriores

Visitar museus e exposições, ir ao teatro e participar de oficinas de arte são atividades comuns em uma escola e visam incentivar os alunos a ter contato com a cultura local ou mundial.

NOVA ESCOLA. São Paulo: Abril, n. 240, mar. 2011, p. 81.

A palavra **atividades** subsume tudo o que foi dito antes: **visitar museus e exposições, ir ao teatro** e **participar de oficinas de arte**.

8. Sinônimos ou quase sinônimos

Os moradores de Serranos, em Minas Gerais, se entristecem quando vão à missa. Há 10 anos, *ladrões* roubaram do altar-mor a imagem de Nossa Senhora do Bonsucesso, orgulho da paróquia e padroeira do município. Os *gatunos* chegaram à cidade disfarçados de turistas e fizeram questão de ver a santa.

SUPERINTERESSANTE. São Paulo: Abril, n. 278, maio 2010. p. 36.

A palavra **ladrões**, na primeira frase, é retomada por **gatunos**, na seguinte.

9. Uma paráfrase

É muito comum em textos científicos, quando o autor retoma o que disse, dando uma explicação mais detalhada.

O *poeta* (isto é, o personagem que fala na primeira pessoa) narra uma experiência pessoal, que adquire sentido genérico à medida que ele passa da emoção a uma concepção da vida.

CANDIDO, Antonio. *Literatura e sociedade*. 8. ed. São Paulo: T. A. Queiroz/Publifolha, 2000. p. 53.

O autor, com o uso de **isto é**, explica a palavra **poeta**.
A paráfrase está, nesse exemplo, entre parênteses. O mais comum, porém, é vir entre vírgulas ou travessões. Há outras expressões que anunciam, como **dito de outra forma, ou seja, em outras palavras, em outros termos, em síntese, em suma**.

10. Numerais

O delegado e deputado federal eleito na esteira dos votos do palhaço Tiririca foi condenado pelos crimes de violação de sigilo funcional e fraude processual. O *primeiro* ocorreu quando ele, em busca de holofotes, revelou detalhes da Satiagraha a jornalistas da Rede Globo. O *segundo*, quando usou um vídeo feito pelos telejornalistas como prova um de seus acusados [...].

VEJA. São Paulo: Abril, ed. 2191, 17 nov. 2010. p. 74.

Na primeira frase, fala-se de dois crimes. Os numerais ordinais **primeiro** e **segundo** os retomam nas frases seguintes.

11. Advérbios pronominais (aí, ali, aqui, lá)

O capitão Ramires chegou ao *local* e *lá* criou, naquele arroubo lírico, o nome da cidade.

ESPINHEIRA FILHO, Ruy. *Um rio corre na lua*. Belo Horizonte: Leitura, 2007. p. 94.

O advérbio **lá** retoma **local**.

12. Nominalizações

A doutora Miriam Tendler, de 61 anos, pesquisadora da Fundação Oswaldo Cruz (Fiocruz), *descobriu* a vacina contra uma doença que afeta 74 países: a esquistossomose, conhecida popularmente como barriga-d'água. [...] A história da primeira vacina 100% brasileira – da *descoberta* à produção – começou há mais de 30 anos e é um exemplo de como a biologia molecular pode ajudar a saúde pública.

ÉPOCA. Rio de Janeiro: Globo, n. 643, 13 set. 2010. p. 122.

O verbo **descobrir** é mais adiante retomado pelo substantivo correspondente: **descoberta**.

13. Pronomes demonstrativos

O *Cariri*, vasto arco de serras verdes e vales férteis, é uma espécie de oásis encravado no meio do árido chão nordestino. Antes dos índios que lhe deram nome, outros povos mais antigos seguiram o curso dos rios e chegaram *àquele lugar*.

NETO, Lira. *Padre Cícero*. São Paulo: Companhia das Letras, 2009, p. 48.

Cariri, que aparece logo no início da primeira frase, é retomado no final da segunda pelo demonstrativo **aquele** seguido da palavra **lugar**.

14. Pronomes possessivos

O *comitê executivo da Fifa* é um clubinho poderoso. Para ter a candidatura aceita, um país precisa da aprovação de *seus 24 integrantes*.

VEJA. São Paulo: Abril, ed. 2192, 24 nov. 2010. p. 121.

O possessivo **seus** retoma **o comitê executivo da Fifa**.

15. Pronomes relativos – que, cujo, o qual e suas variantes

Há cerca de dezesseis anos, desembarcava no Rio de Janeiro, vindo da Europa, o *sr. Camilo Seabra*, goiano de nascimento, *que* ali fora estudar Medicina e voltava agora com o diploma na algibeira e umas saudades no coração.

ASSIS, Machado. "A parasita azul". In: *Contos: uma antologia*. Seleção, introd. e notas de John Gledson. São Paulo: Companhia das Letras, 1998. v. 1. p. 171.

O pronome relativo **que** retoma o nome do **sr. Camilo Seabra**.

A coesão sequencial

Merece especial atenção esse tipo de coesão que faz o texto caminhar. Ela é responsável pela sucessividade das palavras, das frases e dos parágrafos. Geralmente ocorre para:

- **ordenar ações que se desenvolvem no tempo:**

    Cheguei em casa, abri a porta, entrei e caí na cama de tão cansado.

- **descrever a ordem em que determinada ação deve ser feita:**

    Ao usar pela primeira vez esse tipo de panela, primeiro passe um pouco de óleo, depois a leve ao fogo. Feito isso, escorra o óleo e ela está pronta para usar.

- **estabelecer relações entre as frases (voltaremos ao assunto no capítulo 3):**

    Se você quiser se dar bem na vida, estude muito.

- **criar continuidade entre os parágrafos:**

    A vida autêntica de um pensamento dura até que ele chegue ao ponto em que faz fronteira com as palavras: ali se petrifica, e a partir de então está morto, entretanto é indestrutível, da mesma maneira que os animais e plantas petrificadas da pré-história. Também se pode comparar sua autêntica vida momentânea à do cristal no instante de sua cristalização.

    Assim, logo que nosso pensamento encontrou palavras, ele já deixa de ser algo íntimo, algo sério no nível mais profundo. Quando ele começa a existir para os outros, para de viver em nós, da mesma maneira que o filho se separa da mãe quando passa a ter existência própria. (...)

    SCHOPENHAUER. *A arte de escrever*. Organização, tradução, prefácio e notas de Pedro Süssekind. Porto Alegre: L&PM, 2005, p. 66-7.

A coesão sequencial entre os parágrafos se fez com o auxílio do **assim**, que dá, então, progressão ao texto.

A coesão sequencial na música

A canção "Teresinha", de Chico Buarque, é um belo exemplo de como a coesão sequencial entre parágrafos se cristaliza (atente para o uso dos termos **primeiro**, **segundo** e **terceiro** utilizados em cada abertura de estrofe).

Teresinha

O primeiro me chegou
Como quem vem do florista
Trouxe um bicho de pelúcia
Trouxe um broche de ametista
Me contou suas viagens
E as vantagens que ele tinha
Me mostrou o seu relógio
Me chamava de rainha
Me encontrou tão desarmada
Que tocou meu coração
Mas não me negava nada
E, assustada, eu disse não

O segundo me chegou
Como quem chega do bar
Trouxe um litro de aguardente
Tão amarga de tragar
Indagou o meu passado
E cheirou minha comida
Vasculhou minha gaveta
Me chamava de perdida
Me encontrou tão desarmada
Que arranhou meu coração
Mas não me entregava nada
E, assustada, eu disse não

O terceiro me chegou
Como quem chega do nada
Ele não me trouxe nada
Também nada perguntou
Mal sei como ele se chama
Mas entendo o que ele quer
Se deitou na minha cama
E me chama de mulher
Foi chegando sorrateiro
E antes que eu dissesse não
Se instalou feito um posseiro
Dentro do meu coração

CHICO BUARQUE. Teresinha.
In: *Ópera do Malandro* (Peça de Teatro).
Marola Edições Musicais, 1977.

ATIVIDADES

1. Leia o texto a seguir e responda às questões propostas.

Estrela a jato

1. Ainda sobre Pelé, no dia de seus 70 anos. Quando se atenta para certos aspectos de sua biografia, conclui-se que ele não tinha alternativa. Pelo menos no começo, as coisas precisariam ter sido exatamente como foram para que ele se tornasse quem foi.

2. Quando chegou ao Santos, por exemplo, com pouco mais de 15 anos, Pelé estava estreando suas primeiras calças compridas. Foi morar na pensão de uma senhora conhecida de seus pais e ia de bonde para o trabalho. Dois anos depois, já campeão do mundo pela seleção e cobiçado pela Europa, podia comprar quantos apartamentos quisesse, mas continuou morando na pensão e andando de bonde.

3. Pelé tinha voz grossa, mas ainda era infantil. Na seleção, os mais velhos lhe perguntavam o nome de uma fruta que começasse com M, apenas para ouvi-lo dizer "Minduim". Ou se ele já tinha se acostumado a viajar de avião, para que respondesse: "Não, eu não me adapto". Aliás, Pelé não poderia nem ser jogador profissional, por ainda não ter o documento militar – serviço este que ele, já o maior jogador do mundo, teve de prestar em 1959, sem contemplação.

▶ 4. Em 1958, na seleção que disputou a Copa da Suécia, Pelé ainda não completara 18 anos. Tinha idade para ser a revelação da Copa, mas não para entrar num cinema brasileiro e assistir a "E Deus... Criou a mulher", filme com Brigitte Bardot impróprio para menores, lançado naquela época. Ou numa boate do Rio ou de São Paulo para dançar e ouvir o ídolo Agostinho dos Santos. Ou para sentar-se num botequim e pedir uma Caracu.

5. Ironicamente, pouco depois da Copa e já de maior, Pelé poderia entrar em qualquer boate do planeta sem pagar, dar autógrafo para seu admirador Agostinho e, se as circunstâncias ajudassem, numa das excursões do Santos a Paris, ter namorado a própria Brigitte Bardot.

CASTRO, Ruy. Estrela a jato. *Folha de S.Paulo*, São Paulo, 23 out. 2010. A2.

a) Quantas vezes a palavra "Pelé" aparece no texto?
b) No primeiro parágrafo, "Pelé" é retomado de que forma?
c) Na segunda frase do segundo parágrafo, o nome de "Pelé" é retomado de duas formas. Quais são elas?
d) Na segunda frase do terceiro parágrafo, "Pelé" é retomado duas vezes por meio de um mesmo recurso. Qual é esse recurso?
e) No quarto parágrafo, que recurso o autor usou para retomar "Pelé" mais uma vez?

2. Com base nas informações do texto, escreva três frases encadeadas sobre Pelé, dando atenção para os recursos de coesão.

3. Assinale a cadeia coesiva das palavras em destaque.

a) Com apenas 1 ano, **Raica** foi considerada caso perdido. A cachorrinha tinha aplasia medular, doença que destrói o sistema imunológico. "Ela passava muito mal", conta sua dona, Sandra Hayakawi. Até que foi submetida a um novo tratamento: a injeção de células-tronco. E se curou.

SUPERINTERESSANTE. São Paulo: Abril, n. 281, ago. 2010. p. 26.

b) Fale a verdade. Numa escala de 1 a 10, qual é a relevância que você dá à **vitamina K** na hora de escolher o que coloca no prato? Tudo bem, não precisa se justificar se o número for pequeno – até porque, provavelmente, você nem faz ideia de onde ela está. Mesmo quem vive preocupado com a alimentação não costuma erguê-la em um pedestal. Mas existe uma explicação para isso. Há alguns anos, a deficiência da vitamina K não preocupava os especialistas – ora, é raro alguém estar com níveis tão baixos a ponto de apresentar sinais de sua falta.

SAÚDE É VITAL. São Paulo: Abril, n. 322, mar. 2010. p. 18.

c) O pintor **Paulo Pasta** ajudou Tunga a montar sua penúltima exposição em São Paulo. Pasta o admira, conforme afirmou, pela sua "capacidade de tratar o vazio". O pintor diz que, assim como Tunga, ele também sempre se interessou pelo espaço entre as coisas. Uma das telas mais marcantes de Pasta representa dois peões. Quem vê a pintura só percebe que são peões por causa da área que os envolve, pintada com um azul um pouco mais forte do que as demais cores que compõem o trabalho.

PIAUÍ. São Paulo: Abril, n. 49, 5 out. 2010. p. 70.

d) **Ivan Mota Dias**, estudante de história, era conhecido como o Comandante Cabanos da Vanguarda Popular Revolucionária (VPR). A VPR era um dos mais agressivos grupos da esquerda armada que combatiam as forças da ditadura militar (1964-1985). Em 15 de maio de 1971, Dias foi preso no Rio de Janeiro pelos agentes da Cisa, o serviço secreto da Aeronáutica. Sua família o procurou, em vão. Seu corpo nunca apareceu. Documentos oficiais não registram seu destino. A história de Ivan é semelhante à de outros desaparecidos e as dúvidas que cercam seu destino são compartilhadas por outras famílias. Agora, 40 anos depois, surgem as pistas. Os corpos de Ivan e de outros 16 desaparecidos podem ter sido enterrados como indigentes, ou com nomes falsos, em covas rasas no cemitério de Petrópolis, no Rio de Janeiro.

ÉPOCA. Rio de Janeiro: Globo, n. 672, 4 abr. 2011, p. 62.

e) Todo dia, esteja em casa, no trabalho ou se divertindo, **o brasileiro** anda aos esbarrões com um sócio grandalhão. O cidadão tem com o sócio um contrato: entrega a ele parte substancial do dinheiro que ganha e, em troca, espera que seja limpo o caminho para buscar a prosperidade. O sócio deveria garantir muita facilidade para o cidadão comprar, vender, poupar, planejar, investir, empreender, negociar, contratar. Atualmente, porém, em diversas situações o brasileiro não pode contar com a ajuda desse sócio – o Estado, uma organização formada por 540 mil funcionários, divididos por uma infinidade de repartições, departamentos, secretarias e autarquias, cujo dirigente máximo é o presidente da República.

ÉPOCA. Rio de Janeiro: Globo, n. 643, 13 set. 2010. p. 66.

CAPÍTULO 2

Melhore a coesão

Vamos continuar falando de coesão, agora visando a boa expressão. O ideal seria que todos alcançassem um nível, vamos dizer assim, literário no que escrevem. Mas isso só vem com o tempo, com o aprimoramento da linguagem.

Chamaremos sua atenção para os casos de coesão que devem merecer cuidado especial, a fim de evitar certos cacoetes tão comuns em produções textuais diversas. Invista na procura de uma linguagem própria, capaz de fazer de sua redação uma redação única, para que ela não se perca num amontoado de textos padronizados.

Coesão com este

Se usado sem critério, apenas com o fim de ligar uma frase a outra, esse recurso empobrece a expressão, como no exemplo a seguir:

> Muitos dos que vencem as eleições acabam por favorecer seus familiares. *Estes* passam a ocupar cargos para os quais não têm a menor competência.

Vê-se claramente que **estes** foi usado só para recuperar de forma rápida a palavra anterior, **familiares**. Mas o uso do pronome relativo em seu lugar daria à frase uma melhor estrutura:

> Muitos dos que vencem as eleições acabam por favorecer seus familiares, *que* passam a ocupar cargos para os quais não têm a menor competência.

Para evitar a sequência nada agradável ao ouvido de **que/para os quais**, poderíamos reduzir a última oração a um adjunto adverbial:

> Muitos dos que vencem as eleições acabam por favorecer seus familiares, que passam a ocupar cargos *sem a devida* competência.

Agora, sim, a frase ganhou mais concisão e fluiu naturalmente. Com isso não queremos dizer que você deva excluir os pronomes demonstrativos de sua redação. Há situações em que eles cabem à perfeição, como neste exemplo extraído de um dos maiores escritores de nossa literatura, Graciliano Ramos:

> Minha avó, que nos visitava, condenou o procedimento da filha e *esta* afligiu-se.

Infância. 37. ed. rev. Rio de Janeiro: Record, 2003. p. 33.

Se o autor tivesse usado o pronome relativo em lugar do demonstrativo, não teria alcançado o mesmo efeito estilístico. Veja:

Minha avó, que nos visitava, condenou o procedimento da filha, *que* se afligiu.

Percebeu como a frase escrita assim nos daria a sensação de algo concluído bruscamente? O uso de dois pronomes relativos a deixaria muito rígida, sem ritmo algum. Releia as duas frases e veja como as duas formas, embora digam a mesma coisa, nos fazem perceber a mensagem de forma diferente. A sintaxe escolhida por Graciliano, criando uma oração coordenada e colocando o pronome oblíquo na forma enclítica, alonga mais a frase e faz nossa atenção recair sobre a aflição da mãe.

A escolha de determinado recurso se subordina ao que pretendemos dizer ao leitor. Por isso, analise bem suas palavras, sua estrutura de frase, a fim de alcançar uma expressão precisa. A precisão é uma das boas qualidades do estilo.

Este e aquele

Quando fazemos referência a dois termos, não existe nenhuma restrição quanto ao uso desses pronomes:

Seu Rafael tinha dois filhos: Pedro e João. *Este* só lhe deu alegrias, enquanto *aquele* só lhe trouxe tristezas.

Use-os sempre nessa ordem: primeiro retome com **este** o termo mais próximo; depois, com **aquele** o mais distante. Não é aconselhável fazer o contrário:

Seu Rafael tinha dois filhos: Pedro e João. *Aquele* só lhe trouxe tristezas, enquanto *este* só lhe deu alegrias.

Escrita assim, a frase se torna obscura. É preciso relê-la para saber a informação veiculada sobre Pedro e João. Procure ser claro em tudo o que escrever.

Há um hábito bastante comum, mesmo entre pessoas afeitas à escrita, que é o de retomar um substantivo recém-enunciado acompanhado do pronome **este**:

Às vezes, as crianças apelam para brincadeiras de mau gosto. Brincadeiras *estas* que podem lhes trazer consequências danosas não só à saúde física, mas também mental.

Esse tipo de retomada passa ao leitor certa falta de empenho em procurar uma forma de coesão mais trabalhada. Bastaria usar um pronome relativo para melhorar a estrutura frasal:

Às vezes, as crianças apelam para brincadeiras pesadas *que* podem lhes trazer consequências danosas não só à saúde física, mas também mental.

Mas (sempre há um mas!), se você voltar ao texto de Ruy Castro, no capítulo anterior, vai ver que ele escreveu o seguinte:

> Aliás, Pelé não poderia nem ser jogador profissional, por ainda não ter o documento militar – serviço *este* que ele, já o maior jogador do mundo, teve de prestar em 1959, sem contemplação.

E agora? Será que Ruy Castro se descuidou da linguagem? Claro que não. Em redação, não existem regras absolutas, salvo procurar escrever sempre bem. Como se justifica, então, essa estrutura com o demonstrativo que acabamos de dizer para evitar? Veja que o autor não retoma a palavra "documento", o que seria realmente empobrecedor, em termos estilísticos. Ele faz uma retomada com o pronome **este**, mas ao lado de uma palavra nova, **serviço**, que abre para uma informação importante sobre a vida de Pelé.

Coesão com mesmo

O emprego desse demonstrativo exige muito cuidado. Geralmente ele cria um elo coesivo que demonstra pouco apuro de linguagem, como acontece neste exemplo:

> Muitos dos que vencem as eleições acabam por favorecer seus familiares e os *mesmos* passam a ocupar cargos importantes, sem a devida competência.

Prefira em seu lugar um pronome relativo:

> Muitos dos que vencem as eleições acabam por favorecer seus familiares, *que* passam a ocupar cargos importantes, sem a devida competência.

Coesão com pronome possessivo

Eis um dos bons recursos da língua para uma coesão rápida e segura:

> As ervas têm tido grande aceitação no meio médico. *Seu* poder de cura já é comprovado em certas doenças.

O único perigo do uso do possessivo é criar uma frase de sentido ambíguo, como em:

> Meu irmão brigou com o vizinho por causa de seu cachorro.

Cachorro de quem? Do vizinho ou de meu irmão? A solução é escrever a frase de outra forma, para desfazer a ambiguidade.

LAERTE. Piratas do Tietê. *Folha de S.Paulo*, São Paulo, 5 jan. 2011. Ilustrada.

Ambiguidade, segundo o *Dicionário Eletrônico Houaiss da Língua Portuguesa*, é "a propriedade que possuem diversas unidades linguísticas (morfemas, palavras, locuções, frases) de significar coisas diferentes, de admitir mais de uma leitura". A ambiguidade também é conhecida como **anfibologia**. Embora se deva tomar muito cuidado com a ambiguidade em textos mais objetivos, como dissertações escolares, por exemplo, ela funciona muito bem em textos humorísticos e em poesias. Veja a tirinha acima. Nela, um candidato a homem-bala fica na dúvida diante da palavra "pistolão". Não sabe se deve ter uma pistola melhor ou procurar uma pessoa mais influente que o recomende para aquele cargo.

Coesão nos mínimos detalhes

A coesão perfeita exige o máximo de atenção. Veja, a seguir, alguns erros a evitar.

- **Retomada do nome no singular por um pronome no plural.**

    A escola, infelizmente, acostumou o *aluno* a decorar o que *lhes* é ensinado em sala de aula.

    Em vez de **lhes**, deveria ser usado **lhe**, porque a palavra retomada é **aluno**, e não **alunos**.

- **Verbo na terceira pessoa do plural retomando uma palavra no singular.**

    A turma da noite estudou tudo o que o professor mandou e assim mesmo *tiraram* nota baixa.

    O sujeito de **estudou** e de **tiraram** é o mesmo, **a turma da noite**, portanto não há razão para alterar a concordância do segundo verbo.

    Existe uma figura de sintaxe chamada *silepse de número*, em que a concordância se faz com a ideia e não com a palavra escrita. Há exemplos clássicos desse tipo de silepse, mas quando feita de uma frase para outra ou quando há uma boa distância entre o verbo e o sujeito. O exemplo que segue foi extraído de *Os lusíadas*, de Luís de Camões:

    Se *esta gente* que busca outro hemisfério,
    Cuja valia e obras tanto amaste,
    Não queres que *padeçam* vitupério [...]

    Os lusíadas. Disponível em: <http://www.dominiopublico.gov.br/download/texto/bv000162.pdf>. Acesso em: 22 fev. 2011. (Canto primeiro, estrofe 38).

O sujeito de **padeçam** é **esta gente**. A distância justifica a concordância não com a palavra **gente,** mas com a ideia de plural que ela encerra.

Observe, porém, que o primeiro verbo, **busca**, concorda normalmente e está na terceira pessoa do singular:

Se esta gente que (a qual) *busca* outro hemisfério [...]

- **Falta de coesão sintática.**

Naquela época todos estavam preparados para enfrentar as dificuldades que, por acaso, atrapalhasse seu caminho.

O verbo **atrapalhar** está na terceira pessoa do singular, **atrapalhasse**, quando deveria estar na terceira do plural, **atrapalhassem**. Ele deveria concordar com o pronome relativo **que** (= as quais), que retoma **dificuldades.**

Esse erro tão comum pode ser assim resolvido: releia a frase colocando no lugar do **que** a palavra que ele substitui.

Naquela época todos estavam preparados para enfrentar as dificuldades as quais (dificuldades), por acaso, atrapalhassem seu caminho.

O sujeito de **atrapalhar** não é **dificuldades,** e sim o pronome relativo **que**. Outra observação: na versão final de sua frase, não é preciso substituir o **que** por **o qual, a qual, os quais, as quais**. Só o faça por motivo de clareza ou de sonoridade.

- **Uso impensado de sinônimos ou quase sinônimos.**

A corrupção no Brasil parece não ter limites. A improbidade passa de um governo a outro sem que haja a menor punição dos culpados.

Há quem, por desconhecer melhores recursos de coesão, use a cada frase um sinônimo para substituir determinada palavra, o que não favorece em nada a expressão. Substituir **corrupção** logo adiante por **improbidade** não melhora a linguagem. Só use um sinônimo depois de alguma distância entre ele e a palavra que retoma. Depois de três ou quatro frases, essa substituição é até possível, mas não assim, imediatamente. A melhor solução, no exemplo acima, seria recorrer a uma **elipse:**

A corrupção no Brasil parece não ter limites. Passa de um governo a outro sem que haja a menor punição dos culpados.

OLHO VIVO!
Já falamos de elipse no primeiro capítulo. Em gramática, **elipse** é a omissão de um termo facilmente subentendido.
Ex.: Estamos satisfeitos com o novo professor de redação.
O termo oculto por elipse é **nós**, sujeito de **estamos**.

ATIVIDADES

1. Melhore a coesão entre as frases abaixo. Faça as alterações que achar necessárias até alcançar uma boa expressão.

   a) O pai nunca deu condições para que os filhos ascendessem na vida. Estes também não fizeram nada para se tornarem pessoas independentes.

   b) O mundo está preocupado com a futura escassez de petróleo, mas a água deve ser também motivo de preocupação devido ao seu desperdício e ao aumento da população mundial, que serão elementos fundamentais para a futura escassez da mesma.

   c) Muitos jovens já não sabem viver longe da internet, da tevê e do celular, equipamentos estes que os deixam plugados 24 horas em tudo o que acontece no mundo.

   d) A pessoa que não come deixa de fornecer ao corpo a energia de que este precisa. O ser humano precisa, pois, alimentar-se corretamente para garantir suas 1 700 calorias diárias. Sem isso, o metabolismo desse ser fica prejudicado.

   e) JP é hoje um dos artistas plásticos mais valorizados no mercado de arte. O pintor de marinhas teve suas telas furtadas por ladrões na última exposição. Estes terminaram sendo presos.

   f) O álcool, se consumido em excesso, pode provocar até a morte. O mesmo é responsável por inúmeros acidentes de trânsito, mas é tolerado pela família, que em suas festinhas incentivam os filhos a consumir bebidas alcoólicas desde cedo.

   g) Os governantes acham que os jornalistas só vivem atrás de notícias ruins. Eles culpam os profissionais da imprensa por não divulgarem fatos positivos, como programas sociais que deram certo, o crédito fácil e a interiorização da economia.

   h) Dados mostram que a China tem sustentado o crescimento mundial. O país de Mao é um dos polos da atenção de investidores do mundo ocidental. Não obstante, alguns economistas acham que esse gigante da Ásia vai entrar em crise em algum momento.

   i) Nelson Rodrigues, o maior dramaturgo brasileiro, era filho de uma família pobre. Esta se mudou de Pernambuco para o Rio quando ele tinha apenas 4 anos de idade. O autor de *Vestido de noiva*, peça inovadora do teatro brasileiro, teve uma vida sofrida, sobretudo por causa da tuberculose.

   j) O sol pode ser prejudicial à pele. Mas a Medicina diz que o sol é bom para a saúde. O astro-rei desperta a vitamina D presente em nosso organismo.

2. Indique os problemas no processo de coesão entre as frases e reescreva-as.

   a) A geração atual vive em função de modismos. Eles estão sintonizados com tudo o que ocorre no momento na internet, mas não sabem quase nada da vida política do país.

   b) O governo não colocou ainda a educação como prioridade para o desenvolvimento do país. Eles contingenciam o orçamento sem se preocupar com as dificuldades por que passam escolas, professores e alunos.

   c) Em geral, os jovens não são motivados a procurar outras fontes de conhecimento além das apostilas. Esses alunos habituam-se a isso e descartam o livro com a maior facilidade. Por isso, muitos só se interessam pelo assunto que cairá na prova.

   d) Segundo dados da Secretaria de Comércio Exterior, o combustível é o segundo item mais importado pelo Brasil. Atrás apenas dos itens siderúrgicos, a importação desse elemento indispensável ao desenvolvimento cresceu muito em relação ao ano passado.

   e) Um dos problemas de ver muita TV é que ela dá à criança e ao jovem uma série de estímulos rápidos e fragmentados. Isso dificulta a juventude a prestar atenção numa aula expositiva, em que o único movimento é o dos passos do professor.

   f) O jovem gosta de andar em grupo porque, assim, se sente mais fortalecido. Sozinhos, eles não têm a mesma força que têm quando agrupados. Ele, em grupo, se torna mais audacioso e mais encorajado a vencer desafios.

   g) A televisão é um dos veículos mais importantes para o jovem entender seu tempo. A mídia pode capacitá-los também para o exercício da cidadania, conscientizando-os dos problemas que os cercam.

   h) A mulher de hoje vive uma vida bem diferente daquelas das mulheres de cinquenta anos atrás. Hoje são independentes, não veem empecilho em fazer qualquer faculdade e ocupar os mesmos cargos dos homens.

   i) A preservação do meio ambiente está modificando até os hábitos alimentares. Preservação esta que está levando alguns *chefs* de renomados restaurantes a diminuir a porção de carne e aumentar a de legumes. A tendência é de chegar até ao ponto de retirar a mesma do cardápio.

   j) Dez crianças entram no primeiro ano do Ensino Básico e só três concluem esse nível de ensino. E no Ensino Médio, só uma em cada dez sabe o que deveria saber ao chegar ao terceiro ano dessa classe.

CAPÍTULO 3

Faça bem as conexões

Lendo o texto

O salário mínimo

O salário mínimo é tão pequenininho que cabe até no meu bolso. É por isso que ele é chamado de mínimo, que quer dizer que menor não tem.

Meu pai diz que o salário mínimo é um dinheiro que não serve para nada, mas na televisão o moço disse que só pode isso mesmo, e está acabado. Meu pai quase quebrou a televisão depois que o moço falou.

Meu pai anda chamando o salário mínimo de um outro nome, mas eu não vou dizer aqui, porque outro dia eu disse esse nome e a professora me deixou de castigo.

O salário mínimo deve ser muito engraçado porque, quando falaram que ele tinha aumentado, lá em casa todo mundo deu risada.

Meu pai disse que uma vez um homem que era presidente falou que se ganhasse salário mínimo dava um tiro na cabeça, mas eu acho que ele estava brincando, porque quem ganha salário mínimo não tem dinheiro pra comprar revólver.

O meu pai não ganha salário mínimo, mas com o que ele ganha também não dá pra comprar muitos revólveres a não ser de brinquedo e só de vez em quando.

O meu avô é aposentado. Ele não faz nada, mas parece que já fez. Ouvi dizer que o salário mínimo não aumentou mais por causa dele. Eu não sabia que meu avô era tão importante. Minha avó não é aposentada. Também, ela é muito velhinha, não dá pra ser mais nada.

Lá em casa falaram que com esse salário mínimo não vai dar mais pra comprar a cesta básica. Eu não sei muito bem o que é a cesta básica, mas parece que tem comida dentro. Se for, é só diminuir bastante o tamanho da cesta que aí cabe tudo.

Ouvi meu tio desempregado dizendo que tem um livro chamado Constituição, onde está escrito que com o salário mínimo a pessoa tem que comer, morar numa casa, andar de condução, se vestir e uma porção de coisas. Coitado do meu tio. A falta de emprego está deixando ele doidinho.

Quando eu crescer não vou querer salário mínimo, mesmo que seja o dobro. Parece que é tão pequeno que mesmo que seja o dobro do dobro ele continua mínimo.

A minha mesada é muito pequena, mas ainda bem que ninguém inventou a mesada mínima, porque com o que minha mãe me dá quase não dá pra comprar figurinha.

Pronto. Isso é o que eu penso do tal salário mínimo. Espero que a professora me dê uma boa nota porque ela é muito boazinha e merece ganhar muito mais do que todos os salários mínimos juntos.

Só mais uma coisa: se eu fosse presidente da República, mudava o salário mínimo para um salário bem grande e chamava ele de salário máximo.

SOARES, Jô. *Veja*. São Paulo: Abril, 15 maio 1996. p. 17.

Ao terminar de ler esse texto, achamos que ele tem mesmo os traços da linguagem de uma criança, isso porque Jô Soares soube trabalhar com os conectores capazes de forjar um narrador infantil. Que recursos foram esses?

Numa leitura mais atenta, podemos ver que Jô recorreu a poucos conectivos e os usou repetidamente: **e, mas, que** e **porque**. Ele conseguiu nos transmitir essa sensação de uma voz infantil porque sabe que uma criança recorre mais à coordenação que à subordinação.

Para subordinar um pensamento a outro, ou em termos sintáticos, uma oração a outra, é preciso ter maturidade, saber estabelecer uma hierarquia entre as ideias, distinguindo a ideia principal das dependentes. Trata-se de uma operação complexa que só um adulto consegue realizar, assim mesmo, nem todos os adultos.

No entanto, não vá pensar que, se usar as conjunções que Jô usou, seu texto ficará infantil. O que não pode acontecer é você ficar limitado a elas, quando sabemos que nossa língua tem uma grande variedade de conectores à nossa disposição. É muito importante variar os conectivos, experimentar novas construções sintáticas, enriquecer a expressão.

As conexões que fazemos num texto são também importantíssimo fator de coesão. Escolher essa ou aquela forma para fazer as ligações das frases depende dos fins que pretendemos com nosso discurso. Como estamos tratando neste livro apenas de textos argumentativos, você precisará saber quais os conectores que mais ajudarão a tornar sua linguagem mais convincente, mais precisa. É com eles que fazemos a ligação entre as orações, as frases e os parágrafos.

A escolha dos conectivos

Leia os dois parágrafos que se seguem e diga por qual você optaria.

Ele trabalhava até tarde, mas acordava muito cedo, pois não era homem de faltar a seus compromissos. Era o primeiro a chegar ao escritório e por isso era sempre ele quem o abria.

Embora trabalhasse até tarde, acordava muito cedo. Não era homem de faltar a seus compromissos. Como era o primeiro a chegar ao escritório, era sempre ele quem o abria.

Não há melhor opção. Ambos os parágrafos são irrepreensíveis do ponto de vista de sua construção. A diferença é que, no primeiro, as frases são mais estendidas, enquanto no segundo são mais curtas. Ao contrário do segundo, o primeiro tem ritmo mais lento. Tudo vai depender da atmosfera que queremos criar. Se quiséssemos mostrar a monotonia dos dias da personagem, o primeiro seria a melhor opção. Se fosse para transmitir algo mais tenso, seria o segundo.

Observe que os dois parágrafos têm as mesmas palavras, as mesmas ideias e, no entanto, têm ritmo bem diferente. Isso acontece por causa dos operadores argumentativos neles utilizados. Vejamos:

- o primeiro parágrafo é todo constituído de orações coordenadas. Nele estão presentes as conjunções coordenativas: **mas**, **pois**, **e**, **por isso**, o que torna as frases mais alongadas.

- o segundo parágrafo é mais nervoso, sincopado. Nele predomina a subordinação. No primeiro período, no qual antes havia um **mas**, agora há uma conjunção subordinativa concessiva: **embora**. O **pois** foi suprimido e em seu lugar foi colocado um ponto. Criou-se, assim, um novo período com uma só oração. Na última frase, em lugar do **por isso** agora aparece **como**.

Cabe a você saber escolher quais os melhores conectivos para expressar suas ideias. Numa primeira redação, você pode usar os que julgar convenientes para fazer as ligações, mas, numa segunda, terceira, quarta redação..., reveja-os e procure adequá-los aos propósitos de sua comunicação.

Operadores argumentativos

Os operadores argumentativos merecem toda a nossa atenção porque orientam a nossa argumentação e dão força a ela. Desde já, preocupe-se com eles, observe-os nos textos que ler e compreenda o papel que desempenham. Eles modificam completamente o sentido das frases, levando o leitor a tirar certas conclusões e a captar melhor o que você pensa do tema. São eles que criam subentendidos no texto, espaços nos quais eventualmente veicula-se uma ironia, uma pitada de humor ou uma crítica velada.

Compare as duas frases abaixo:

Ela é uma mulher bonita.

Ela ainda é uma mulher bonita.

Qual a diferença? Na primeira há uma afirmação taxativa: a mulher a quem me refiro é mesmo bonita. Na segunda, com a introdução do operador **ainda**, criou-se um subentendido. Seria uma deselegância alguém dizer isso a uma mulher. É como se disséssemos que ela está numa idade em que a beleza começa a desaparecer. O mesmo operador abre uma dimensão temporal: um antes, positivo, e um agora, negativo.

Na categoria de operadores argumentativos podemos colocar as conjunções, as preposições, os advérbios, e suas respectivas locuções. Há também aquelas palavras chamadas de denotativas, que indicam uma exclusão, uma inclusão, uma retificação, afetividade etc.

LAERTE. *Deus segundo Laerte*. 4. ed. São Paulo: Olho d'Água, 2002.

Na fala do personagem esqueitista, **mesmo assim** é um operador argumentativo de concessão e equivale a **apesar disso, embora, ainda que, conquanto.**

Fornecemos abaixo um quadro com os principais operadores e suas respectivas funções:

- conteúdos pressupostos: ainda, até, até mesmo, inclusive, na realidade, na verdade, no máximo, no mínimo, só, sobretudo, também;
- uma justificativa: porque, que, já que, pois;
- relações de comparação: mais que, menos que;
- oposição: mas, todavia, porém, embora, ainda que;
- conclusão: por conseguinte, pois, consequentemente, portanto, logo;
- finalidade: para, para que, a fim de que, com o fim de, com o intuito de;
- conformidade: conforme, de acordo com, segundo;
- argumentos que se somam: não só... mas também, ainda, tanto... como/quanto, além de, além disso, ademais, e;

- argumento mais forte: até, mesmo, até mesmo, inclusive;
- proporção: ao passo que, à proporção que, à medida que;
- tempo: quando, logo que, assim que, sempre que;
- condição: se, caso, contanto que, desde que;
- exclusão: só, somente, apenas;
- alternância: ou... ou, ora... ora, quer... quer.

Para escrever bem, você precisa aprender a usar esses operadores com precisão. Só assim seu texto ganha fluência e flexibilidade. Pensemos num parágrafo escrito da seguinte forma:

> A saúde no Brasil vai mal. Dinheiro não falta. Os gestores não aplicam bem esses recursos. Também existe a corrupção, com os sanguessugas de plantão.

Mesmo do jeito como estão escritas, as quatro frases não deixam de produzir sentido. O grande problema é que não há nenhuma maleabilidade entre elas, o que torna sua leitura difícil, sofrida até. Ninguém teria prazer em ler um texto todo escrito dessa maneira, como se o autor desconhecesse a existência dos conectivos. O que lhe falta é uma boa articulação entre as frases. Para isso, é preciso raciocinar e ver as relações que elas estabelecem entre si.

Vejamos:

OLHO VIVO!
Para chegar a uma boa articulação de ideias, é preciso raciocinar sempre!

- entre a primeira e a segunda frase, vemos claramente que há uma oposição. Basta procurar o conector que estabelece essa relação para que a nova frase apresente uma forma bem mais elaborada. Nesse momento, podemos fazer as alterações que acharmos necessárias, desde que não alteremos o sentido original. Uma possível redação para elas seria:

> Embora não falte dinheiro, a saúde no Brasil vai mal.

- agora peguemos as outras duas frases. Elas falam das possíveis causas para o caos do nosso sistema de saúde. Se são duas causas, podem ser agrupadas no mesmo período, somando-se. No quadro dos operadores veremos que, para indicar soma de argumentos, temos: **não só... mas também, ainda, tanto... como/quanto, além de, além disso, ademais, e**. Escolhamos **além de**:

> Além da má gestão dos recursos, ainda existe a corrupção que os faz desaparecer no bolso dos sanguessugas de plantão.

As quatro frases originais se reduziram, então, a duas:

> Embora não falte dinheiro, a saúde no Brasil vai mal. Além da má gestão dos recursos, ainda existe a corrupção que os faz desaparecer no bolso dos sanguessugas de plantão.

É assim que você deve fazer sempre em sua redação: procurar relacionar bem uma ideia a outra por meio dos operadores argumentativos, para dar maior clareza e elegância a seu texto. Seu leitor agradecerá!

ATIVIDADES

1. As frases a seguir foram retiradas do texto de Jô Soares, apresentado no início deste capítulo. Reescreva-as sem o tom infantil.

   a) O salário mínimo é tão pequenininho que cabe até no meu bolso. É por isso que ele é chamado de mínimo, que quer dizer que menor não tem.

   b) Meu pai diz que o salário mínimo é um dinheiro que não serve para nada, mas na televisão o moço disse que só pode isso mesmo, e está acabado. Meu pai quase quebrou a televisão depois que o moço falou.

   c) Espero que a professora me dê uma boa nota porque ela é muito boazinha e merece ganhar muito mais do que todos os salários mínimos juntos.

   d) Meu pai disse que uma vez um homem que era presidente falou que se ganhasse salário mínimo dava um tiro na cabeça, mas eu acho que ele estava brincando, porque quem ganha salário mínimo não tem dinheiro pra comprar revólver.

   e) A minha mesada é muito pequena, mas ainda bem que ninguém inventou a mesada mínima, porque com o que minha mãe me dá quase não dá pra comprar figurinha.

   f) O meu pai não ganha salário mínimo, mas com o que ele ganha também não dá pra comprar muitos revólveres a não ser de brinquedo e só de vez em quando.

   g) Quando eu crescer não vou querer salário mínimo, mesmo que seja o dobro. Parece que é tão pequeno que mesmo que seja o dobro do dobro ele continua mínimo.

   h) Lá em casa falaram que com esse salário mínimo não vai dar mais pra comprar a cesta básica. Eu não sei muito bem o que é a cesta básica, mas parece que tem comida dentro. Se for, é só diminuir bastante o tamanho da cesta que aí cabe tudo.

2. Explique a mudança de sentido ocorrida nas frases a seguir após a introdução de operadores argumentativos.

   a) Eu fiz a minha parte. / Eu já fiz a minha parte.

   b) O governo nada faz para baixar os impostos. / Infelizmente, o governo nada faz para baixar os impostos.

   c) O pai apelou para Deus. / Até o pai apelou para Deus.

   d) Ela deveria ter pedido desculpas. / Ela, no mínimo, deveria ter pedido desculpas.

   e) Ele viajou ontem. / Aliás, ele viajou ontem.

   f) Faça a introdução do trabalho. / Faça, pelo menos, a introdução do trabalho.

   g) Eles nunca estiveram ao lado dos perdedores. / Na verdade, eles nunca estiveram ao lado dos perdedores.

   h) Seu pai disse que não o ajuda mais. / Até mesmo seu pai disse que não o ajuda mais.

   i) Você vai me trazer muitos problemas. / Você também vai me trazer muitos problemas.

   j) Você é um traidor. / Francamente, você é um traidor.

3. Reúna as frases que se seguem numa só e procure usar os conectivos adequados para estabelecer as relações exatas entre elas. Faça as alterações necessárias.

   a) O Brasil tem 500 anos. Em direitos humanos o Brasil precisa ainda avançar muito.

   b) A discussão entre os dois homens foi muito violenta. Um deles saiu direto para o cardiologista. O cardiologista deixou o homem em observação.

   c) Os governadores reeleitos dispõem de muito tempo para melhorar a vida do povo. Esses governadores não conseguem fazer nada. Isso prova que a reeleição de nada serviu para o Brasil.

   d) A raça é um recurso útil para prever o risco de doenças. Muitos médicos acreditam que seria melhor abandonar a raça em favor de uma análise mais rigorosa da ascendência de cada um.

   e) O povo passa a ter fé no futuro. A renda aumenta. O consumo melhora.

   f) A primeira linha de combate, no caso dos homicídios, deve ser contra as armas de fogo. Elas chegam a representar 80% das mortes em algumas cidades. Aí se incluem os casos de suicídio.

   g) Um país como o Brasil já poderia apresentar um quadro de violência menor. O Brasil já conquistou um grau de desenvolvimento econômico até elevado em alguns setores.

   h) A tropa foi embora. Os manifestantes voltaram a ocupar a praça. No centro da praça ficou destroçada a estátua do imperador.

   i) O ministro anunciou um pacote de corte de gastos. O corte atingia até educação e saúde. Os protestos não demoraram a acontecer.

   j) Uma das grandes preocupações das organizações esportivas é o combate ao *doping*. O *doping* é o uso de substâncias químicas. Essas substâncias aumentam o desempenho do atleta, só que artificialmente.

CAPÍTULO 4

Reconheça os paralelismos

Lendo o texto

Eu

Eu sou a que no mundo anda perdida
eu sou a que na vida não tem norte,
sou a irmã do sonho, e desta sorte
sou a crucificada... a dolorida...

Sombra de névoa tênue e esvaecida,
e que o destino amargo, triste e forte,
impele brutalmente para a morte!
Alma de luto sempre incompreendida!...

Sou aquela que passa e ninguém vê...
Sou a que chamam de triste sem o ser
Sou a que chora sem saber por quê...

Sou talvez a visão que alguém sonhou.
Alguém que veio ao mundo pra me ver
E que nunca na vida me encontrou!

ESPANCA, Florbela. In: FARACO, Sérgio (Org.). *Livro dos sonetos: 1500-1900.* *(Poetas portugueses e brasileiros)*. Porto Alegre: L&PM, 1996. p. 104.

Os paralelismos são estruturas simétricas que podem estar presentes em todo tipo de texto. A poesia, no entanto, é o gênero que mais recorre a eles, como faz Florbela Espanca no soneto que acabamos de ler. Eles são um forte fator de coesão textual e merecem atenção à parte. Ajudam a melhorar a organização sintática da frase, conferindo-lhe mais clareza.

Há três tipos de paralelismo: o sintático, o rítmico e o semântico.

Paralelismo sintático

Reconhecemos a presença de um paralelismo pela estrutura da frase. Vejamos nos versos de Florbela:

Eu sou a que no mundo anda perdida
eu sou a que na vida não tem norte

Os segmentos destacados repetem a mesma estrutura sintática: "Eu sou a que no mundo/na vida" (sujeito + verbo ser + pronome demonstrativo + pronome relativo + adjunto adverbial de lugar).

Também ocorrem paralelismos nos versos:

sou a irmã do sonho, e desta sorte
sou a crucificada... a dolorida...
Sou aquela que passa e ninguém vê...
Sou a que chamam de triste sem o ser
Sou a que chora sem saber por quê...

Florbela Espanca recorreu várias vezes ao paralelismo sintático para construir seu poema. Mas saiba que, mesmo que você não escreva poesia, frequentemente precisará dele quando escrever textos em prosa.

Para entender melhor o seu mecanismo, veja este exemplo extraído de *Quincas Borba*, de Machado de Assis:

> Horas depois, teve Rubião um pensamento horrível. Podiam crer que ele próprio incitara o amigo à viagem, para o fim de o matar mais depressa, e entrar na posse do legado, se é que realmente estava incluso no testamento.

ASSIS, Machado de. *Quincas Borba*. São Paulo: Conducta, [s.d.]. p. 17.

Os paralelismos sintáticos podem vir livres ou motivados. Eles são livres quando aparecem, como no poema de Florbela Espanca, sem se ligar a alguma palavra anterior. Já na frase de Machado, foi uma locução prepositiva que exigiu os dois verbos no infinitivo:

- **Para o fim de:**

    a) o *matar* mais depressa, e

    b) *entrar* na posse do legado

O exemplo acima mostra apenas duas estruturas paralelas, mas nada nos impede de criar quantas quisermos. Mais abaixo, quando falarmos da frase fragmentada, você verá um exemplo de quatro paralelismos num mesmo parágrafo.

OLHO VIVO!

Se, em suas próximas leituras, você ficar atento, verá como esse tipo de construção sintática aparece à profusão. Aprenda a fazê-la e seu texto melhorará muito.

Paralelismo rítmico

Quem já leu a Bíblia deve ter visto que são inúmeros os casos de paralelismo, usado geralmente para obter efeitos poéticos. Lemos, por exemplo, no *Eclesiastes*:

Há tempo de matar, e tempo de sarar.
Há tempo de chorar, e tempo de sorrir.

Além do paralelismo sintático, os versos acima apresentam outro tipo de paralelismo, o rítmico. A estrutura paralelística cria determinado ritmo na frase, tornando-a simetricamente perfeita. Os dois segmentos (**Há tempo de chorar/e tempo de sorrir**) têm a mesma extensão silábica.

Na prosa, também ocorrem casos semelhantes. Veja só um pequeno exemplo extraído de um artigo de Carlos Heitor Cony:

> O próprio Lula construiu toda a sua carreira fazendo do desemprego (problema eminentemente urbano) e da reforma agrária (problema rural equivalente) o ponto de partida de sua atuação como líder operário e político.
>
> CONY, Carlos Heitor. *Folha de S.Paulo*, São Paulo, 5 abr. 2004. Caderno A, p. 2.

O autor criou um paralelismo sintático motivado pelo verbo **fazer**:

fazendo do desemprego e da reforma agrária

Para cada item, **desemprego** e **reforma agrária**, ele fez uma observação entre parênteses, criando mais uma estrutura paralelística para dar equilíbrio à frase. Ao abrir um parêntese para **desemprego**, ele se viu obrigado a fazer um outro para **reforma agrária**. Se não o tivesse feito, a comunicação ficaria prejudicada, porque o ritmo se quebraria bruscamente, sentiríamos falta de alguma coisa, embora não soubéssemos dizer bem o que era.

Leia a frase sem o paralelismo:

> O próprio Lula construiu toda a sua carreira fazendo do desemprego (problema eminentemente urbano) e da reforma agrária o ponto de partida de sua atuação como líder operário e político.

Notou como ficou obscura? A falta da segunda observação nos faria reler tudo uma ou mais vezes, para tentar entender uma mensagem que, da forma como foi escrita, não nos deu nenhum trabalho de compreensão.

Paralelismo semântico

Há um terceiro tipo de paralelismo: o semântico. Se você colocar duas palavras em situação paralelística, elas precisam ter a mesma extensão de significado, ou seja, elas devem apresentar a mesma amplitude de sentido:

Este ano, choveu mais no Nordeste do que em Porto Alegre.

O paralelismo semântico está correto? Claro que não. Nordeste é uma região; Porto Alegre é uma cidade. Para o paralelismo ser exato, ou se comparam duas regiões, ou dois estados, ou duas cidades. A frase mais exata seria:

Este ano, choveu mais no Nordeste do que no Sul.

Ou:

Este ano, choveu mais no Ceará do que no Rio Grande do Sul.

Agora, sim, comparou-se o nível de chuva entre duas regiões: Nordeste e Sul; e entre dois estados: Ceará e Rio Grande do Sul. Podia ser também entre duas capitais:

Este ano, choveu mais em Fortaleza do que em Porto Alegre.

Para escrever com exatidão, é bom respeitar esse tipo de paralelismo, embora nem sempre seja possível fazê-lo.
Exemplo:

Os Estados Unidos dominam o mundo economicamente. A União Europeia procura contrapor-se a essa hegemonia com um euro forte.

Não há correspondência semântica entre **Estados Unidos**, um país, e **União Europeia**, um conglomerado de países. Mas não há como dizer de forma diferente. O importante é que você esteja consciente do que escreve e saiba justificá-lo.

Paralelismo semântico e desvio

Quando queremos dar certo toque de humor ao texto, podemos apelar para um paralelismo semântico em que uma das palavras se desvia das outras e cria efeitos inesperados, como nesta frase:

Depois dos 50, o homem tem medo de ser atacado no pulmão, no coração e no bolso.

A forma de enunciar os três elementos – **pulmão, coração, bolso** – observa o paralelismo sintático, mas não o semântico, que é quebrado porque **bolso** não faz parte do mesmo campo de significação de **pulmão** e **coração**. A frase, a depender da intenção do autor e do tipo de texto, é perfeitamente aceitável. Num artigo científico, é evidente que seria estranho encontrar uma frase como essa, mas não numa crônica.

Na natureza selvagem. *Folha de S.Paulo*, São Paulo, 7 jan. 2011. Caderno Mercado.

Os três primeiros quadros da tirinha referem-se ao mundo animal. A quebra do paralelismo se dá no último, quando aparece um homem falando das metas que tem a cumprir. Ao colocá-lo na sequência, o autor demonstra que o homem é pior do que os animais irracionais, pois trabalha acima de sua capacidade física.

Paralelismo e frase fragmentada

Uma ginasta é alguém que abdica da infância e da adolescência para ficar treinando num ginásio. Que se submete a uma dieta alimentar de campo de concentração para manter a forma. Que literalmente arrisca o pescoço e a vida todos os dias numa infinidade de saltos que, não por acaso, são chamados mortais. Que atrasa voluntariamente o desenvolvimento do corpo para seguir competindo. E que se acostuma a conviver com a dor, já que as contusões são o pão de cada dia desse esporte de altíssimo impacto e risco.

VEJA. São Paulo: Abril, n. 1848, 7 abr. 2004. p. 81.

Geralmente se diz que não convém começar frase com pronome relativo para não fragmentá-la. Por que, então, ninguém condenaria esse trecho da *Veja*, já que seu redator começou quatro frases com o pronome **que**? Quando escrevemos, tudo é possível, nada é proibido, desde que estejamos conscientes dos efeitos estilísticos que visamos. Se não houvesse espaço para a transgressão, escrever seria de uma monotonia insuportável, com todos escrevendo do mesmo jeito, como acontece nas redações do vestibular. Por isso você precisa ousar, criar seu próprio estilo, saber justificar os recursos que utiliza. Se você, por acaso, fragmenta a frase por não saber estruturá-la corretamente, é claro que seu professor a cortará. Mas se houve intenção ou motivos estilísticos para fazê-lo (e isso tem de ficar claro para o leitor), seu texto cresce.

O excerto da *Veja* tem quatro frases fragmentadas e é perfeito. Seu autor fez cortes conscientes, com o objetivo de chamar a atenção do leitor para cada oração isolada. Só a primeira frase não foi fragmentada:

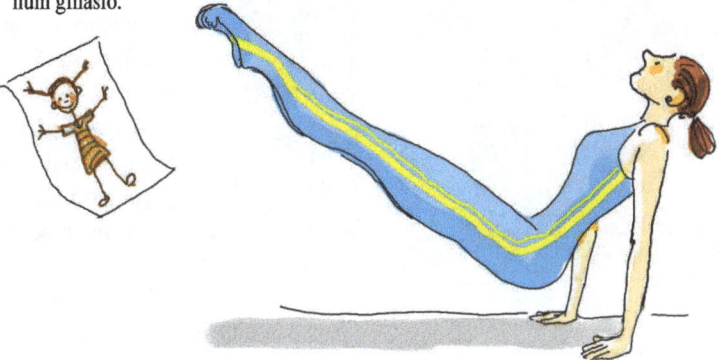

Uma ginasta é alguém que abdica da infância e da adolescência para ficar treinando num ginásio.

Depois é que o redator fragmenta uma a uma, criando paralelismos sintáticos. Quando percebemos que ele construiu todas as frases com a mesma estrutura sintática, iniciando-as com o pronome relativo, vemos que foi tudo intencional. Escrevendo dessa forma, ele deu mais visibilidade às informações veiculadas em cada oração. Se tivesse escrito de forma canônica, separando as orações adjetivas com vírgula, além de criar um período muito longo, poderia deixar o leitor entediado e talvez confuso. Escrever deve ser uma atividade de prazer, e não de tédio, tanto para quem lê, quanto para quem escreve.

O paralelismo como recurso de construção de texto

Além de estruturar segmentos dentro de uma mesma frase, o paralelismo pode também estruturar parágrafos inteiros, como nesta crônica de Marina Colasanti:

Eu sei, mas não devia

Eu sei que a gente se acostuma. Mas não devia. A gente se acostuma a morar em apartamentos de fundos e a não ter outra vista que não as janelas ao redor. E, porque não tem vista, logo se acostuma a não olhar para fora. E, porque não olha para fora, logo se acostuma a não abrir de todo as cortinas. E, porque não abre as cortinas, logo se acostuma a acender mais cedo a luz. E, à medida que se acostuma, esquece o sol, esquece o ar, esquece a amplidão.

A gente se acostuma a acordar de manhã sobressaltado porque está na hora. A tomar o café correndo porque está atrasado. A ler o jornal no ônibus porque não pode perder o tempo da viagem. A comer sanduíche porque não dá para almoçar. A sair do trabalho porque já é noite. A cochilar no ônibus porque está cansado. A deitar cedo e dormir pesado sem ter vivido o dia.

A gente se acostuma a abrir o jornal e a ler sobre a guerra. E, aceitando a guerra, aceita os mortos e que haja números para os mortos. E, aceitando os números, aceita não acreditar nas negociações de paz. E, não acreditando nas negociações de paz, aceita ler todo dia da guerra, dos números, da longa duração.

A gente se acostuma a esperar o dia inteiro e ouvir no telefone: hoje não posso ir. A sorrir para as pessoas sem receber um sorriso de volta. A ser ignorado quando precisava tanto ser visto.

A gente se acostuma a pagar por tudo o que deseja e o de que necessita. E a lutar para ganhar o dinheiro com que pagar. E a ganhar menos do que precisa. E a fazer fila para pagar. E a pagar mais do que as coisas valem. E a saber que cada vez pagará mais. E a procurar mais trabalho, para ganhar mais dinheiro, para ter com que pagar nas filas em que se cobra.

A gente se acostuma a andar na rua e ver cartazes. A abrir as revistas e ver anúncios. A ligar a televisão e assistir a comerciais. A ir ao cinema e engolir publicidade. A ser instigado, conduzido, desnorteado, lançado na infindável catarata dos produtos.

A gente se acostuma à poluição. Às salas fechadas de ar condicionado e cheiro de cigarro. À luz artificial de ligeiro tremor. Ao choque que os olhos levam na luz natural. Às bactérias da água potável. À contaminação da água do mar. À lenta morte dos rios. Se acostuma a não ouvir passarinho, a não ter galo de madrugada, a temer a hidrofobia dos cães, a não colher fruta no pé, a não ter sequer uma planta.

A gente se acostuma a coisas demais, para não sofrer. Em doses pequenas, tentando não perceber, vai afastando uma dor aqui, um ressentimento ali, uma revolta acolá. Se o cinema está cheio, a gente senta na primeira fila e torce um pouco o pescoço. Se a praia está contaminada, a gente molha só os pés e sua no resto do corpo. Se o trabalho está duro, a gente se consola pensando no fim de semana. E se no fim de semana não há muito o que fazer a gente vai dormir cedo e ainda fica satisfeito porque tem sempre sono atrasado.

A gente se acostuma para não se ralar na aspereza, para preservar a pele. Se acostuma para evitar feridas, sangramentos, para esquivar-se de faca e baioneta, para poupar o peito. A gente se acostuma para poupar a vida. Que aos poucos se gasta, e que, gasta de tanto acostumar, se perde de si mesma.

COLASANTI, Marina. Eu sei, mas não devia. 2. ed.
Rio de Janeiro: Rocco, 1996. p. 9-10.

O texto é uma verdadeira aula de paralelismos. É todo construído a partir de "a gente se acostuma", deixando o leitor na expectativa de saber a que universo de coisas ele se acostumou e nunca percebera. A primeira frase, "A gente se acostuma a [...]" dirige o texto inteiro. Como se trata de uma crônica, a autora teve toda a liberdade para fazer isso, mas numa redação escolar fica difícil fazer algo semelhante, embora não seja de todo impossível.

Situações em que ocorrem paralelismos

- Dentro da frase, sobretudo quando se coordenam orações em que estejam presentes conjunções coordenativas (*e*, *mas*, *ou*, *nem*...).

Estive o tempo todo atento *a suas palavras e aos seus gestos*.

O adjetivo **atento** exige a preposição **a**, que vai aparecer antes de **suas palavras** e de **seus gestos**.

- Com estruturas que estabelecem uma correlação de ideias: *não só... mas também*; *tanto... quanto*.

Durante o interrogatório, *ele se manteve não só em silêncio, mas também em permanente tensão*.

O paralelismo aparece aí por meio da preposição **em**: não só **em silêncio**, mas também **em permanente tensão**.

- Entre frases:

Há na desgraça tanta inteligência quanto na busca da paz, do igualitarismo, do desenvolvimento. *Há no "bem"* tanta inteligência quanto no "mal".

SCHWARTZ, Gilson. Folha de S.Paulo, São Paulo, 27 abr. 2004. Caderno Sinapse, p. 17.

As duas frases começam pela mesma forma verbal: **há**, seguida de palavras associadas por oposição.

OLHO VIVO!

Há normas para escrever bem, mas é preciso ter cuidado para não se tornar escravo delas. Os grandes escritores só foram grandes porque romperam com certas normas da escrita.

- **Entre parágrafos:**

Em 1988, Tite de Lemos e eu fomos levar à editora Nova Fronteira os originais dos nossos livros, *Bella Donna* e *De cor*, respectivamente. Seria o nosso terceiro lançamento juntos.

Em 1979, começamos uma parceria que só veio incrementar nosso conhecimento antigo com uma amizade nova em folha. Naquele ano ele lançou *Marcas do Zorro* e eu, *À mão livre*. [...]

FREITAS FILHO, Armando. É sempre hoje quando perdemos alguém. *Folha de S.Paulo*, São Paulo, 14 nov. 2010. Caderno Ilustríssima, p. 9.

Os dois parágrafos começam pela citação de duas datas que o poeta Armando Freitas Filho julgou importantes para abrir cada um deles. Assim, ele criou duas construções paralelas, que ajudam a dar sequenciação a seu pensamento: "Em 1988 [...]", e depois "Em 1979 [...]".

Uma última palavra: os paralelismos conferem uma melhor feição à frase, trazendo mais clareza às ideias ali expostas. Trata-se de um recurso de coesão muito enriquecedor do estilo, quando bem elaborado. O que você não pode fazer é transformar sua busca numa obsessão, o que pode ser estendido a tudo o que diz respeito a redação.

ATIVIDADES

1. Reescreva as frases que se seguem utilizando paralelismos.

a) Só teremos um país realmente desenvolvido quando não houver mais descaso com a educação e os doentes tiverem bons hospitais.

b) Para um país se desenvolver, é preciso criar boas escolas e que promova o desenvolvimento econômico.

c) Cabe a cada um de nós escolher o que assistir na televisão e as crianças deviam ter horário para ver seus programas.

d) Certos programas da TV aberta podem prejudicar a formação da criança e o adolescente também fica com a mente deturpada.

e) O homem tem várias formas de lazer à sua disposição: viagens, ir ao teatro, ler, assistir a um filme.

f) O erotismo exagerado não é só um problema da televisão, mas os *outdoors* e revistas também apelam para ele.

g) Um povo sem educação não sabe como resolver seus problemas nem seus representantes são bem escolhidos.

h) O ministro negou que seu assessor tivesse se apropriado do dinheiro da campanha e que enriqueceu ilicitamente em pouco tempo.

i) O técnico da seleção está cheio de esperanças com o novo time e que tem a possibilidade de chegar à final.

j) As pessoas aplicam conceitos numéricos ao calcular o salário, quando utilizam um computador ou se fazem qualquer compra.

2. As frases abaixo pecam, sobretudo, pela falta de paralelismo semântico. Reescreva-as.

   a) Os países da Europa e a África estão distantes anos-luz em termos econômicos.

   b) A falta do hábito da leitura entre os jovens é, em primeiro lugar, culpa da escola, e, em segundo, do pai que não compra livros.

   c) A geração atual vive estímulos que seus antepassados não tiveram.

   d) Enquanto a maioria dos trabalhadores ganha até dois salários mínimos por mês, os políticos viajam.

   e) Na França, lê-se uma média de dez livros por ano, já os brasileiros gostam mais de televisão.

   f) O mercado de trabalho não seleciona apenas pelo nível de conhecimento, mas também o candidato deve ter capacidade de liderança, versatilidade e até bom humor.

   g) A indisciplina dos jovens é culpa da família, mas os professores também são culpados.

   h) Era um aluno interessado não só em Filosofia, mas também em estudos históricos e literários.

   i) Com o uso da neuroimagem, é possível ver quais são as alterações no cérebro em casos de Alzheimer, de pessoas com transtorno obsessivo-compulsivo e dos que têm depressão.

   j) O futebol nos enche de orgulho, mas devíamos nos orgulhar também de nossos compositores.

3. Assinale no texto a seguir todos os casos de paralelismo.

Falta de civilidade

Sofremos de um mal na atualidade: a incivilidade. A toda hora, somos obrigados a testemunhar cenas de grosseria entre as pessoas, de falta de respeito pelo espaço que usamos e de absoluta carência de cortesia nas relações interpessoais.

Os adultos perderam a vergonha de ofender publicamente e em alto e bom som, de transgredir as normas da vida comum por quaisquer razões. Parece mesmo que nossa vida segue um lema: cada um por si e, ao mesmo tempo, contra todos.

Por isso, perdemos totalmente a sensibilidade pelo direito do outro: cada um de nós procura, desesperadamente, seus direitos, sua felicidade, seu poder de consumo, seu prazer, sem reconhecer o outro. E, claro, isso gera intolerância, discriminação, ameaça. O pacto social parece ter sido rompido e não tomamos nenhuma medida para reverter esse processo.

As mídias, por exemplo, comentam cenas de incivilidade ocorrida entre pessoas que ocupam posição de destaque. Virou moda e ganhou visibilidade dizer tudo o que se pensa, agredir para se defender, fazer pouco do outro. Pessoas que ocupam cargos de chefia expressam seu descontentamento com seus funcionários aos berros e assim por diante.

Ao mesmo tempo, crescem entre os mais novos problemas como falta de limites, indisciplina e falta de respeito pelo outro. O fenômeno conhecido como bullying – intimidação física ou psicológica – assusta crianças e adolescentes e preocupa pais e professores. Nas escolas do mundo todo, o clima é de "falta de respeito" generalizado, mesmo que essa expressão seja usada de modo impreciso.

Mas o fato é que as crianças e os adolescentes praticam o conceito de cidadania do qual se apropriaram pela observação do mundo adulto. Em uma conversa com crianças que frequentam o Ensino Fundamental, ouvi relatos que me deixaram muito pensativa. Um garoto disse que achava que os alunos maiores intimidavam os menores porque a escola e os pais ensinam que se deve respeitar os mais velhos.

Veja você: o conceito de mais velho deixou de significar adulto ou velho e passou a ser usado como de mais idade. Assim, revelou o garoto, uma criança de um ou dois anos a mais que a outra se considera um "mais velho" e, assim, pode explorar os de menos idade.

Podemos ampliar esse conceito apreendido pelas crianças e, além da idade, pensar em poder, por exemplo. Isso nos faz pensar que o bullying ocorre principalmente, mas não apenas, porque crianças e adolescentes desenvolvem relações assimétricas entre eles, por causa da idade, do tamanho, da força e do poder.

Talvez seja em casa e na escola que pais e professores possam e devam repensar e reinventar o conceito de cidadania. Mas também temos nós, os adultos, o dever de adotar boas maneiras na convivência social. Afinal, praticar boas maneiras e ensinar aos mais novos o mesmo nada mais é do que reconhecer o outro e buscar formas de boa convivência com ele. Disso depende a sobrevivência da vida social porque somos todos interdependentes.

SAYÃO, Rosely. Falta de civilidade. *Folha de S.Paulo*, São Paulo, 9 jul. 2009. Caderno Equilíbrio, p. 12.

Capítulo 5

Repita palavras com arte

Lendo o texto

Noite sem fim

O médico receitara um antialérgico para curar o resfriado, tomasse um comprimido antes de deitar, tomou dois, o sono veio brutal. Dormiu como dormem os amantes depois do amor, como dormem os gladiadores depois da luta, como dormem os mortos depois da vida.

Acordou no meio da noite, noite profunda, pela janela do quarto achou que noite alguma poderia ser mais profunda. Pensou: "Bem, ainda tenho sono, vou continuar dormindo". Depois de um tempo que não poderia determinar, acordou novamente. Olhou pela janela: profunda era a noite lá fora.

E como ainda estivesse com sono, voltou a dormir. Sonhou com pessoas antigas e mortas, e todas o aceitavam, como se antigo e morto fosse.

Novamente acordou e novamente olhou a noite lá fora. Tudo escuro, espesso. Mas foi o silêncio que espantou. Que a noite se prolongasse e o sono continuasse, tudo bem, andava cansado e nada de mais que tivesse uma noite comprida. Tomara um remédio que, segundo a bula, provocava sonolência e confusão nas cores, não percebera a luz da manhã que na certa se anunciava.

Dormiu mais uma vez e mais uma vez sonhou que estava no meio dos mortos, mortos antigos que o recebiam em silêncio e, pior, sem surpresa. Tampouco ele se surpreendia de estar ali. Dessa vez, contudo, reparou que todos aqueles mortos, ele também, estavam mergulhados na escuridão da noite que parecia não terminar.

Acordou e teve medo de olhar pela janela. Impossível que ainda fosse noite. Mas era. E além da noite, o silêncio. Pensou: "Bem, o sono passou, vou ficar acordado e esperar pela manhã". Fixou a janela esperando que um pouco de luz abrisse a escuridão compacta, ou que da rua subisse um som – qualquer barulho seria um som de vida.

Esperou inutilmente. Nada se mexia na escuridão e no silêncio. Só então aceitou a realidade e, sem dor, mergulhou no meio dos mortos, mortos antigos e seus.

CONY, Carlos Heitor. *Folha de S.Paulo*, São Paulo, 30 maio 1998. Caderno A, p. 2.

Repita de forma consciente

Saber repetir palavras é um recurso de coesão tão importante que abrimos este capítulo só para ele. Você vai ver como um bom escritor consegue tirar grandes efeitos estilísticos das repetições. Carlos Heitor Cony, um dos maiores cronistas brasileiros da atualidade, repete destemidamente as palavras sem prejudicar o texto. Pelo contrário, elas lhe dão muito mais força de expressão, criando um mundo de percepções que de outra forma não ocorreria.

Diferentemente do que muitos pensam e dizem, repetir palavras não é, nunca foi nem será proibido. É preciso, porém, ir com calma. Também não é por isso que agora temos carta de alforria para repeti-las sem nenhum critério. Devem ser evitadas aquelas repetições que o leitor logo percebe serem fruto da falta de empenho, da pobreza de vocabulário e até mesmo da preguiça de procurar uma expressão melhor.

Por que ninguém condenaria as repetições feitas por Cony?

Não é porque o texto traz a assinatura dele, e sim porque ele soube manejar os recursos linguísticos com tal habilidade que sua linguagem se tornou mais fluente, mais poética, plena de ritmo e, por conseguinte, mais literária.

Vejamos, parágrafo por parágrafo, como se dão essas repetições:

- **Primeiro parágrafo**

> O médico receitara um antialérgico para curar o resfriado, tomasse um comprimido antes de deitar, tomou dois, o sono veio brutal. *Dormiu* como *dormem* os amantes depois do amor, como *dormem* os gladiadores depois da luta, como *dormem* os mortos depois da vida.

Numa mesma frase, o verbo **dormir** aparece quatro vezes. O primeiro vem flexionado na terceira pessoa do singular e depois repetido três vezes na terceira do plural. O autor fez um paralelismo sintático e ao mesmo tempo estabeleceu uma gradação, o que deu relevo ao verbo e à ideia que ele queria veicular: o tipo de sono que acometeu a personagem. A anáfora ("como dormem [...]") criou um bom efeito expressivo.

- **Segundo parágrafo**

> Acordou no meio da *noite*, *noite profunda*, pela janela do quarto achou que noite alguma poderia ser mais *profunda*. Pensou: "Bem, ainda tenho sono, vou continuar dormindo". Depois de um tempo que não poderia determinar, acordou novamente. Olhou pela janela: *profunda* era a *noite* lá fora.

OLHO VIVO!

A **anáfora** é uma figura típica da poesia, que se caracteriza pela repetição de uma ou mais palavras no início do verso. Um bom exemplo desse recurso estilístico aparece nos versos de Drummond:

Tua visita ardente me consola.
Tua visita ardente me desola.
Tua visita ardente, apenas uma
[esmola.

ANDRADE, Carlos Drummond de. *Farewell*. Rio de Janeiro: Record, 1996. p. 27.

Na prosa ela aparece no início das frases ou de seus segmentos.

Aqui, duas palavras se repetem: **noite** e **profunda**. A palavra **noite** se repete uma logo depois da outra. Na segunda vez, ela vem com uma informação a mais dada pelo adjetivo **profunda**, o que quebra a monotonia da repetição. **Noite profunda** será logo depois repetida, mas agora Cony tratou de distanciar o substantivo do adjetivo:

Noite alguma podia ser mais *profunda*.

E, na última frase, ele inverteu a ordem – o adjetivo veio em primeiro lugar:

[…] *profunda* era a *noite* lá fora.

Essa repetição terminou por criar uma figura de sintaxe chamada **quiasmo**, em que há uma troca de posição entre os vocábulos **noite** e **profunda**. Na primeira frase, **noite** vem em primeiro lugar e **profunda** em segundo. Na repetição, eles trocam de posição, num cruzamento sintático em forma de X.

noite — profunda
profunda — noite

O quiasmo na poesia

O quiasmo foi uma figura de sintaxe bem própria da poesia, especialmente a poesia barroca. Na quarta estrofe do poema de Gregório de Matos há a troca de posição entre os vocábulos **vida** e **morte**:

Soneto

Quem pudera de pranto soçobrado,
Quem pudera em choro submergido
Dizer, o que na vida te hei querido,
Contar, o que na morte te hei chorado.

Só meu silêncio diga o meu cuidado,
Que explica mais que a voz de um afligido,
Porque na esfera curta de um sentido
Não cabe um sentimento dilatado.

Não choro, amigo, a tua avara sorte,
Choro a minha desgraça desmedida,
Que em privar-me de ver-te foi mais forte.

Tu com tanta memória repetida
Acharás nova *vida* em mãos da *morte*,
Eu triste nova *morte* às mãos da *vida*.

MATOS, Gregório de. *Obras completas de Gregório de Matos: sacra, lírica, satírica, burlesca*. Salvador: Janaína, [s.d.]. v. 5. p. 1169.

> **OLHO VIVO!**
>
> O **quiasmo** também aparece em autores modernos, como no poema abaixo, de Fernando Pessoa:
>
> **Plenilúnio**
>
> As horas pela *alameda*
> Arrastam *vestes de seda*,
>
> *Vestes de seda* sonhada
> Pela *alameda* alongada
>
> Sob o azular do luar...
> E ouve-se no ar a expirar –
>
> A expirar mas nunca expira –
> Uma flauta que delira,
>
> Que é mais a ideia de ouvi-la
> Que ouvi-la quase tranquila
>
> Pelo ar a ondear e a ir...
> Silêncio a tremeluzir...
>
> PESSOA, Fernando. *O Eu profundo e os outros Eus*. Seleção e nota editorial de Afrânio Coutinho. Rio de Janeiro: Nova Fronteira, 1980. p. 95.

- **Terceiro parágrafo**

E como ainda estivesse com sono, voltou a dormir. Sonhou com pessoas *antigas* e *mortas*, e todas o aceitavam, como se *antigo* e *morto* fosse.

Os adjetivos **antigo** e **morto** aparecem duas vezes e na mesma frase. É grande o risco de quem se aventura a fazer isso sem muita segurança. Mas veja que o autor repete os adjetivos, mas flexionados de forma diferente: primeiro, no feminino plural; depois, no masculino singular. A repetição se faz por inversão em relação à primeira vez em que apareceram, evitando, assim, uma possível frase enfadonha: inicialmente, vêm pospostos ao substantivo **pessoas**; depois antepostos ao verbo **ser**.

- **Quarto parágrafo**

Novamente acordou e *novamente* olhou a *noite* lá fora. Tudo escuro, espesso. Mas foi o silêncio que espantou. Que a *noite* se prolongasse e o sono continuasse, tudo bem, andava cansado e nada de mais que tivesse uma *noite* comprida. Tomara um remédio que, segundo a bula, provocava sonolência e confusão nas cores, não percebera a luz da manhã que na certa se anunciava.

Não é fácil repetir um advérbio, ainda mais terminado em **mente**, e o cronista o faz com a maior perfeição. Tente ler a frase sem o segundo **novamente**. Ela perderia o equilíbrio. O advérbio repetido modifica um verbo de cada vez, marcando a sequência temporal de duas ações diferentes: **acordar** e **olhar**. Já a palavra **noite** aparece de início desacompanhada de qualificativo, depois acompanhada, o que faz toda a diferença.

- **Quinto parágrafo**

    Dormiu *mais uma vez* e *mais uma vez* sonhou que estava no meio dos *mortos*, *mortos* antigos que o recebiam em silêncio e, pior, sem surpresa. Tampouco ele se surpreendia de estar ali. Dessa vez, contudo, reparou que todos aqueles *mortos*, ele também, estavam mergulhados na escuridão da noite que parecia não terminar.

A locução adverbial **mais uma vez** se repete lado a lado, modificando, no entanto, verbos diferentes e em posições diferentes. Leia a frase sem o segundo **mais uma vez**. Você verá que sua anteposição ao verbo **sonhar** cria um ritmo que seria perdido se essa locução viesse depois ou fosse suprimida. O importante é saber fazer a repetição na hora certa, procurando efeitos estéticos, mas isso só se aprende lendo os bons escritores e observando os recursos que cada um põe em ação.

Depois temos três vezes a palavra **mortos**. Na primeira vez, aparece sozinha; na segunda, acompanhada do adjetivo **antigos**; e na terceira, com o pronome demonstrativo **aqueles**. A palavra não é simplesmente repetida, sempre vem acrescida de um determinante, enriquecendo seu sentido.

- **Sexto parágrafo**

    Acordou e teve medo de olhar pela janela. Impossível que ainda fosse *noite*. Mas era. E além da *noite*, o silêncio. Pensou: "Bem, o sono passou, vou ficar acordado e esperar pela manhã". Fixou a janela esperando que um pouco de luz abrisse a escuridão compacta, ou que da rua subisse um *som* – qualquer barulho seria um *som* de vida.

Noite aparece na primeira e na terceira frase. Ao ser repetida, cria um momento de tensão que vai desaguar em **silêncio**. A outra repetição se dá com a palavra **som**. Na primeira vez aparece sozinha e na segunda com um qualificativo: **de vida**.

- **Sétimo parágrafo**

    Esperou inutilmente. Nada se mexia na escuridão e no silêncio. Só então aceitou a realidade e, sem dor, mergulhou no meio dos *mortos*, *mortos* antigos e seus.

Cony usou o mesmo recurso do parágrafo anterior em relação à palavra **som**. Ao repetir **mortos**, ele o fez acrescentando-lhe um qualificativo (**antigos**) seguido de um pronome possessivo (**seus**).

A lição que podemos tirar desta crônica é que a repetição é um dos bons recursos de coesão quando o autor está consciente de seu uso e dos efeitos literários pretendidos. Com sua leitura aprendemos que é possível repetir palavras quando:

- há uma boa distância entre elas;
- elas ocupam posições diferentes dentro da mesma frase ou em frases sequenciais;
- a elas se acrescenta um determinante: adjetivo, pronome possessivo ou demonstrativo, trazendo uma informação nova.

WATTERSON, Bill. *O ataque dos transtornados monstros de neve mutantes assassinos*. São Paulo: Best Editora, 1994. v. II.

No segundo quadrinho, a repetição do verbo no gerúndio **exaltando** contida no discurso do pai de Calvin reforça a crítica do homem contra os valores que a televisão dissemina. A disposição das duas orações em paralelo ressalta a oposição **amor/paz** × **gula/desperdício**.

Os perigos da sinonímia

É muito comum em redações escolares, por exemplo, o aluno, ao se dar conta de que repetiu uma palavra, procurar logo um sinônimo para pôr em seu lugar. Esperamos que isso não aconteça mais. Melhor repetir a palavra do que forçar uma sinonímia que só empobrece o texto. Pior ainda quando se cai na sinonímia desenfreada e se enfileira uma série de sinônimos até esgotar o repertório.

Leia agora este parágrafo de um texto jornalístico em que a palavra **pai** é repetida três vezes:

> Durante anos, tive medo do *meu pai*. Usava minha mãe como intermediária para falar com ele, para pedir alguma coisa. O curioso é que *meu pai* é um sujeito tranquilo, gosta de bicho, de natureza e é muito religioso. O trabalho dele é que é violento. Por isso, o associei à farda, à arma. Eu tinha medo do *meu pai* fardado.
>
> VIRGÍNIA, Talita. Pai, polícia. *Piauí*. São Paulo: Abril, n. 49, out. 2010. p. 47.

Será que alguém diria que esse texto está mal escrito só por causa das repetições? Claro que não. Percebemos que essas repetições não são gratuitas, fruto do descaso da autora com a linguagem. Nas mãos de alguém que estivesse se iniciando na escrita, seria grande a tentação de logo substituir uma das ocorrências da palavra **pai** por um sinônimo como **genitor**. O texto simplesmente perderia a força poética que emana da repetição, que vai num crescendo até alcançar o clímax em **meu pai fardado**, quando se explica por que a filha tinha tanto medo dele. É como se a autora, Talita Virgínia, fosse nos preparando para uma revelação que só acontece no final do parágrafo, quando dá uma nova dimensão à palavra repetida ao acrescentar-lhe aquele adjetivo inesperado.

Eis alguns dos sinônimos que encontramos frequentemente em redações e que você deve evitar sobretudo num texto argumentativo:

> **mulher** – sexo frágil
> **homem** – sexo forte; sexo dominador
> **dinheiro** – capital; renda; grana; bufunfa
> **professor** – ensinador; lecionador
> **pais** – genitores; geradores
> **filhos** – rebentos

Com isso, não queremos dizer que essas palavras nunca poderão aparecer num texto. Nada disso. Numa crônica, num conto, num poema, elas são perfeitamente viáveis, a depender do contexto que se cria. Não há, na verdade, palavras proibidas. Seria melhor dizer que há palavras inadequadas ao gênero com que trabalhamos.

> **Na redação do Enem**
> Tomar a mulher como "sexo frágil", por exemplo, é considerá-la, antes de qualquer coisa, inferior aos homens. Esse é o típico argumento preconceituoso e generalizador que deve ser evitado a qualquer custo, pois, como todo argumento preconceituoso, ele não se sustenta quando colocado à prova. Confundir a mulher com o "sexo frágil" certamente desrespeitaria, por exemplo, competências fundamentais do Exame Nacional do Ensino Médio (Enem), como aquelas relacionadas com a construção da argumentação e com o respeito à diversidade humana. Observar essas competências é uma atitude indispensável na hora de produzir a redação, pois só com argumentos consistentes, críticos e bem fundamentados é possível convencer a banca examinadora de que você é capaz de defender suas ideias respeitando a variedade cultural e social presente no meio em que vive.

Os perigos da perífrase

Existe também uma tendência em quem está começando a escrever que é usar uma perífrase para não repetir determinado nome. É preciso muita atenção ao usar esse recurso de coesão. Veja um exemplo de mau uso:

> O Brasil é cheio de grandes contrastes. O país do carnaval e do futebol apresenta tantas diferenças econômicas e sociais que até parece ser vários países em um só.

Não há por que, já na segunda frase, substituir Brasil por "o país do carnaval e do futebol". Além do desperdício de palavras que alongam a frase desnecessariamente, há o clichê, que enfraquece qualquer texto. Muito melhor que a perífrase seria fazer a elipse do sujeito:

> O Brasil é cheio de grandes contrastes. Apresenta tantas diferenças econômicas e sociais que até parece ser vários países em um só.

Só use uma perífrase quando houver uma boa distância entre ela e o nome que retoma, como neste exemplo:

> Alguém que chegasse ao Rio de Janeiro ou São Paulo nas décadas de 70 e 80 e quisesse saber exatamente quem era quem na ordem social das duas capitais – e, consequentemente, do Brasil daquele momento – precisava apenas dar um pulo na Hippopotamus, a concorrida e muitíssimo bem frequentada casa noturna de Ricardo Amaral. Era por lá que se reuniam todas as noites artistas, intelectuais, políticos, empresários, *playboys*, boêmios ricos – outros nem tanto –, inúmeras *socialites*, alguns socialistas e garotas bonitas aos montes. "A noite tinha nome e sobrenome", resume o *ex-jornalista e célebre empresário do entretenimento* em suas memórias [...].
>
> VEJA. São Paulo: Abril, ed. 2192, 24 nov. 2010. p. 201.

Na primeira frase do parágrafo aparece o nome de Ricardo Amaral. Na segunda não aparece nenhuma referência a ele. Só na terceira, já bem distante do nome, é que o autor da reportagem recorre à perífrase: **ex-jornalista e célebre empresário do entretenimento**.

ATIVIDADES

1. Reescreva os parágrafos que se seguem procurando uma solução para as repetições desnecessárias de palavras ou de seus sinônimos. Faça as alterações que achar convenientes para a boa expressão.

   a) A tecnologia, que veio para facilitar nossa vida, às vezes complica mais do que resolve nossos problemas. A tecnologia nos deu o celular, o computador, a internet, e nos fez tão dependentes dela que não sabemos mais dar um passo sem a intervenção tecnológica.

   b) O lixo é um dos grandes problemas da humanidade. O lixo precisa ser reciclado, mas a reciclagem dos resíduos também gera poluição. Qual é então a saída? Procurar formas de diminuir a produção desses restos. Um exemplo: em vez de usarmos guardanapos de papel que formam uma montanha de lixo, por que não voltarmos aos de tecido?

   c) Conectadas à internet, algumas pessoas nem pensam mais em sair de casa. Essas pessoas aproveitam toda a praticidade da rede e fazem compras, consultam saldos bancários, pesquisam nas melhores fontes e até estudam línguas. São pessoas que, pouco a pouco, perdem contato com o mundo real e se isolam dos amigos, a quem só contatam pela internet.

d) O homem está se tornando escravo do mundo virtual. À medida que se aperfeiçoam as novas técnicas de comunicação, o ser humano acha que basta um *e-mail* para fazer amigos. Mas o mundo virtual, por mais prático que seja, está afastando o indivíduo da vida autêntica, aquela em que os gestos são mais importantes que as palavras.

e) A relação médico/paciente é cada vez mais rápida. Sem tempo para atender tantos pacientes, esse profissional da Medicina termina solicitando uma série de exames que nem sempre são necessários. Pesquisas já constataram que os doentes ficam frustrados com esse tipo de atendimento e nem todos fazem os exames solicitados.

f) O vestibulando limita-se a decorar apenas o que lhe apresentam como importante para fazer uma prova e não se preocupa em frequentar bibliotecas, ler jornais, revistas, romances. Por isso, o vestibulando entra numa universidade sem muita bagagem cultural.

g) O jovem tem à sua disposição um mundo variado de lazer que atrai a atenção da juventude, que estimula a curiosidade dele, e ele fica refém desse mundo. Eis uma das razões por que no mundo do jovem sobra tão pouco espaço para o livro.

h) Ainda há escolas que pouco se preocupam em desenvolver o raciocínio dos alunos. O que elas visam, antes de tudo, é chegar a bons resultados no vestibular e não que eles aprendam realmente algo de mais substancial para a vida.

i) A hipocondria é uma doença que acomete mais gente do que a gente imagina. A hipocondria provoca um sofrimento verdadeiro no doente porque a pessoa pensa que está doente mesmo sem apresentar sinais claros de doença.

j) O nosso sistema de ensino faz com que os alunos não adquiram uma boa base cultural para enfrentar a vida. E as escolas não oferecem aos estudantes meios de eles se desenvolverem intelectualmente.

2. Na redação a seguir as palavras **pais** e **filho(s)** se repetem sem nenhum fim estilístico. Reescreva-a fazendo as modificações necessárias.

Sempre existiu a preocupação dos **pais** sobre como educar os **filhos**. Eles tentam fazer o possível para que os **filhos** possam viver bem no futuro, mas nem sempre agem de maneira correta.

Alguns **pais** dão muita liberdade aos **filhos**. Deixam-nos fazer o que bem quiserem e atendem a todas as suas vontades. Isso acarretará a desobediência dos **filhos** e a perda de autoridade dos **pais** para com os **filhos**.

Outros **pais** agem distante de qualquer atitude liberal. Não dão liberdade nenhuma aos **filhos**, impondo-lhes uma educação bastante rígida. Às vezes essa educação é dada à base de castigos e de desrespeito aos direitos individuais dos **filhos**.

Existem também **pais** que, pensando numa educação melhor, ocupam os **filhos** com atividades extras, como o aprendizado de línguas, artes e prática de esportes. Eles acham que, com isso, estão fazendo de tudo para que seus **filhos** fiquem bem preparados para enfrentar a vida.

Enfim, qual é realmente a maneira correta de educar um **filho**? Com certeza, não é dando-lhe liberdade total, nem exigindo demais de seu **filho**, nem o enchendo de atividades extras. Um pouco disso tudo é necessário, desde que o **pai** respeite sempre a individualidade de seu **filho**.

3. Detecte no texto abaixo os recursos que a autora usou para não repetir a palavra **presépio**. Justifique as situações em que essa palavra se repete.

Presépios (excerto)

Há muitos anos, em minha terra, o Natal eram os presépios.

Havia-os de todos os tipos, nas salas de visitas, nas igrejas e nas praças. O mais importante, sem dúvida, era o do Pipiripau, de que conservo uma lembrança vaga e feérica: funcionava num lugar ermo e elevado, e para chegar lá subíamos por muitos atalhos cheios de plantas silvestres. Ir ao Pipiripau: que alumbramento! Numa espécie de barracão, uma infinidade de figuras de madeira que participavam da natureza dos trens elétricos, dos bonecos de engonço ou simplesmente da coisa mágica – andavam de um lado para o outro e davam voltas, movidos por um mecanismo primitivo, que nos parecia maravilhoso. É uma recordação tão antiga, que às vezes não tenho certeza se o Pipiripau existiu de fato ou se o sonhei – mas como era belo!

Na igreja e nas praças, o presépio nunca deixou de ser convencional: as mesmas imagens coloridas, de rostos inexpressivos, colocadas todos os anos no mesmo sítio. (Nem sequer variava o tamanho do Menino Jesus, sempre desproporcionado em relação ao das outras personagens.) Contudo tinha também o seu encanto, porque o poder de sonho, que estava em nós, dissimulava qualquer monotonia.

Já nas casas de família, o presépio era um desafio: inventá-lo, armá-lo, transformá-lo – que nunca repetisse o dos Natais anteriores. Tudo começava pelo menos uma semana antes, porque era preciso comprar papel crepom de vários tons, cartolina para pintá-la de marrom e de verde-escuro e espalhar-lhe purpurina em cima (só em certas partes e quando a tinta ainda estava úmida) – cortar estrelinhas e armar o cometa, forrando-os de papel prateado, conseguir areia, grama, pedrinhas. Depois juntar espelhinhos de bolsa, patos e peixinhos de celuloide, remexer nos guardados da avó, atrás de broches, contas de colares, pedaços de enfeites que, incrustados no conjunto, pudessem cintilar. Só então as figurinhas de cerâmica – o Menino, Nossa Senhora, São José, o boi e o burro, os Reis Magos, o preto de tanga que conduzia o camelo, os pastores – eram cuidadosamente retiradas da caixa onde jaziam há um ano, envoltas em algodão.

ANDRADE, Maria Julieta Drummond de. *Um buquê de alcachofras*. Rio de Janeiro: José Olympio, 1980. p. 22.

CAPÍTULO 6

Dê ritmo à frase

Frase curta ou frase longa?

Ficamos muitas vezes na dúvida: qual a melhor frase, a curta ou a longa? Não existe uma regra para isso.

Há escritores que escrevem frases longuíssimas, como o romancista sergipano Francisco Dantas; outros que recorrem a frases muito curtas, como o contista paranaense Dalton Trevisan. Cada um com seu estilo. Para você, que está se iniciando na arte de escrever, o melhor é começar com frases curtas até se sentir mais seguro na elaboração de outras de maior extensão.

O que vem a ser uma frase curta? Não precisa ser necessariamente aquela do período simples, oração absoluta, como: "O Brasil é um país cheio de contrastes".

É impossível alguém ficar a vida inteira escrevendo frases assim, com medo de se aventurar em outras mais extensas. Escreva frases com uma ou duas linhas. Mais do que isso pode confundi-lo, por enquanto.

Todos nós, quando começamos a escrever, tendemos a pôr no papel de uma só vez tudo o que vem à cabeça. Resultado: frases malfeitas, mal-articuladas. É disso que você deve fugir. Leia e releia sua frase. Veja bem se ela tem sentido quando lida isoladamente. O tipo de frase que você deve evitar é o seguinte:

> País nenhum consegue viver em paz quando dez milhões de crianças vivem em lares cujos pais ganham menos de dois salários mínimos, pois enquanto continuarem com esses salários indecentes dificilmente conseguiremos o tão sonhado equilíbrio social, fruto da má distribuição de renda num país que não se preocupa com a educação.

É a típica frase em que a vontade de dizer tudo suplanta a vontade de escrever bem. Às vezes, boas ideias se perdem porque são escritas de forma intempestiva.

Num primeiro momento, você pode até escrever dessa forma, mas depois precisará dar ordem aos diversos segmentos que compõem seu enunciado, a fim de alcançar uma boa expressão. Como fazer?

Antes de tudo, veja até onde vai sua primeira ideia. Reescreva-a e ponto. Se tem sentido, ótimo, passe para a segunda, e assim por diante. Não acumule tantas informações numa frase só. Você precisa distinguir as várias ideias que pretende enunciar. Uma possível redação para o parágrafo dado seria:

País nenhum consegue viver em paz quando dez milhões de crianças vivem em lares cujos pais ganham menos de dois salários mínimos. Enquanto o país continuar com sua má distribuição de renda, dificilmente conseguiremos o tão sonhado equilíbrio social.

Agora, sim, deu para entender. O que antes era uma frase caótica, de difícil compreensão, transformou-se em duas. A primeira começa em **país** e vai até **salários mínimos.**

Enunciada essa ideia, passamos para a seguinte, que começa em **enquanto** e termina em **social**. Para encadear bem as frases, veja que foi preciso usar um conector de tempo. Aprender a usar os conectores é fundamental para expressar com exatidão nossos pensamentos.

Com pequenas alterações, conseguimos dizer com clareza aquilo que fora dito de forma desordenada. Saiba que, quanto mais você alongar a frase sem se preocupar com sua estrutura, mais obscura ela ficará. Regra fundamental: uma ideia de cada vez.

Surge, então, a pergunta: como saber o número de ideias? Leia o parágrafo a seguir:

> Num passado não muito longínquo, o brasileiro convivia sem grandes problemas com a corrupção. Desde o *impeachment* de Fernando Collor de Mello, contudo, a sociedade decidiu expor sua indignação e repulsa ao roubo do dinheiro público. Infelizmente, só a indignação dos brasileiros não foi suficiente para coibir as falcatruas presentes nas estruturas do Poder. Pelo contrário. O que se vê, hoje, é uma proliferação de maracutaias que, por vezes, chega ao descaramento.

ÉPOCA. Rio de Janeiro: Globo, 23 maio 2005. p. 18.

Excluindo a expressão **pelo contrário**, que serve de transição para a frase seguinte, temos quatro ideias:

1.ª ideia – a convivência do brasileiro com a corrupção;
2.ª ideia – a reação da sociedade ao roubo do dinheiro público;
3.ª ideia – a indignação dos brasileiros não conseguiu acabar com as falcatruas;
4.ª ideia – as maracutaias que se proliferaram.

Ao núcleo da ideia de cada frase, o autor acrescenta informações que vão ampliar seu sentido. Muito fácil fazer isso. É só estar atento ao que se escreve.

Ritmo e texto informativo

À medida que avançamos na arte da escrita e dominamos a frase, é muito importante pensar em seu ritmo. Essa palavra vem sempre associada à poesia, mas ela também faz parte da prosa. Se você quer mesmo escrever bem, precisa pensar nela de agora em diante. O ritmo é um dos fatores determinantes da expressividade, uma vez que dá vida, movimento ao texto. Frases rígidas, talhadas sem nenhuma preocupação com ele, dificilmente seguram o leitor.

Todo escritor que se preza se preocupa com o ritmo, seja ele autor de uma pequena crônica ou de um longo romance. Mesmo o mais simples texto informativo deve tê-lo em seu horizonte. Basta ler qualquer reportagem de uma de nossas melhores revistas semanais ou os textos dos bons articulistas para perceber como o ritmo está governando a mais simples frase.

Leiamos este trecho de uma reportagem sobre o brasileiro:

> Quando se olha no espelho, / o brasileiro só vê bondade; / honesto, / ele valoriza a família e as amizades; / tem esperança e paciência; / é alegre e justo. / Quando olha para o lado, / enxerga um país tomado por corrupção, pobreza, violência, burocracia e outros males. / Entre um extremo e outro,/ o brasileiro espera o dia em que esta nação imperfeita seja tomada pela paz e pela justiça social, / onde haja respeito às pessoas e boas condições de vida para todos.
>
> ÉPOCA. O país que o brasileiro quer ter. Rio de Janeiro: Globo, 1.º nov. 2010. p. 59.

Os autores da reportagem, Celso Masson, Rodrigo Turrer e Humberto Maia Junior, escreveram esse texto jornalístico com as mesmas preocupações de quem escreve um texto literário. O bom ritmo que eles alcançam é porque fazem uso de alguns recursos como:

Antecipação da oração adverbial logo na primeira frase

Quando se olha no espelho, o brasileiro só vê bondade.

O ritmo seria bem diferente se eles tivessem escrito: **O brasileiro só vê bondade quando se olha no espelho.**

Percebeu como o ritmo mudaria e a frase perderia a força? Como a escreveram, eles a dividiram em duas partes, fazendo uma pausa entre um segmento e outro, o que é decisivo para sua melhor compreensão.

Criação de paralelismo sintático

Quando escrevem a segunda frase: **Quando olha para o lado**, eles usam o mesmo recurso de começar pela oração adverbial temporal. Criam também um *paralelismo sintático* em relação à primeira: **Quando se olha no espelho.**

Recuperação do que foi dito com uma palavra

Na terceira frase, os autores recuperam tudo o que foi dito nas frases anteriores com a palavra **extremo**: **Entre um extremo e outro**. Por terem escrito com tanta ordem e ritmo, logo recuperamos que extremos são esses: **de um lado o que vê o brasileiro quando se olha no espelho e do outro quando olha para o lado.**

Atente para a boa curva melódica de cada frase, para as pausas que os autores criam. Isso ocorre porque a pontuação foi muito bem utilizada, fazendo nossa atenção incidir sobre certas palavras. É assim que todos nós devemos escrever, criando estruturas que facilitem a comunicação, com um ritmo capaz de prender qualquer leitor.

Ritmo e texto literário

A intensidade rítmica revela a preocupação do escritor com a estruturação da linguagem. Não obstante, isso não significa que você terá de escrever pensando no ritmo frase por frase. Cada um de nós cria seu próprio ritmo e, com o tempo, ele se produz de forma natural. Muitas vezes mudamos palavras de lugar só para alcançar um ritmo melhor. Por isso, ao terminarmos um texto, devemos relê-lo para fazer alterações na ordem das palavras ou de determinados segmentos de frase. O simples deslocamento de um termo de um lugar para outro altera tudo e nossa expressão adquire mais força. Estudos mostram como escritores famosos mudaram frases inteiras, trocaram uma palavra maior por outra menor, e vice-versa, acrescentaram ou retiraram algumas delas, modificaram a pontuação, só para encontrar o ritmo desejado.

Falar em ritmo é falar em acentuação da frase: pausas, grupos de palavras, tensão entre segmentos. Um texto elaborado com atenção a esse aspecto torna-se mais vivo, faz a leitura fluir melhor, arrastando o leitor sem que ele sinta. Leia este trecho extraído de um conto de Sérgio Sant'Anna:

> Ao chegar à porta do meu quarto, a visão com que me deparei, em seu interior imerso na penumbra, sobrepujava em muito o que mesmo uma mente conturbada poderia conceber, enchendo-me de assombro e, a princípio, de um pavor que me situava num limite tênue entre a loucura e a morte.

SANT'ANNA, Sérgio. *O voo da madrugada*. São Paulo: Companhia das Letras, 2003. p. 26.

A frase é longa, mas de fácil compreensão porque é muito bem construída. Ela se divide em sete segmentos, e cada segmento terá uma palavra sobre a qual recairá um acento de leitura (indicado a seguir com destaque). Cada segmento tem um ritmo ascendente, ou seja, o leitor é sempre conduzido a um ápice:

1.º **segmento** – Ao chegar à porta do meu <u>quar</u>to
2.º **segmento** – a visão com que me depa<u>rei</u>
3.º **segmento** – em seu interior imerso na pe<u>num</u>bra
4.º **segmento** – sobrepujava em muito o que mesmo uma mente conturbada poderia conce<u>ber</u>
5.º **segmento** – enchendo-me de as<u>som</u>bro
6.º **segmento** – e, a prin<u>cí</u>pio,
7.º **segmento** – de um pavor que me situava num limite tênue entre a loucura e a <u>mor</u>te.

OLHO VIVO!

A escolha entre a voz ativa e a voz passiva do verbo na construção de frases também é um ótimo recurso para atribuir força a nossa expressão. Na ocasião da final da Libertadores de 2007, disputada entre o time argentino do Boca Juniors e o Grêmio de Porto Alegre, o *Jornal Nacional*, da Rede Globo, veiculou a seguinte manchete, na voz passiva:

O Grêmio foi derrotado pelo Boca Juniors.

Poderíamos perguntar: Por que foi escolhida essa redação e não esta:

O Boca Juniors derrotou o Grêmio.

A resposta é simples: de acordo com a voz verbal escolhida, damos mais ênfase para o elemento que aparece primeiro na frase, e deixamos em segundo plano o que vem depois. No caso da manchete esportiva, mesmo com a derrota, a imprensa brasileira preferiu dar importância ao Grêmio, a equipe local, minimizando a conquista do time argentino, nosso eterno rival. Na Argentina, provavelmente, a notícia deve ter começado pelo Boca Juniors. Veja que o exemplo não trata exatamente do ritmo da frase, mas, sim, de mudança de perspectiva sobre aquilo que se quer dizer.

Por que Sant'Anna se fez compreender tão facilmente, apesar da extensão da frase? Porque a dividiu em segmentos bem demarcados. E, a cada pausa, ele cria um movimento ascendente até atingir seu ponto culminante. Assim, ele faz uma frase musical cuja leitura, uma vez iniciada, conclui-se com facilidade e prazer. As pausas no lugar certo estabelecem uma cadência que torna sua prosa uma das melhores da literatura brasileira atual.

Escrever requer essa atenção. Só assim conseguimos nos transformar em bons escritores e fazer de nosso texto uma leitura agradável para qualquer leitor. Por que há escritores que nos mantêm atentos o tempo todo e outros que nos cansam logo nas primeiras páginas? O ritmo é uma das respostas.

Diferente da escrita de Sérgio Sant'Anna é o texto de Dalton Trevisan. Leia este excerto extraído de um conto que faz parte de *111 ais* (Porto Alegre: L&PM, 2000. p. 35):

> Se foi plano de Deus, bem sei, devo me conformar. De dia me distraio na oficina. Mas de noite? Pensando nela me bato a noite inteira. Minha cama, nela eu deitava. Colcha de pena de colibri, com ela me cobria. Doce cadeira de balanço, nela me embalava.

Ao contrário de Sant'Anna, Trevisan recorre a frases bem curtas e seu ritmo é todo sincopado. Para melhor entendimento, mostraremos quantos segmentos formam cada uma delas:

> **1.ª frase** – Se foi plano de Deus, / bem sei, / devo me conformar. (**três segmentos**)
> **2.ª frase** – De dia / me distraio na oficina. (**dois segmentos**)
> **3.ª frase** – Mas de noite? (**um segmento**)
> **4.ª frase** – Pensando nela / me bato a noite inteira. (**dois segmentos**)
> **5.ª frase** – Minha cama, / nela eu deitava. (**dois segmentos**)
> **6.ª frase** – Colcha de pena de colibri, / com ela me cobria. (**dois segmentos**)
> **7.ª frase** – Doce cadeira de balanço, / nela me embalava. (**dois segmentos**)

O parágrafo é composto de:

- uma frase de três segmentos – ritmo ternário;
- cinco frases de dois – ritmo binário;
- e uma frase de um segmento.

Se houver mais de quatro segmentos no parágrafo, como aconteceu com a frase de Sérgio Sant'Anna citada mais acima, o ritmo se denomina *acumulativo*.

A mistura de frases com números diferentes de segmentos é que imprime dinamismo ao texto de Dalton Trevisan. As várias pausas com acentos muito próximos criam um ritmo rápido, ofegante, o que está bem de acordo com o estado psicológico da personagem.

Veja, pois, como a questão do ritmo é também importante para a produção de um sentido. Ao criar uma personagem, o autor terá, obrigatoriamente, de procurar um ritmo adequado para ela.

Trabalhe o ritmo e a expressividade

Tornar seu texto mais expressivo significa que você deve trabalhá-lo o máximo que puder. Não economize esforços. Há alguns recursos simples que, se usados de forma conveniente e cuidadosa, vão melhorar seu ritmo e sua expressão. Conheça a seguir alguns deles.

Antecipação de orações e adjuntos adverbiais

Naquele 31 de março, o Brasil entrava num túnel do qual só sairia vinte e um anos depois.

Outras possibilidades:

O Brasil, *naquele 31 de março*, entrava num túnel do qual só sairia vinte e um anos depois.

O Brasil entrava, *naquele 31 de março*, num túnel do qual só sairia vinte e um anos depois.

A pior opção seria colocar o adjunto no final da frase, pois a deixaria totalmente sem força. Parece até que o adjunto adverbial de tempo está sobrando, que não merece nenhuma atenção:

O Brasil entrava num túnel do qual só sairia vinte e um anos depois, *naquele 31 de março.*

> **OLHO VIVO!**
> Orações e adjuntos adverbiais exprimem circunstâncias de **tempo, lugar, meio, fim, modo** etc. A diferença entre os dois é que a oração tem obrigatoriamente um verbo. Exemplos:
> • Quando estou em casa, costumo dormir cedo.
> **Quando estou em casa** é uma oração adverbial de tempo.
> • Na minha casa, todos dormem cedo.
> **Na minha casa** é adjunto adverbial de lugar.

Oração parentética Isolada entre parênteses, serve para fazer uma pausa reflexiva, exprimindo ressalva, crítica ou ironia.

O governo (*se é que eles têm governo*) resolveu abrir os cofres para acalmar a oposição.

Uso de alguns termos para criar pausas significativas, como e mais, pior, melhor, pelo contrário Há muito tempo que não cai uma gota de água na região. *Pior*: a meteorologia não prevê chuva tão cedo.

Retomada de uma *palavra* recém-enunciada como forma de recuperar o fôlego da frase	Sentou à escrivaninha, varada de doença inédita, cheia de um pressentimento triste. Ocorreu-lhe rezar; animou-se, era isso, *rezar*, havia quanto tempo não rezava: nos anos de juventude era devota, horas de arrebatamento frente à imagem da cruz, rosários, promessas, pedidos. MOSCOVICH, Cíntia. O escândalo das estrelas da noite. In: *Arquitetura do arco-íris*. Rio de Janeiro: Record, 2004. p. 120.
Travessões para destacar uma observação que não cabe no curso normal da frase	A morte de Senna aos 34 anos – a juventude é ingrediente essencial na construção do mito – causou uma comoção que o elevou à condição de semideus. ISTOÉ. São Paulo: Editora Três, 24 mar. 2004. p. 92.
Deslocamento de conjunções como *porém, contudo, todavia, pois, portanto*, para após o(s) primeiro(s) termo(s) da frase	Esperava-se que ele fizesse alguma coisa. Nada, *porém*, foi feito.
O uso de uma ou mais palavras que arrematem todo um pensamento antes enunciado	Rafael foi atropelado no Túnel Acústico, extensão do Túnel Zuzu Angel, que liga a Lagoa a São Conrado, à 1h30 de terça-feira. Sem repressão das autoridades, skatistas costumam usar túneis bloqueados por oferecer asfalto liso, longos trechos em declive e menos risco de assalto ou atropelamento, *grande ironia*. AQUINO, Ruth de. *Época*. Rio de Janeiro: Globo, 26 jul. 2010. p. 130.

Grande ironia arremata o pensamento de Ruth de Aquino, ao falar da morte de Rafael Guimarães, que procurou um lugar seguro para andar de *skate* e terminou atropelado.

Uso de "se não" antes de um substantivo ou adjetivo	Essa é a esperança, *se não* a convicção, de quase todos meus interlocutores, amigos, conhecidos ou encontros casuais, de boteco em boteco e de táxi em táxi. CALLIGARIS, Contardo. A batalha do Rio. *Folha de S.Paulo*, São Paulo, 9 dez. 2010. Caderno E, p. 11.

Esse uso do **se não**, que corresponde a **quando não**, torna a frase mais concisa, mais elegante. Você também pode empregá-lo antes de um adjetivo, como neste exemplo:

Acho essa missão difícil, *se não* impossível.

ATIVIDADES

1. Separe com barras os segmentos de frase, restabelecendo seu ritmo e as vírgulas que foram suprimidas.

   a) *Era uma velha sequinha que doce e obstinada não parecia compreender que estava só no mundo. Os olhos lacrimejavam sempre as mãos repousavam sobre o vestido preto e opaco velho documento de sua vida.*

   LISPECTOR, Clarice. Viagem a Petrópolis. In: A legião estrangeira. São Paulo: Ática, 1991. p. 61.

   b) *Saia marrom camisa bege meias três-quartos de lã mocassins com sola de borracha trança loura na cintura arrematada por um laço de seda. Idos de fevereiro, final de um verão impiedoso, mas Júlia tremia.*

   DENSER, Márcia. Primeiro dia de aula. In: Toda prosa II. Obra escolhida. Rio de Janeiro: Record, 2008. p. 119.

   c) *Eu sabia que estava cometendo uma imprudência que haveria de arcar com as consequências que podia prejudicar a carreira que mal principiava mas tinha de me ir de pé.*

   DANTAS, Francisco J. C. Sob o peso das sombras. São Paulo: Planeta, 2004. p. 34.

   d) *Talvez ninguém reparasse nem ele mesmo porém foi sim foi depois daquela noite que os dois começaram brigando por um nada.*

   ANDRADE, Mário de. Caim, Caim e o resto. In: Os contos de Belazarte. 8. ed. Belo Horizonte/ Rio de Janeiro: Villa Rica, 1992. p. 47.

   e) *Passei a primeira marola e vendo que ainda estava firme comecei sofregamente a remar sempre acompanhado pela turma que emocionada aplaudia cada braçada minha como se ao me distanciar da praia mar adentro eu também estivesse deixando na areia não apenas minhas muletas como tudo aquilo que não dizia mais respeito.*

   VIANA, André. Fico: a história de Raphael Levy. São Paulo: Gaia, 2004. p. 110.

   f) *As crônicas da vila de Itaguaí dizem que em tempos remotos vivera ali um certo médico o dr. Simão Bacamarte filho da nobreza da terra e o maior dos médicos do Brasil de Portugal e das Espanhas.*

   ASSIS, Machado de. O alienista. In: Contos: uma antologia. Seleção, introdução e notas de John Gledson. São Paulo: Companhia das Letras, 1998. v. 1. p. 273.

   g) *Certa vez quando entrava com fome e sem dinheiro num restaurante árabe na rua Senhor dos Passos chamou minha atenção um enorme libanês que comia quibe cru e contava histórias no estilo das Mil e uma noites.*

   MUSSA, Alberto. O enigma de Kaf. Rio de Janeiro: Record, 2004. p. 117.

   h) *Tudo o que ouvi dizer de minha avó materna devo à insistência com que abordei o assunto. Minha mãe gostava de contar casos de família depois do jantar sentada à mesa da copa ou numa poltrona de couro da sala mas esse ela muitas vezes evitava com habilidade.*

   CARONE, Modesto. Resumo de Ana. São Paulo: Companhia das Letras, 1998. p. 15.

   i) *Aqui no prédio estão dando uma festa no sétimo andar parece que está animada música a todo volume o som bate no prédio em frente e volta dá a impressão de que a festa é lá e não cá as aparências enganam quem vê cara não vê.*

   BRITTO, Paulo Henriques. Um criminoso. In: Paraísos artificiais. São Paulo: Companhia das Letras, 2004. p. 22.

   j) *A família estava reunida em torno do fogo Fabiano sentado no pilão caído sinhá Vitória de pernas cruzadas as coxas servindo de travesseiro aos filhos.*

   RAMOS, Graciliano. Vidas secas. 58. ed. Rio de Janeiro: Record, 1986. p. 63.

2. Reordene os segmentos de cada frase a fim de lhe imprimir melhor ritmo. Use a vírgula quando necessário. Não é preciso fazer alterações.

   a) O deputado ignorou os pontos mais importantes da reforma sindical ao redigir o projeto a ser aprovado pelo Congresso.

   b) O diretor ligou para o presidente da empresa que administra o programa de capacitação pouco antes de a propaganda ir ao ar.

   c) A chegada desse dinheiro ao campo pode provocar efeitos colaterais indesejados, por incrível que pareça.

   d) A internet que transformou a vida de muitas pessoas abriu inumeráveis portas de pesquisa sem que ninguém se desse conta.

   e) As pessoas conversam com desconhecidos sem nenhum constrangimento nas salas de bate-papo graças ao acesso fácil à rede.

   f) Quando a África ficou pequena para os primeiros grupos humanos eles se espalharam por outros continentes há cerca de cem mil anos e chegaram à Ásia.

   g) Pela primeira vez um brasileiro é o número 1 nesse esporte com a vitória desse pernambucano no mês passado.

   h) Os americanos compram cada vez mais insatisfeitos com o que já têm.

   i) O progresso deveria trazer bem-estar ao homem em tese mas trouxe muita ansiedade em vez disso.

   j) A reação do governo foi chamar os aliados para barrar qualquer ideia de CPI ao ver que faltavam poucas assinaturas.

Parte 2

Prepare sua base: o parágrafo

Nesta segunda parte, "Prepare sua base: o parágrafo", você aprenderá quatro formas simples de construção dessa unidade básica do texto. Neste momento, você já deve estar capacitado para reunir frases de forma consistente e consciente. *Consciência* é aqui palavra-chave para se alcançar uma boa arquitetura textual.

CAPÍTULO 7

Dê atenção ao tópico frasal

Escreva um parágrafo explicando a importância da Expedição de Magalhães.

UMA MÁSCARA CONTRA GASES, UMA GRANADA DE FUMAÇA E UM HELICÓPTERO... É SÓ O QUE EU PEÇO.

WATTERSON, Bill. *Felino, selvagem, psicopata, homicida*. São Paulo: Best Editora, 1994. v. I.

Esperamos que, ao final destes capítulos, você não entre em desespero como Calvin, quando pedirem a você que redija um parágrafo sobre qualquer assunto.

A estrutura do parágrafo

O parágrafo é a alma de qualquer redação. Precisa ser muito bem construído para alcançar a clareza que um bom texto exige. Deve ser composto de uma ou mais frases em torno de uma ideia central. Embora em alguns textos, sobretudo os jornalísticos, apareçam parágrafos com uma frase só, quando você escrever uma redação, faça-o com pelo menos três parágrafos (veremos isso melhor no capítulo 14, "Argumente e comente").

Antes de escrever seu primeiro parágrafo, atente para estas duas palavrinhas: "ideia central". Elas nortearão seus passos o tempo todo. Você não pode enunciar duas, três ou quatro ideias diferentes ao mesmo tempo. Cada parágrafo deve desenvolver uma, e somente uma. Depois de enunciar a ideia central, você acrescenta outras que a desenvolvam, esclareçam, comentem, num encadeamento lógico, sem perder de vista a coerência, esse fio invisível que tece o texto na busca de um sentido.

Quando perceber que está abordando outro aspecto do tema, é sinal de que deve mudar de parágrafo. Se notar que misturou várias ideias, tenha paciência, reescreva tudo desde o começo. Se quiser escrever bem, você terá de se acostumar com esse trabalho contínuo de idas e vindas no texto, até chegar a uma forma que lhe satisfaça. Saiba, porém, que poucas coisas nos dão tanto prazer quanto escrever um bom texto. Vejamos na prática como isso funciona.

Lendo o texto

Tinha tudo para não dar certo. Moça de classe média alta da zona sul carioca, com um fiapo de voz e uma vergonha danada de se apresentar em público, lança-se nos anos 1960 como cantora popular e disputa espaço com divas como Elizete Cardoso, Maysa e Elis Regina. "Ah, então vai virar vagabunda!", esconjurou o pai, responsável advogado capixaba, quando soube da estreia da filha num espetáculo profissional. Mas não demorou muito e aquela menina desajeitada e tímida ("Caramujo", para os íntimos) conquistou o Brasil, provou ser dona de uma tremenda personalidade e se transformou em bússola cultural de sua geração e de toda a MPB.

Estamos falando de Nara Lofego Leão – aliás, das várias: a Narinha pueril de *A banda* e a Narona furibunda de *Carcará*, a dona dos joelhos mais festejados do mundo desde que Júlio César curvou os seus à frente de Cleópatra e chocou o Império Romano. Falamos da musa da bossa nova que certo dia trocou a companhia dos "pães" (era assim que se chamavam os rapazes bonitos de Copacabana) pela convivência com os sambistas encarquilhados do morro da Mangueira.

E também da pioneira da música de protesto que, em 1966, em plena ditadura militar, sugeriu numa entrevista-bomba que o exército brasileiro deveria simplesmente ser extinto porque não servia para nada, nem para trocar pneu furado de jipe... Uau! Deu um bode danado, é claro [...]

SOUZA, Okky de. *Mitsubishi Revista*. São Paulo, n. 13, mar. 2004. p. 21.

O primeiro parágrafo será dirigido pelo tópico frasal "Tinha tudo para não dar certo", que é seguido por três frases de desenvolvimento. As duas primeiras falam do possível fracasso de uma cantora cujo nome só saberemos mais adiante. Nelas, Okky de Souza expõe as razões por que a moça poderia fracassar. Primeiro, porque ela ia competir com cantoras já estabelecidas. Depois, porque o pai era contra sua carreira. Quando chega à quarta frase, ele introduz uma oposição com a conjunção **mas** e fala que aconteceu justamente o contrário: a moça fez sucesso. Esgotado esse aspecto do tema, é hora de abrir novo parágrafo.

E o novo parágrafo começa com a alusão às várias Naras existentes em Nara Leão. É essa a ideia a ser desenvolvida. Okky de Souza nos fala da Nara pueril, da raivosa, da musa da bossa nova e da contestadora. Com três frases apenas, traça o perfil de uma das mais importantes cantoras da música popular brasileira.

Assim que esgota esse ângulo, ele fecha o parágrafo e começa outro, em que falará da confusão que Nara gerou com sua entrevista. É essa clareza que todos nós devemos alcançar em cada parágrafo que escrevemos. Não há nada de complicado. Basta ficar atento, e o trabalho se fará sem sobressaltos.

Veja que o desenvolvimento da ideia central se faz em torno de uma palavra que governará todo o texto: Nara Leão. A essa palavra damos o nome de palavra-chave. Nas suas leituras, habitue-se a procurar primeiro a palavra-chave e depois a ideia central de cada parágrafo.

> **OLHO VIVO!**
> Ao procurar a palavra-chave e só depois localizar a ideia central do parágrafo, você facilmente chegará a uma boa interpretação do texto. Certamente essa não é a única estratégia de leitura existente, mas sem dúvida é bastante eficiente.

Extensão

Não existe uma norma que determine que um parágrafo deva ter uma, duas, três ou mais frases. Muito menos que estipule o número de linhas. Há parágrafos só com uma frase, outros com dez. E agora? Diante das dúvidas de quem está entrando nesse território, um parágrafo com três frases já é bem satisfatório.

Com essa extensão é possível dizer alguma coisa de forma consistente. À medida que dominar as várias técnicas da escrita, você verá que seu parágrafo crescerá naturalmente, sem grandes dificuldades. Se chegar a cinco frases, atingiu um ótimo patamar.

O tópico frasal

O tópico frasal é a frase inicial de cada parágrafo, que resume a ideia a ser desenvolvida nele. É bom que seja conciso, objetivo, forte. Se for muito vago, sem uma palavra de peso, certamente você terá dificuldades para levar adiante a ideia central. Se houver palavras em demasia, depois será difícil saber qual delas deverá ser tomada como chave.

Suponhamos que alguém lhe desse como tema a autoestima do brasileiro e você elaborasse o seguinte tópico frasal:

> O brasileiro não dá valor às riquezas de seu país e só valoriza o futebol, esquecendo-se de nossa grande diversidade cultural e até mesmo de outros esportes que nos têm dado muitas alegrias.

O que logo notamos é uma avalanche de ideias, de palavras que se atropelam em grande desordem. Quem escreve dessa forma, em vez de dominar as palavras, é dominado por elas. É como se quisesse dizer tudo de uma só vez, com medo de esquecer alguma coisa. Daí resultará um texto confuso, sem nenhuma direção.

Entre tantas palavras, qual eleger como a mais importante para dar continuidade ao tema? Difícil dizer. A solução é escrever o tópico frasal de forma concisa, com duas ou três orações. Mais do que isso é aventurar-se no vazio.

O tópico frasal do tema dado na página anterior poderia ser simplesmente:

O brasileiro não dá valor ao que tem.

Esse período tem apenas duas orações. A primeira, com o verbo **dar**, e a segunda, com o verbo **ter**. Com uma frase tão objetiva, fica mais fácil desenvolver o restante do parágrafo. É só falar agora do que temos e não valorizamos.

Eis um parágrafo possível:

O brasileiro não dá valor ao que tem. Prefere valorizar tudo o que é estrangeiro em detrimento do que é realmente nosso. Daí decorre um sério problema de autoestima: parece que não gostamos de nós mesmos.

Outra possibilidade seria:

O brasileiro não dá valor ao que tem. Só valoriza o futebol, o que é muito pouco para sustentar nossa autoestima. Se olhássemos outros aspectos de nossa cultura, teríamos, talvez, muito do que nos orgulhar.

Um período é constituído de orações. Se tem apenas uma, chama-se **período simples**:

O Brasil precisa de mais educação.

A oração do período simples chama-se **absoluta**. Se o período tem mais de uma oração, chama-se **composto**:

O Brasil precisa de mais educação porque ela é a chave do desenvolvimento.

Os caminhos para desenvolver um parágrafo são vários. Dependem das ideias, que decorrem do conhecimento de mundo de cada um. Sem ele, mal conseguimos escrever a primeira frase. Você precisa saber o que acontece à sua volta para não dar informações que não estão em consonância com a realidade objetiva.

Resumindo: uma boa redação começa com um tópico frasal bem elaborado, sucinto, objetivo. Se o passo for amplo demais, você poderá se perder, sobretudo se ainda não tiver o hábito da leitura e da escrita.

OLHO VIVO!
Sabemos o número de orações de um período pelo número de verbos presentes. O fim do período é sempre marcado por um ponto-final, de exclamação, de interrogação ou mesmo reticências. Seja qual for a pontuação, o importante é que você enuncie pensamentos completos.

Dê atenção ao tópico frasal

ATIVIDADES

1. Escreva para cada tema sugerido um tópico frasal.

    a) A importância da leitura.
    b) Perigos do mundo virtual.
    c) Os relacionamentos via internet.
    d) A civilidade nos tempos atuais.
    e) As relações entre pais e filhos hoje.
    f) Desigualdades sociais no Brasil.
    g) Desemprego e nível educacional.
    h) O mundo ideal.
    i) As profissões do futuro.
    j) Álcool e direção.

2. Os tópicos frasais que se seguem estão longos e imprecisos. Reduza-os ao essencial.

    a) O eleitor brasileiro ainda não aprendeu a votar porque é enganado pelos políticos que conseguem iludi-lo com falsas promessas.
    b) A violência atingiu no Brasil níveis insuportáveis, sobretudo nos grandes centros urbanos, embora já esteja também presente em outras cidades menores.
    c) A crise da insegurança que atinge o Brasil faz crescer na população o medo de sair à rua a qualquer hora do dia e da noite, e acabou com a nossa paz, deixando-nos assustados mesmo dentro de nossas casas.
    d) O vestibular é uma das maiores preocupações dos jovens, pois é dele que depende o ingresso numa universidade onde se prepara o futuro de cada um de nós.
    e) O futebol nunca deixará de ser o esporte que reforça a autoestima do brasileiro, mesmo havendo vitórias em outras áreas, como o tênis, o vôlei ou o basquete, que só nos afetam superficialmente.
    f) O desenvolvimento científico é imprescindível para um país como o Brasil, que tanto anseia para se alinhar com os países mais desenvolvidos em todos os sentidos.
    g) As dificuldades de criar um filho hoje são maiores que antigamente, quando o mundo era bem menos cheio de atrações e os pais tinham mais tempo para lhe dedicar.
    h) Os meios de comunicação se aperfeiçoam cada vez mais, dando ao homem opções que jamais ele imaginaria um século atrás, como a internet, que nos deixa conectados com o mundo 24 horas ininterruptas.
    i) O mercado de trabalho hoje não se contenta mais com pessoas que tenham apenas um diploma na mão; tem de haver algo que diferencie um candidato de outro.
    j) O brasileiro já se acostumou tanto com a corrupção que só fica esperando o próximo escândalo para comentar com as pessoas sem se indignar como deveria.

3. Os excertos a seguir têm apenas dois parágrafos. Assinale o ponto de divisão entre eles.

    a) *As palavras são tão poderosas que, quando as ouvimos ou pronunciamos, obliteramos nossos sentidos através dos quais, sem elas, perceberíamos mais claramente os sinais do mundo. Sua compreensão é lenta porque necessitam ser decodificadas, ao contrário das sensações que são de percepção imediata – eis a principal diferença entre as linguagens simbólicas e sinaléticas, símbolos e sinais. Se escuto uma palavra, seja qual for, necessito de um certo tempo para compreender seu sentido e as intenções de meu interlocutor. Mas, se ponho o dedo em um fio desencapado, o choque elétrico que recebo não precisa de nenhuma tradução especial: eu grito.*

    BOAL, Augusto. Caros Amigos. São Paulo, n. 98, maio 2005. p. 18.

    b) *"Falta pedreiro", estão reclamando os mestres de obras. Os melhores estão empregados nas construções de prédios caros. Se você quiser reformar o seu apartamento agora, talvez tenha que lidar com profissionais menos competentes do que havia por aí. São as dores do crescimento econômico. Se fosse só isso, vá lá. O problema mesmo é falta de gente boa para ocupar as vagas que aparecem no topo da pirâmide. O Instituto de Pesquisa Econômica Aplicada (Ipea) calculou que, se a economia crescer mais de 5% ao ano em média nesta década (que é o que todos esperam), haverá uma falta crônica de engenheiros no mercado. E já dá para sentir efeitos de escassez hoje mesmo. Agora um engenheiro põe o pé para fora da faculdade ganhando R$ 4.500,000, em média, o dobro do que era em 2006. Nas áreas em que a demanda mais subiu, como a da extração de petróleo e gás, contracheques de R$ 30 mil são comuns.*

    SUPERINTERESSANTE. São Paulo: Abril, n. 280, nov. 2010. p. 23.

    c) *Estamos em 4 de fevereiro de 1969. Uma sangrenta guerra civil assola a República Democrática do Congo após um golpe militar. Estrangeiros são obrigados a deixar o país, a situação está fora de controle. Naquele dia,* porém, algo de estranho acontece: os tiros silenciam e a paz volta por algumas horas. Grupos rivais surpreendentemente resolvem declarar um armistício – algo que as Nações Unidas vinham tentando havia tempos em vão. O motivo: o país inteiro, unido, deseja assistir a uma partida do Santos Futebol Clube com Pelé no ataque. Só que as regras africanas são claras: o Santos de Pelé deveria jogar com as duas seleções rivais em pé de guerra. O rei do futebol não se fez de rogado: deu seu show em duas partidas, animando as torcidas que, por um instante, esqueceram a discórdia. Assim que os jogos terminaram e a delegação brasileira foi embora, o conflito recomeçou.

SGARIONI, Mariana. Planeta redondo.
Revista Continuum. São Paulo: Itaú Cultural.
p. 6, jul./ago. 2010.

d) O conhecimento da arte abre perspectivas para que o aluno tenha uma compreensão do mundo na qual a dimensão poética esteja presente: a arte ensina que é possível transformar continuamente a existência, que é preciso mudar referências a cada momento e ser flexível. Isso quer dizer que criar e conhecer são indissociáveis e a flexibilidade é condição fundamental para o aprendizado. O ser humano que não conhece a arte tem uma experiência de aprendizagem limitada, escapa-lhe a dimensão do sonho, da força comunicativa dos objetos à sua volta, da sonoridade instigante da poesia, das criações musicais, das cores e formas, dos gestos e luzes que buscam o sentido da vida.

MATTOS, Paula Belfort. A arte de educar.
São Paulo: Antonio Bellini, 2003. p. 19.

e) O gosto e a sensibilidade para apreciar a arte variam de pessoa para pessoa, de idade para idade, de região para região, de sociedade para sociedade, de época para época. Assim, as manifestações artísticas trazem a marca do tempo, do lugar e dos artistas que as criaram, pois refletem essa variação no conceito de beleza e na função do objeto artístico. Em muitas sociedades, a arte é utilizada como forma de homenagear os deuses, ou seja, está ligada à religião. Observe como as igrejas, os templos e os túmulos são locais em que a arte se manifesta em todos os tempos. Indumentárias, objetos que são usados em rituais, instrumentos musicais, imagens, completam os cenários das cerimônias religiosas.

OLIVEIRA, Jô; GARCEZ, Lucília. Explicando a arte.
2. ed. Rio de Janeiro: Ediouro, 2001. p. 12.

4. O texto abaixo tem quatro parágrafos. Assinale os limites de cada um deles.

Comparo dois capítulos seguidos de Vidas secas: "O menino mais novo" e "O menino mais velho". São passagens que narram a frustração da criança perante o universo do adulto nas condições precisas da vida sertaneja. A desventura do menino mais novo foi querer imitar o pai nas artes da montaria. Saltou no lombo de um bode que o arremessou violentamente ao chão. Mas o seu consolo era imaginar o futuro como satisfação dos desejos do presente; quando crescesse, subiria em cavalo brabo como Fabiano e voaria na catinga como pé de vento. A felicidade é um quando, é um se, que a imaginação realiza num relance. Tal como o pai, que rezava sobre o rasto das reses para curar as bicheiras, o pequeno está imerso na crença de um mundo invisível que guarda relações diretas com o cotidiano. Ele "enxergava viventes no céu, considerava-se protegido, convencia-se de que forças misteriosas iam ampará-lo. Boiaria no ar, como um periquito". Quanto ao desastre do menino mais velho, se não for maior do que o do pequeno, com certeza não doeu menos. Ele apenas insistiu com a mãe para saber como era o inferno. E quando Sinha Vitória falou vagamente em um lugar cheio de fogueiras e espetos quentes, o menino perguntou-lhe: "A senhora viu?" A mãe, por toda resposta, aplicou-lhe um cocorote; o menino foi esconder-se no meio das catingueiras, à beira da lagoa vazia. Se na primeira passagem a condição da infância era trabalhada como um tecido de sonhos e desejos impotentes para alcançar as proezas do adulto, na segunda, a relação inverte-se. A criança que pergunta, a criança que exige da mãe a interpretação do símbolo (o que é inferno?), supera, na verdade, os limites da gente grande. Fabiano e Sinha Vitória, prensados entre o menino e o muro da própria inconsciência, reagem com um silêncio evasivo e, afinal, irritados pelo espinho da interpelação, desafogam-se com a agressão física.

BOSI, Alfredo. Céu, inferno: ensaios de crítica literária
e ideológica. São Paulo: Ática, 1988. p. 15-6.

CAPÍTULO 8

Não perca o sujeito de vista

Lendo o texto

Na rua Aurora eu nasci
Na aurora da minha vida
E numa aurora cresci.

No largo do Paissandu
Sonhei, foi luta renhida,
Fiquei pobre e me vi nu.

Nesta rua Lopes Chaves
Envelheço, e envergonhado,
Nem sei quem foi Lopes Chaves.

Mamãe! me dá essa lua,
Ser esquecido e ignorado
Como esses nomes da rua.

ANDRADE, Mário de. *Os melhores poemas de Mário de Andrade.*
Seleção de Gilda Mello e Souza. São Paulo: Global, 2000. p. 150.

A repetição do sujeito na poesia

Você já deve ter lido poemas em que o autor repete o mesmo sujeito do princípio ao fim, às vezes de forma tão sutil que nem é possível perceber. Saiba que foi essa repetição que o fez acompanhar, sem dificuldade, o pensamento poético de Mário de Andrade numa primeira leitura.

Logo no primeiro verso aparece claramente o sujeito – **eu** –, que depois se oculta. Releia agora todo o poema. Só houve mudança do sujeito no primeiro verso da última estrofe – "Mamãe! me dá essa lua" – no qual o sujeito está oculto (**tu**), e o verbo no imperativo, mas logo a seguir o **eu** inicial retoma seu lugar em "Ser esquecido e ignorado".

Qual a relação entre esse poema e o que queremos ensinar neste capítulo? Ler poesia é muito importante para adquirir vocabulário, saber o que é ritmo e observar também como cada poeta constrói seu texto. E escrever é construir, seja prosa ou poesia.

No poema fica mais fácil entender certos mecanismos dessa construção. Por exemplo: esse recurso usado por Mário de Andrade, a repetição do sujeito, aparece com muita frequência nos textos em prosa, e você talvez nunca tenha se dado conta disso. Trata-se de um bom recurso de coesão para construir um parágrafo sem perder muito tempo.

Repetição e clareza

A primeira regra para escrever um parágrafo de forma clara e precisa é manter o mesmo sujeito em duas ou três frases seguidas. Para isso, obviamente, é preciso saber o que é sujeito, pois é a partir dele que você começará a se sentir mais seguro a cada frase enunciada. Veja o boxe ao lado.

Boa redação é aquela em que o leitor sabe a todo instante de quem ou de que você está falando de forma coerente. Não vá pensar, porém, que, a cada frase que escrever, precisará fazer uma análise detalhada das orações ou dos termos que as compõem.

Por que falamos do sujeito? Porque ele será a base de nosso primeiro modelo de parágrafo. Se você tem dificuldade de escrever, a partir de agora tente nos acompanhar com atenção. Você vai perceber que é possível escrever com certa rapidez e facilidade.

Não se assuste quando se der conta de que escreveu um parágrafo em poucos minutos. Comece escrevendo duas ou três frases com o mesmo sujeito em relação ao tema dado. Isso fará com que você não se perca e evite aqueles textos ao lado dos quais o professor costuma escrever "sem nexo", "sem coesão", "sem sentido". Ler essas observações não é nada agradável (escrevê-las, acredite, também não!).

Para entender melhor o que acabamos de dizer, leia o parágrafo abaixo, retirado de um conto de Osman Lins, "A partida". Observe como o autor encadeia uma frase a outra, conservando o mesmo sujeito:

> (1) Hoje, revendo minhas atitudes quando vim embora, reconheço que mudei bastante. (2) Verifico também que estava aflito e que havia um fundo de mágoa ou desespero em minha impaciência. (3) Eu queria deixar minha casa, minha avó e seus cuidados. (4) Estava farto de chegar a horas certas, de ouvir reclamações; de ser vigiado, contemplado, querido. (5) Sim, também a afeição de minha avó incomodava-me. (6) Era quase palpável, quase como um objeto, uma túnica, um paletó justo que eu não pudesse despir.

LINS, Osman. *Os melhores contos de Osman Lins*.
Seleção e prefácio de Sandra Nitrini.
São Paulo: Global, 2003. p. 45.

OLHO VIVO!

O sujeito de uma oração é a palavra em relação à qual você afirma ou nega alguma coisa. Exemplo:

Chegou o grande poeta.

Sujeito: **o grande poeta**. Como encontrá-lo? Perguntando ao verbo **quem é** (ou **faz**) ou **o que é**: Quem chegou?. A resposta é o sujeito da frase.

Nas primeiras quatro frases, Osman Lins simplesmente retoma o sujeito **eu**, sua palavra-chave, e afirma algo a seu respeito:

> Frase 1 – "quando vim embora"
> Frase 2 – "Verifico também"
> Frase 3 – "Eu queria deixar minha casa"
> Frase 4 – "Estava farto de chegar a horas certas"

É somente na quinta frase que ele muda de sujeito: "a afeição de minha avó incomodava-me". O sujeito é "a afeição de minha avó". E, na sexta, o que ele faz? Retoma o sujeito da frase 5 por elipse: "[Ela, a afeição de minha avó] Era quase palpável".

Leia agora um fragmento de texto extraído do livro *Machado de Assis*, de Lúcia Miguel Pereira, para você ver como essa mesma técnica pode se estender por vários parágrafos:

> *Machado de Assis* não foi, como pareceu, um puro intelectual, fazendo da vida duas partes bem distintas: uma para a existência cotidiana, insípida e vaga, outra para as elucubrações do raciocínio.
>
> Não, foi alguém que viveu, que sofreu, que vibrou, e cuja obra está impregnada da sua humanidade dolorida e rica.
>
> Não foi apenas um esteta – mas um homem. E o maior valor de sua obra reside no fato de ter sido uma experiência, um modo de interrogar a vida. Interrogação que ficou sem resposta porque não ousou – ou não pôde – ir até o fundo dos problemas. Ou talvez porque tais perguntas não possam mesmo ser satisfeitas pelo engenho humano...
>
> E para esconder a incapacidade – ou a decepção – preferiu sorrir, ficar de lado, com um ar de espectador desinteressado.
>
> PEREIRA, Lúcia Miguel. *Machado de Assis*. 6. ed. rev. Belo Horizonte/São Paulo: Itatiaia/Editora da Universidade de São Paulo, 1988. p. 27.

O sujeito principal dos quatro parágrafos é sempre o mesmo: **Machado de Assis**. Tal mecanismo faz com que os leiamos sem tropeços e entendamos rapidamente a informação básica de cada um deles. Além disso, a sequência de frases ganha uma coesão perfeita, ou seja, elas se encadeiam sem romper o fio das ideias, fator de coerência.

OLHO VIVO!
Se, quando escrevermos, mudarmos de sujeito a cada frase, ficará bem mais difícil chegar a um bom resultado, sobretudo se ainda não adquirimos certa familiaridade com a escrita. O texto geralmente fica confuso e, pouco a pouco, vai ficando incoerente. Ao chegarmos ao final do parágrafo, veremos que fomos nos afastando gradualmente daquilo que dizíamos no princípio.

Como repetir o sujeito sem prejudicar a boa expressão

Vamos transcrever agora os mesmos parágrafos acima com o nome Machado de Assis só para você ver como é possível a manutenção do sujeito em frases seguidas:

(1) **Machado de Assis** não foi, como pareceu, um puro intelectual, fazendo da vida duas partes bem distintas: uma para a existência cotidiana, insípida e vaga, outra para as elucubrações do raciocínio.

(2) Não, **Machado de Assis** foi alguém que viveu, que sofreu, que vibrou, e cuja obra está impregnada da sua humanidade dolorida e rica.

(3) **Machado de Assis** não foi apenas um esteta – mas um homem. E o maior valor de sua obra reside no fato de ter sido uma experiência, um modo de interrogar a vida. Interrogação que ficou sem resposta porque **Machado de Assis** não ousou – ou não pôde – ir até o fundo dos problemas. Ou talvez porque tais perguntas não possam mesmo ser satisfeitas pelo engenho humano.

(4) E para esconder a incapacidade – ou a decepção – **Machado de Assis** preferiu sorrir, ficar de lado, com um ar de espectador desinteressado.

Lúcia Miguel Pereira utilizou um recurso muito simples, que, a partir de agora, deve fazer parte de seu arsenal de escrita. O nome de Machado de Assis aparece só no início e depois se oculta. Veja também que, em momento algum, ela recorreu a perífrases para se referir a ele, como **o maior escritor de nossa literatura, o autor de *Memórias Póstumas*, o bruxo do Cosme Velho**. Isso "enfeitaria" demais o texto, o que não é nada aconselhável.

Parágrafo com dois sujeitos

À medida que avançamos em nossa aprendizagem, é preciso lançar mão de formas mais sofisticadas de formulação da linguagem. Veja como, nesta pequena crônica, Clarice Lispector trabalha com dois sujeitos diferentes ao mesmo tempo:

(1) O homem foi programado por Deus para resolver problemas. (2) Mas começou a criá-los. (3) A máquina foi programada pelo homem para resolver os problemas que ele criou. (4) Mas ela, a máquina, está começando também a criar problemas que desorientam e engolem o homem. (5) A máquina continua crescendo. (6) Está enorme. (7) A ponto de que talvez o homem deixe de ser uma organização humana. (8) E como perfeição de ser criado, só existirá a máquina. (9) Deus criou um problema começando pela ignorância do homem diante da maçã. (10) Ou o homem será um triste antepassado da máquina: melhor o mistério do paraíso.

LISPECTOR, Clarice. A máquina está crescendo. In: *A descoberta do mundo*. 3. ed. Rio de Janeiro: Francisco Alves, 1992. p. 292.

Os dois sujeitos principais do parágrafo são: **homem** e **máquina**. **Homem** é sujeito das frases 1 e 2 (nesta, por elipse) e é retomado nas frases 7 e 10. **Máquina** surge pela primeira vez como sujeito na frase 3. E depois é retomada na:

Frase 4 – pelo pronome **ela**;
Frase 5 – por repetição;
Frase 6 – por elipse;
Frase 8 – por repetição.

Só na frase 9 é que aparece um novo sujeito: **Deus**. Apesar dessa pequena mudança, podemos dizer que o parágrafo se estrutura mesmo em torno das palavras-chave **homem** e **máquina**. A alternância de sujeito é que dá dinamismo à reflexão de Clarice e revela seu domínio sobre o texto.

É claro que a autora sempre teve pleno controle da linguagem, mas isso não significa que não possamos chegar ao refinamento linguístico a que ela chegou. Basta persistir e, sobretudo, perder o medo da aventura que é escrever.

ATIVIDADES

1. Como se dá a repetição do sujeito nos parágrafos a seguir? Anote esse processo da repetição obedecendo à numeração das frases.

    a) *(1) A publicidade mexe com os nossos sonhos e necessidades mais profundos, que são reais (não criados).*
    (2) Sugere soluções para essas necessidades através da compra de bens, produtos e serviços.
    (3) Propõe formas de gratificar ou realizar uma parte desses desejos.
    MORAN, José Manuel. *Como ver televisão*.
São Paulo: Paulinas, 1991. p. 45.

    b) *(1) Sempre que visitava a mãe em Caxambu, cidade famosa por suas águas medicinais, Turco Velho aproveitava para fazer um tratamento de vinte e um dias.*
    (2) Três vezes diariamente, com rigorosa pontualidade, ele bebia água de fontes diferentes, "para descarregar o fígado", conforme recomendação do velho médico da cidade.
    (3) Com a convocação do bicheiro, Turco Velho teve, a contragosto, que suspender o tratamento.
    FONSECA, Rubem. *Agosto*. São Paulo:
Companhia das Letras, 1990. p. 127.

    c) *(1) As vizinhas eram mesmo gordas e patuscas.*
    (2) Tinham bustos opulentíssimos, braços espetaculares e colares de brotoejas.
    (3) Passavam o dia nas janelas, fiscalizando os moradores da rua e suspirando exclamações como "Deus é grande!" e "Nada como um dia depois do outro!".
    CASTRO, Ruy. *O anjo pornográfico: a vida de Nelson Rodrigues*. São Paulo:
Companhia das Letras, 1992. p. 21.

    d) *(1) Dr. Gumercindo acordou oco, molengo, com um zumbido renitente nos ouvidos, que ele não sabia se vinha de dentro ou de fora.*
    (2) A custo se levantou e tomou uma xícara de café puro, esperando com isso espantar a morrinha.
    (3) Não espantou, botou mais, já que café puro é estimulante, segundo uma lenda.
    (4) Quando levava a xícara à boca, ela se escapuliu, caiu no pires e se quebrou, empapando a toalha.
    VEIGA, José J. *Torvelinho dia e noite*.
São Paulo: Difel, 1986. p. 35.

    e) *(1) E eu que nunca fiz luxo para comer, andei há um tempo fazendo dieta para perder uns quilos a mais.*
    (2) Aí experimentei uma vida anormal para comer.
    (3) Andava exasperada como se outros estivessem comendo o que era meu.
    (4) Então, de raiva e fome, de repente comi o que bem quis.
    LISPECTOR, Clarice. *A descoberta do mundo*. 3. ed.
Rio de Janeiro: Francisco Alves, 1992. p. 139.

    f) *(1) Heitor Villa-Lobos nasceu no Rio de Janeiro, em 1887.*
    (2) Aos seis anos, já assistia a óperas e concertos e tinha aulas de violoncelo e clarineta.
    (3) Na juventude conheceu o violão, na época considerado um instrumento de malandros, e passou a integrar um grupo de chorões.
    (4) Aos 18 anos, começou a fazer uma série de viagens pelo Brasil, para conhecer o país e a sua música.
    (5) Para ganhar algum dinheiro, tocou em salas de cinema, cabarés e companhias de operetas.
    (6) Participou da Semana de Arte Moderna de 1922, apesar de sempre afirmar que não era do movimento.
    TRINDADE, Mauro. Inédito e revisitado. *Bravo!*.
São Paulo: Abril, ano 8, nov. 2004. p. 39.

g) (1) A borboleta pousou primeiramente na haste de uma folha de roseira que vergou de leve.
(2) Em seguida, voou até a rosa e fincou as patas dianteiras na borda das pétalas.
(3) Juntou as asas que se colaram palpitantes.
(4) Desenrolou a tromba.
(5) E inclinando o corpo para a frente, num movimento de seta, afundou a tromba no âmago da flor.

TELLES, Lygia Fagundes. Um chá bem forte e três xícaras. In: Antes do baile verde. 2. ed. Rio de Janeiro: José Olympio, 1971. p. 74.

h) (1) Sinhá Josefina já estava ali há mais de dois anos.
(2) Viera tangida pela fúria dos soldados que haviam destroçado o reduto do Santo, em Pedra Bonita.
(3) E ali ficara, depois de longas caminhadas pelas caatingas, acompanhada do filho Bentinho.

REGO, José Lins do. Cangaceiros. 11. ed. Rio de Janeiro: José Olympio, 2004. p. 31.

i) (1) Sofia era, em casa, muito melhor do que no trem de ferro.
(2) Lá vestia a capa, embora tivesse os olhos descobertos; cá trazia à vista os olhos e o corpo, elegantemente apertado em um vestido de cambraia, mostrando as mãos que eram bonitas, e um princípio de braço.
(3) Demais, aqui era a dona da casa, falava mais, desfazia-se em obséquios; Rubião desceu meio tonto.

ASSIS, Machado de. Quincas Borba. São Paulo: Conducta, [s.d.]. p. 32.

j) (1) Bertoleza representava agora ao lado de João Romão o papel tríplice de caixeiro, de criada e de amante.
(2) Mourejava a valer, mas de cara alegre; às quatro da madrugada estava já na faina de todos os dias, avivando o café para os fregueses e depois preparando o almoço para os trabalhadores de uma pedreira que havia para além de um grande capinzal aos fundos da venda.
(3) Varria a casa, cozinhava, vendia ao balcão na taverna quando o amigo andava ocupado lá por fora; fazia a sua quitanda durante o dia no intervalo de outros serviços, e à noite passava-se para a porta da venda, e, defronte de um fogareiro de barro, fritava fígado e frigia sardinhas, que Romão ia pela manhã, em mangas de camisa, de tamancos e de meias, comprar à Praia do Peixe.
(4) E o demônio da mulher ainda encontrava tempo para lavar e consertar, além da sua, a roupa do seu homem, que esta, valha a verdade, não tanta e nunca passava em todo o mês de alguns pares de calças de zuarte e outras tantas camisas de riscado.

AZEVEDO, Aluísio. O cortiço. São Paulo: McGraw-Hill do Brasil, 1977. p. 5.

2. Dada a primeira frase, escreva uma segunda conservando o mesmo sujeito.

a) O salário mínimo é sempre muito pouco para alguém viver.

b) O brasileiro paga altos impostos e não recebe quase nada de volta.

c) O tráfico de drogas precisa de um combate mais efetivo.

d) A discriminação racial é um dos piores males da sociedade.

e) A leitura deve ser incentivada desde a infância.

3. Escreva um parágrafo com três frases sobre alguém de seu círculo familiar e mantenha o nome como sujeito.

4. Leia o texto que se segue.

Patrimônio líquido

Já se tornou um lugar-comum afirmar que a água é o petróleo do futuro. E o fato de uma fórmula como essa já estar relativamente repisada não a torna menos verdadeira. A exatidão é, aliás, o que transforma expressões felizes em clichês. A tendência de valorização da água é, em princípio, uma boa notícia para o Brasil.

O país é bastante privilegiado em termos de reservas de água doce. Aqui estão 16% das maiores e mais copiosas bacias hidrográficas do mundo, contamos com o aquífero Guarani, que é a maior reserva subterrânea do planeta, capaz de abastecer o país por 2 500 anos. Mais ainda, as chuvas por aqui são abundantes. Mesmo no Nordeste, onde ocorrem as piores secas, chove duas vezes mais do que em Israel, por exemplo.

Se tamanha quantidade de água pode despertar a cobiça internacional, ela também nos proporciona uma boa dose de segurança quanto ao futuro hídrico e até nos torna potencialmente mais ricos. A abundância traz paradoxalmente o risco de descuidarmos de nosso fabuloso patrimônio líquido.

A notícia de que 27% dos rios e represas de São Paulo estão impróprios para abastecimento é daquelas que devem preocupar e servir de alerta. Em termos de preservação da vida aquática, a situação é ainda pior. Segundo avaliação da Cetesb, 46% dos rios paulistas foram considerados ruins ou péssimos. É preciso desde já tomar as medidas necessárias para conservar a água com boa qualidade. A tarefa nada tem de simples.

Só o estado de São Paulo coleta diariamente 5 milhões de toneladas de esgotos, 60% dos quais são despejados em rios sem nenhum tratamento. Essa não é a única ameaça: o crescimento dos aglomerados urbanos, a ocupação irregular de áreas de preservação e até a contaminação do aquífero Guarani por agrotóxicos são perigos concretos que precisam ser encarados com seriedade. O que está em jogo é a conservação de um bem cada vez mais escasso e precioso.

Folha de S.Paulo, São Paulo, 5 ago. 2003. Caderno A, p. 2.

Use as informações do texto para escrever um parágrafo sobre a riqueza hídrica do Brasil, tendo como sujeito a palavra **água**.

CAPÍTULO 9

Pense nas associações

Lendo o texto

Infância

Faço do tempo, casa revisitada
Em seus cômodos de memória
de vária lembrança:
a ária da infância.
Igual ainda a sala?
Varanda copa quarto?
Chão de desvãos, goianos
pernambucanos, sãopaulinos
– em que assoalho agora,
os passos do menino?
Destinados meus
hoje ruínam? Ainda o
quintal: pé de amora, colibri,
crucifixos a carvão, aquário de
lambaris? Viaja a criança em (mim)
carrinhos de lata, parques, circos,
giz, estradinhas sem fim?

Ah lembrança:
(difícil névoa de sono)
nuvem que o vento dissipa...

mas nesta casa perdida
(brinquedo de apego)
intactas rugem,
entre tufões intensos,
minhas nuvens, rochas
nuvens

RONALDSON. *Questão de Íris*. Aracaju:
Tribunal de Justiça, 1997. p.36.

A escolha das palavras

Trataremos agora de uma das técnicas mais utilizadas por quem escreve: a associação. É o método "palavra puxa palavra", em que uma palavra enunciada puxa uma segunda, que puxa uma terceira, que puxa uma quarta... O poema "Infância", do poeta sergipano Ronaldson, serve à perfeição para você entender esse mecanismo da escrita.

A palavra desencadeadora do poema é a que lhe dá título: *infância*. É ela que vai gerar todo um campo de associações que o poeta organiza para produzir um sentido. Imagine o que você pensaria de imediato se alguém lhe pedisse que rememorasse essa fase da vida. Logo pensaria em brincadeiras, amigos, família, a rua em que morou, a casa, a cidade...

Ao escrevermos qualquer texto, também fazemos associações (e como!), mas elas não devem ser feitas ao acaso. Sua escolha e organização devem obedecer aos nossos objetivos, que precisam estar bem delineados desde o princípio, para evitar que a redação fale de tudo e, ao final, não fale de nada. Não podemos esquecer, em nenhum instante, algo fundamental para a consistência do texto: a coerência. Daí a importância de saber se não estamos fugindo ao tema, escapando para outras paragens, associando o que não deve ser associado naquele contexto.

Tudo o que escrevemos deve se encaminhar para um ponto já demarcado antes de colocarmos a caneta sobre o papel. Por isso, a escolha das palavras precisa ser muito cuidadosa para não fugirmos do caminho traçado em busca de um sentido final. As palavras escolhidas por associação devem convergir para a produção desse sentido, como procedeu o autor do poema em epígrafe.

Vejamos as associações que a palavra **infância** provocou nele. A primeira e mais forte está ligada à **casa**, palavra-chave do poema. É ela que traz à tona todas as outras: **cômodos, sala, varanda, copa, quarto, assoalho**. A ela também se associam os vários lugares por onde o poeta andou, presentificados nos versos que falam dos chãos "goianos, pernambucanos, sãopaulinos".

Ainda na primeira estrofe, a palavra "casa" leva a "quintal", que, por sua vez, gera novas associações: *pé de amora, colibri, crucifixos a carvão, aquário de lambaris*. É ainda "quintal" que faz o poeta se reportar às brincadeiras de então: *carrinhos de lata, parques, circos, giz, estradinhas sem fim*.

Podemos dizer que Ronaldson escreveu um poema exato, pois nenhuma palavra apareceu de forma gratuita e estão todas vinculadas à casa da infância. Tudo está preciso porque as associações feitas criam uma rede de sentidos que deságua na última estrofe, em que o poeta nos diz que aquela casa é hoje uma "casa perdida". Dela só restaram as lembranças, que são, ao mesmo tempo, fluidas e indeléveis, muito bem concretizadas na imagem final das "nuvens, rochas/nuvens".

OLHO VIVO!
Para você ter uma ideia da unidade dos campos associativos presentes no poema, observe o esquema ao lado:

Infância → casa
- cômodos
- sala
- varanda
- copa
- quarto
- assoalho
- chão: pernambucano, goiano, sãopaulino
- quintal: pé de amora, colibri, crucifixos a carvão, aquário, carrinhos de lata, parques, circos, giz, estradinhas sem fim

As associações e a coerência textual

A associação é uma das técnicas mais presentes quando escrevemos um texto, seja em prosa, seja em verso. Ela exige, porém, muita atenção porque é preciso que haja coerência absoluta entre as palavras que vão surgindo e o tema dado. Às vezes, a associação está correta, mas a ideia que ela veicula pode não ser coerente com o objetivo do parágrafo ou do texto como um todo. O parágrafo a seguir é um bom exemplo de como se fazem as **associações corretas**:

> Até pouco tempo atrás, acreditava-se que a musculação não tinha importância nenhuma para a manutenção de uma boa saúde. Servia apenas para tornear formas. Esse equívoco foi desfeito. Estudos recentes mostram que puxar ferro é tão benéfico quanto caminhar ou nadar – desde que, é claro, com a devida orientação de instrutores especializados. Trabalhar os músculos das pernas, por exemplo, faz bem ao coração. Com as pernas fortalecidas, o retorno do sangue ao coração é mais eficiente. A musculação também protege os ossos e as articulações. A contração muscular estimula as células produtoras de ossos a trabalhar com mais vigor e intensifica a fixação de cálcio no esqueleto, o que ajuda a prevenir a osteoporose, doença em que há uma perda progressiva de massa óssea. O aumento de músculos diminui o atrito entre as articulações, o que baixa o risco de artrose. [...]
>
> VEJA. Edição Especial. São Paulo: Abril, nov. 2002, p. 17.

A palavra-chave aparece logo no tópico frasal: musculação. É ela que vai dirigir todas as associações que virão:

- puxar ferro;
- trabalhar os músculos das pernas;
- contração muscular;
- aumento de músculos;
- pernas fortalecidas.

À medida que o texto evolui, novas associações surgem sem que o autor perca de vista a palavra que as gerou e o tema que pretende desenvolver: **os benefícios que a musculação nos traz**. É isso o que você jamais poderá esquecer: a palavra que dirige seu parágrafo e a ideia-chave que o norteia. Se perder essa direção, seu texto também se perderá, ficará repleto de incoerências. Às informações dadas se acrescentam informações novas que formam um todo indissolúvel.

Para você ver como é fácil nos perdermos nas associações, tomamos a liberdade de conservar apenas o tópico frasal do parágrafo que acabamos de analisar. Observe como às vezes pensamos estar desenvolvendo bem um tema, mas, após uma análise mais acurada, vemos que o que escrevemos não tem nenhuma coerência com o que dissemos lá na primeira frase:

> Até pouco tempo atrás, acreditava-se que a musculação não tinha importância nenhuma para a manutenção de uma boa saúde. Muita gente ia para as academias só em busca do ideal da beleza física. Geralmente puxava ferro sem nenhuma orientação, colocando peso acima do que podia suportar. As consequências vinham logo: entorses, tendinites, distensões.

OLHO VIVO!
Todo parágrafo deve veicular apenas uma ideia que deriva da palavra-chave. Antes de começá-lo, defina a ideia-chave, ou a ideia central, que vai desenvolver. Grave essa regra: **cada parágrafo, uma ideia.**

O tópico frasal, como já vimos, fala da importância da musculação para nossa saúde.

A segunda frase,

Muita gente ia para as academias só em busca do ideal da beleza física,

já aponta em outra direção: **a busca da beleza**.

A terceira,

Geralmente puxava ferro sem nenhuma orientação, colocando peso acima do que podia suportar,

se distancia ainda mais da ideia inicial ao enunciar que as pessoas **faziam exercícios sem orientação**.

A quarta,

As consequências vinham logo: entorses, tendinites, distensões,

fala dos **males advindos de uma musculação malfeita**.

Entre o tópico frasal e a última frase, criou-se um abismo tal que o parágrafo perdeu sua unidade de sentido. Se analisarmos as associações, veremos que até estão de acordo com a palavra-chave *musculação*: **academia, puxar ferro, peso, entorse, tendinite, distensões**. Embora corretas, o que se diz delas não se coaduna com o que se anunciou no início do parágrafo: **a importância da musculação para a boa saúde**. O caminho tomado terminou levando ao lado oposto: **os malefícios da musculação**.

Está aí um bom exemplo de falta de coerência. Por isso, dizemos com toda segurança: a associação é, dentre os recursos de desenvolvimento do parágrafo, o mais fácil e também o mais repleto de armadilhas. Quando você o usar, redobre a vigilância para não criar um texto de múltiplas direções e nenhum sentido.

No apelo da ONG de conservação global WWF, o uso da associação, ou o método "palavra puxa palavra", produz um forte impacto no leitor: embora a mensagem avise que ainda dá tempo de o homem repensar suas atitudes para evitar que o planeta entre em colapso, ela alerta para nossa responsabilidade no processo de destruição do meio ambiente. São as palavras *vida/natureza* que puxam todas as outras.

A WWF é uma ONG que atua a favor do meio ambiente. Executa projetos com outras ONG'S da região no desenvolvimento de várias atividades, possui projetos como 'Água para a vida', 'Amazônia', 'Pantanal', entre outros. Você também pode contribuir para uma vida melhor do nosso planeta. Reflita! Ajude a WWF. Acesse agora: www.wwf.org.br

VIDA NATUREZA ÁGUA ANIMAIS HOMEM POLUIÇÃO DESPERDÍCIO DESMATAMENTO DESEQUILÍBRIO

Ainda dá tempo...

WWF

Retirado do *site*: <http://kasimoes.wordpress.com/tag/wwf-brasil/>. Acesso em: 17 jan. 2011.

ATIVIDADES

1. Escreva o que você associa a:
   a) Amazônia;
   b) internet;
   c) esporte;
   d) água;
   e) cinema brasileiro.

2. Para cada item acima, escreva duas ou três frases em que as ideias tenham absoluta coerência entre si.

3. Sublinhe os substantivos e expressões diretamente associados às palavras destacadas em negrito em cada parágrafo.

   a) Com a eleição de Juscelino Kubitschek, o Brasil mudou o seu estado de espírito e entrou numa era de **euforia**. No Rio se concentrava, como talvez em nenhuma outra cidade, a alegre atmosfera que o presidente bossa-nova espalhou pelo país com seu desenvolvimentismo de "50 anos em 5".

   VENTURA, Zuenir. *Cidade partida*. São Paulo: Companhia das Letras, 1994. p. 28.

   b) Quando acordo às seis da manhã, antes de a empregada chegar, **passo** (como se dizia em Araraquara) o **café**. Gosto de fazer, é minha única qualidade na cozinha, tenho boa mão, adoro o cheiro espesso que se ergue do coador, quando, lentamente para não formar bolhas, jogo a água fervente, adoçada (coisa de interior), sobre o pó. Uma colher de chá de chocolate amargo acentua o sabor. O cheiro me reanima, ainda que eu seja dos que abrem os olhos e estão prontos.

   BRANDÃO, Ignácio de Loyola. *Veia bailarina*. São Paulo: Global, 1997. p. 14.

   c) **As máquinas fotográficas**, indispensáveis em casamentos, festas de aniversário e viagens, sempre fizeram parte dos bons momentos da vida. De uns tempos para cá, com a chegada das câmaras digitais, ter uma na bolsa, no casaco ou na mesa de trabalho virou quase uma obrigação. E, se antes os cliques eram restritos a momentos especiais, hoje fotografa-se tudo.

   ÉPOCA. Tecnologia. Rio de Janeiro: Globo, 23 maio 2005. p. 11.

   d) Elis cantou **de tudo**, do samba ao rock, da bossa ao bolero e ao baião. Até mesmo no sertanejo, com "Romaria", ela poderia ser considerada a melhor do Brasil nesse estilo. Com "Velha roupa colorida", produziu uma das melhores gravações da história do rock brasileiro. Com "Casa no campo", cantou como ninguém o rock rural, uma espécie de pré-sertanejo inspirado no folk americano, na base de violões acústicos e com letras de temática hippie. Foram interpretações que serviram de referência e padrão de qualidade em cada um desses gêneros tão diversos entre si, que exigem dos intérpretes não só qualidade, como grande versatilidade.

   MOTTA, Nelson. Elis de todos os ritmos. *MIT Revista*. São Paulo: Custom Editora LTDA, n. 17, mar. 2005. p. 62.

   e) A quinta-feira 25 de novembro de 2010 entrou para a história do Rio de Janeiro como o dia em que **a cidade se insurgiu contra o tráfico**. Hipnotizada, a população parou para assistir em casa e nas ruas às cenas de sua guerra particular, transmitidas ao vivo pela televisão. Pela primeira vez na história, veículos militares blindados da Marinha trafegaram pelas vielas de uma favela. Seis tanques de guerra, do mesmo modelo usado no Iraque, e dois veículos anfíbios abriram caminho para a entrada de homens do Bope na Vila Cruzeiro, o principal bunker do Comando Vermelho, maior facção criminosa do Estado. A Vila Cruzeiro, ao lado dos complexos de favelas da Penha e do Alemão, era considerada uma fortaleza inexpugnável, refúgio seguro para bandidos e traficantes.

   ÉPOCA. Rio de Janeiro: Globo, n. 694, 29 nov. 2010. p. 100.

CAPÍTULO 10

Aprenda a dividir o tema

Lendo o texto

Três meninas

Era uma vez três meninas
Todas três bem bonitinhas
Todas com o mesmo destino

A primeira era Rita
De olhos verdes sombrios
Que aguardava a madrugada
Para falar com as estrelas.

A segunda era Corina
Rosto de lua cheia
Amava tanto os cabelos
Que nunca os quis cortar

A terceira era Eulina
Cheia de anéis nos dedos
Para ficar na janela
Esperando o namorado

Todas três no mesmo quarto
Quase nunca se falavam
Corina e Rita morreram
De tanta tristeza oculta
Eulina demorou mais
Até conhecer o mar
e mergulhar no seu sal.

(Poema escrito pelo autor especialmente para a obra.)

O número presente no título do poema já traz uma indicação precisa do que o poeta vai dizer. Isso cria no leitor a expectativa de que, ao fim de sua leitura, deverá ficar claro que meninas são essas e por que o poeta as transformou em motivo poético. Veja como é importante o título de um texto. Ele precisa gerar no leitor interesse pelo que vai ser desenvolvido.

O enigma das três meninas só vai ser aclarado durante o desenrolar do poema e pouco a pouco. Há uma ordem nessa descrição. Na primeira estrofe, ficamos sabendo que as meninas eram bonitas e tiveram um mesmo fim. Que fim teria sido esse? O poeta ainda não diz.

O poeta estruturou o texto por divisão. Depois de apresentar as três, ele reserva para cada uma delas uma estrofe: uma para Rita, que ficava esperando a madrugada só para conversar com as estrelas; outra para Corina, que nunca deixou que lhe cortassem os cabelos; e uma terceira para Eulina, que se enchia de anéis para esperar o namorado.

Depois da descrição de cada uma, fica claro que as três meninas não eram pessoas psiquicamente normais e se encontravam numa casa de saúde para doentes mentais. A quarta estrofe funciona como uma espécie de conclusão: o fim que elas tiveram. Corina e Rita morreram de tristeza e Eulina morreu afogada.

Por que o poema se faz entender tão facilmente? Porque o autor o estruturou a partir de uma divisão e em cada estrofe só falou de uma menina. Essa clareza que ele alcançou você também pode alcançar em sua redação. É só aplicar a técnica da divisão, desde que o tema se preste a isso. Na introdução você escreve duas ou três palavras que serão a base de todo o desenvolvimento do texto. Veja bem: escreva as palavras, não os argumentos, como muitos gostam de fazer.

Exemplo:

Qualquer pessoa que chegue ao poder no Brasil precisará resolver dois problemas que nos afligem: *educação e saúde*. *Sem uma escola de qualidade*, com professores bem pagos e motivados, dificilmente sairemos do atraso em que estamos mergulhados. *Sem um bom sistema de saúde pública*, não há como nos sentirmos seguros na hora em que precisarmos de atendimento médico.

Na primeira frase logo aparecem as duas palavras que serão a base do parágrafo: **educação** e **saúde**. A seguir, fala-se de cada uma delas e de sua importância na vida de qualquer cidadão. Da educação, diz-se que ela é imprescindível para nosso desenvolvimento. Da saúde, alude-se à necessidade de um bom sistema de atendimento para que não tenhamos sobressaltos na hora em que cairmos doentes.

No parágrafo seguinte, você falaria só da educação; no outro, o terceiro, só da saúde. Não é fácil? A conclusão, bem, você a verá com detalhes no capítulo dedicado a ela, na terceira parte deste livro.

Não pense, porém, que a divisão só pode ser binária, ou seja, apresentar apenas dois aspectos do tema. Ela pode apontar quantos você queira desenvolver, o que depende do assunto e de seu conhecimento do mundo.

A divisão é uma forma bastante flexível de desenvolver uma ideia. Quanto mais aspectos do tema você conhecer, melhor. Seu texto renderá bastante. É preciso, no entanto, um cuidado especial com a linguagem quando a divisão for longa, como no exemplo que se segue:

OLHO VIVO!

Para um bom conhecimento de qualquer assunto, torna-se imprescindível não esquecer que, para ser um bom escritor, é preciso ser um bom e assíduo leitor. A escrita tem uma relação estreita com a leitura: as duas atividades se complementam. E, quanto mais lemos, mais aprimoramos nosso repertório, nosso conhecimento de mundo, aptidão *sine qua non* para a arte de redigir. Por isso, procure se informar sempre. Leia revistas e jornais, assista a filmes de bons diretores, vá ao teatro. Tudo isso nos ajuda a formar opinião sobre os mais diversos assuntos.

Eram *cinco cegos* que não conheciam o elefante, e um dia foram apresentados a ele. *Um dos cegos* apalpou as patas e concluiu: o animal se assemelha a grossas colunas. *Outro* tomou a tromba e pensou ser ele semelhante a uma cobra, sinuoso e flexível. *O terceiro*, pegando a cauda, imaginou o elefante como um chicote, fino e com fios na extremidade. Já *o quarto*, tateando as presas, imaginou-o como um bastão maciço. *O último cego*, ao apalpar as orelhas do animal, ponderou que ele mais parecia um leque maleável.

SÁTIRO, Angélica; WUENSCH, Ana Miriam. *Pensando melhor: iniciação ao filosofar*. São Paulo: Saraiva, 1997. p. 66.

Há no parágrafo cinco versões diferentes de um elefante, o que está bem claro no tópico frasal ao falar de cinco cegos que fazem o reconhecimento do animal, cada um a seu modo. Veja os recursos de coesão sequencial empregados pelas autoras em sua enumeração: **um dos cegos; outro; o terceiro; o quarto; o último cego**. Assim, elas evitaram uma linguagem pobre, monocórdia, esquematizada demais, que logo transpareceria se tivessem recorrido a um numeral após outro: **o primeiro; o segundo; o terceiro; o quarto; o quinto**. Portanto, cuidado ao escrever um parágrafo ou um texto longo por divisão. Procure uma forma de enumerar que valorize sua expressão.

Uma das explicações para as dificuldades que enfrentamos na hora de interpretar um texto, uma charge ou uma cena de filme pode estar no fato de que a informação que nos é apresentada faz alusão a algo já produzido anteriormente e que desconhecemos. A charge do Gaturro, *As felinas*, por exemplo, exige do leitor o conhecimento prévio do quadro *As meninas*, de Diego Velázquez, pintor espanhol do século XVII. A esse diálogo entre textos e obras dá-se o nome de **intertextualidade**.

NIK. *Gaturro Grandão*. Buenos Aires: Catapulta Children Entertainment, 2008.

Aprenda a dividir o tema

O texto por divisão

Assim como podemos desenvolver um poema ou um parágrafo por divisão, também podemos fazer todo um texto usando essa técnica. Leia o excerto abaixo, extraído da revista *Piauí*, já que é impossível transcrever o texto inteiro, que se desenvolve em três longas páginas.

Lendo o texto

O louco de palestra

O louco de palestra é o sujeito que, durante uma conferência, levanta a mão para perguntar algo absolutamente aleatório. Ou para fazer uma observação longa e sem sentido sobre qualquer coisa que lhe venha à mente. É a alegria dos assistentes enfastiados e o pesadelo dos oradores, que passam o evento inteiro aguardando sua inevitável manifestação, como se dispostos a enfrentar a própria morte.

Há inúmeras categorias de loucos de palestra, que olhos e ouvidos atentos podem identificar em qualquer manifestação de cunho argumentativo-reflexivo, com a palavra franqueada ao público.

Há o louco clássico: aquele que levanta, faz uma longa explanação sobre qualquer tema, que raramente tangencia o assunto em debate, e termina sem perguntar nada de específico. Seu único objetivo é impressionar intelectualmente a plebe, inclusive o palestrante oficial. Ele sempre pede licença para "fazer uma colocação".

Há o louco militante, que invariavelmente aproveita para culpar a exploração da classe dominante, mesmo que o tópico do debate seja arraiolo & bordado.

Há o louco desorientado, que não entendeu nada da palestra – e não vem entendendo desde a 2.ª série, quando a professora lhe comunicou que o Sol é maior que a Terra – e, depois de circunlóquios labirínticos, faz uma pergunta óbvia.

Há o que faz questão de encaixar no discurso a palavra "sub-repticiamente": é o louco vernaculista.

Uma curiosa tipificação do objeto de estudo não pode deixar de registrar o louco do complô, que, segundo integrantes do próprio complô, é "aquele que acredita que toda a imprensa se reúne de madrugada com o governo ou a oposição para pegar a mala de dinheiro".

Ou o louco adulador, que gasta os trinta segundos que foram franqueados para dizer em dez minutos como o palestrante é divino. O louco deleuziano, que não sabe o que fala, mas emprega muito a palavra "rizoma". E o louco pobre coitado, que pede desculpas por não saber se expressar, o que não o impede de não se expressar durante minutos intermináveis.

BÁRBARA, Vanessa. *Piauí*, n. 49, 5 out. 2010. p. 32. Texto adaptado.

Vanessa Bárbara começa definindo o que é um louco de palestra e a expectativa que ele sempre gera num auditório. No parágrafo seguinte, ela diz que "há inúmeras categorias de loucos de palestra". Ela poderia muito bem ter definido um número, mas preferiu deixá-lo em aberto, porque senão daria ao texto um tom didático, muito esquematizado, e seu objetivo não é esse. Ela quer apenas discorrer com muito humor sobre esse ser que aparece em tudo o que é encontro e que perturba tanto os palestrantes.

Após a leitura do excerto, chegamos aos seguintes tipos de loucos: o clássico, o militante, o desorientado, o vernaculista, o louco do complô, o adulador, o deleuziano e o louco pobre coitado. Observe a forma como ela dá sequência a suas ideias, usando um recurso que você já aprendeu no capítulo 4: **o paralelismo**. Ela começa cinco parágrafos sempre com o verbo **haver**: "Há o louco clássico", "Há o louco militante" etc. O uso desse recurso deu uma excelente sequenciação ao texto.

Depois de definir cada um desses tipos, de viajar pela História, de entrevistar alguns palestrantes para saber como eles se comportam diante dessas bizarras criaturas, Vanessa conclui da seguinte forma:

> Todos têm um louco de palestra dentro de si, esperando para aflorar. Somos apenas reprimidos pelos grilhões da compostura, da sanidade mental e da idade adulta, o que nos impossibilita de protagonizar, em conferências, grandes momentos da história da argumentação humana – como quando, na Flipinha 2005, um ouvinte de 5 anos de idade levantou a mão e perguntou ao escritor Luis Fernando Verissimo: "Você gosta de suco de uva?".

Você deve ter visto como é fácil desenvolver um parágrafo quando dividimos o tema logo no início. Cada parágrafo se atém a um item da divisão. No entanto, é bom saber que nem todo tema pode ser dividido. Se puder, ótimo, você fará uma redação com mais rapidez se tiver, claro, bom conhecimento do assunto.

ATIVIDADES

1. Leia os parágrafos seguintes e sublinhe as palavras que fazem parte da divisão proposta nos tópicos frasais. Observe os recursos de linguagem de cada autor na hora em que fala dos dois ou mais lados da questão.

a) São duas as formas típicas da arquitetura do século XIX, e elas se devem respectivamente à produção mecânica e ao individualismo democrático: a fábrica, com suas chaminés, e as fileiras de casas das famílias trabalhadoras. Enquanto a fábrica representa a organização econômica gerada pela produção industrial, as casas representam o ideal de segregação social de uma população essencialmente individualista.

RUSSELL, Bertrand. O elogio do ócio. In: *A economia do ócio*. 3. ed. Organização e introdução de Domenico de Masi. Tradução de Carlos Irineu W. da Costa, Pedro Jorgensen Júnior e Lea Mauzi. Rio de Janeiro: Sextante, 2001. p. 77.

b) A criança deve vivenciar situações de uso da língua [...], atuando primeiro como mero ouvinte, depois, receptor e, finalmente, emissor de mensagens. Enquanto mero ouvinte, a criança apenas receberá os enunciados produzidos pelas outras pessoas. Quando for receptor, ela não só receberá, mas também compreenderá esses enunciados. Quando passar a emissor, ela responderá às mensagens recebidas ou tomará a iniciativa de enviar suas mensagens.

MAROTE, João Teodoro D'Olim; FERRO, Gláucia D'Olim Marote. *Didática da língua portuguesa*. 11. ed. São Paulo: Ática, 2002. p. 14. Texto adaptado.

c) O machismo enquanto ideologia constitui um sistema de crenças e valores elaborado pelo homem com a finalidade de garantir sua própria supremacia através de dois artifícios básicos: afirmar a superioridade masculina e reforçar a inferioridade correlata da mulher.

AZEVEDO, Maria Amélia. *Mulheres espancadas*. São Paulo: Cortez, 1985. p. 47.

d) Os jovens voluntários são movidos por três estímulos básicos. O primeiro é a vontade de ajudar a resolver os problemas e as desigualdades sociais. O segundo é o de se sentir útil e valorizado. Por fim, o desejo de fazer algo diferente no dia a dia.

VEJA. Especial Jovens. São Paulo: Abril, ago. 2003. p. 32.

e) [...] pode-se dizer que a mudança da capital estimulou dois tipos de movimento, que contribuíram para o esvaziamento do Rio: imigrantes passaram a preferir destinos como São Paulo e Brasília, em vez da antiga capital, e antigos moradores emigraram, alguns envolvidos com a burocracia federal, outros pela queda da qualidade de vida na cidade.

SUPERINTERESSANTE. São Paulo: Abril, ago. 2003. p. 40.

f) Uma bênção e uma maldição se aninham ao mesmo tempo abaixo da vasta superfície do Irã. A bênção é o petróleo, que jorra farto e bom. A maldição também tem origem no coração da terra: os terremotos que assolam o país regularmente, em razão de sua localização, sobre uma das placas tectônicas mais ativas do planeta.

VEJA. São Paulo: Abril, 8 jan. 2004. p. 56.

g) As pessoas se acostumaram com uma separação das escolas em dois grupos: as conservadoras e as liberais. As duas palavras dizem respeito a um ponto de vista próprio sobre a forma de impor limites e garantir a disciplina na sala de aula e nas demais dependências do estabelecimento escolar. Resumindo, as escolas conservadoras eram rigorosas contra os desvios e suspendiam ou até expulsavam o aluno diante de um deslize mais sério. Já as liberais respeitavam um ritual mais lento. Chamavam o pai do aluno para uma conversa. Depois criavam um grupo de debates e só então, se nada funcionasse, partiam para as soluções radicais.

VEJA. Especial Jovens. São Paulo: Abril, set. 2001. p. 66.

h) São múltiplas as causas dos juros altos, mas somente o Brasil reúne muitas ao mesmo tempo. Analisemos três das principais. Primeira, a despesa pública de quase 40% do PIB supera a dos demais países emergentes. Consequência: mais demanda na economia, mais dívida pública e mais pressão para aumentar juros.

Segunda, os consumidores pouco se influenciam pela taxa de juros. Olham mais quanto as prestações pesam na sua renda. Para que se obtenham os efeitos observados em outros países, a taxa precisa ser mais alta. Isso se exacerbou com a ampliação da classe média e do acesso ao crédito, o que é bom, mas pressiona a inflação.

Terceira, um terço do crédito não obedece a altas da Selic. É o caso de operações de bancos oficiais – em especial o BNDES –, do crédito imobiliário e de outras. Compare essa situação à de um sistema hidráulico de três canais em que um deles está entupido. A potência para fazer a água fluir (no caso, os juros) tem de ser maior.

NÓBREGA, Maílson. Por que os juros são altos. *Veja*, 9. fev. 2011, p. 104.

i) "Tomás de Aquino acreditava que, no nascimento, a mente era uma 'tábula rasa', uma lousa em branco, e que todo o nosso conhecimento advém de nossa experiência sensorial. Ele distinguiu dois caminhos para a aquisição do conhecimento. Um é raciocinar com base nas evidências colhidas do mundo à nossa volta. O outro é a revelação. Mas embora traçasse uma divisão clara entre o que chamava de teologia 'natural' e 'revelada', Aquino acreditava que suas descobertas deviam ser compatíveis, pois ambas representavam caminhos abertos por Deus para a descoberta da mesma realidade. [...]"

LAW, Stephen. *Filosofia*. Rio de Janeiro: Jorge Zahar Editor, 2008. (Guia Ilustrado Zahar).

j) A presidenta Dilma Roussef estaria prestes a anunciar duas iniciativas extraordinariamente importantes para melhorar o desempenho da economia brasileira em meio à guerra mundial por empregos. A primeira seria controlar com mais firmeza os gastos públicos, para aliviar o recurso exclusivo ao aumento dos juros no combate à inflação. A segunda seria reduzir substancialmente os encargos sociais e trabalhistas que encarecem e impedem a criação de milhões de novos empregos.

GUEDES, Paulo. Duas frentes de combate para o governo Dilma. *Época*, n. 664, 7 fev. 2011, p. 41.

2. Dada a primeira frase, desenvolva o restante do parágrafo por divisão.

a) Diante de tanta violência, o governo deveria analisar duas causas importantes.

b) Ao escolher uma profissão, o jovem depara com um sério dilema.

c) Não basta dar comida aos pobres. É preciso atacar antes dois problemas que, se resolvidos, os farão sair do estado de pobreza.

d) Existem dois tipos de pais.

e) Ao se aproximar o vestibular, os estudantes demonstram dois tipos de comportamento.

3. Escreva um parágrafo por divisão sobre duas pessoas que tiveram papel importante em sua vida.

4. Escreva um parágrafo falando de dois projetos de vida que você pretende realizar.

CAPÍTULO 11

Faça oposições

Lendo o texto

Soneto

Recordo ainda... E nada mais me importa...
Aqueles dias de uma luz tão mansa
Que me deixavam, sempre, de lembrança,
Algum brinquedo novo à minha porta.

Mas veio um vento de Desesperança
Soprando cinzas pela noite morta!
E eu pendurei na galharia torta
Todos os meus brinquedos de criança...

Estrada afora após segui... Mas, ai,
Embora idade e senso eu aparente,
Não vos iluda o velho que aqui vai:

Eu quero os meus brinquedos novamente!
Sou um pobre menino... acreditai...
Que envelheceu, um dia, de repente.

QUINTANA, Mário. *Antologia poética*.
Porto Alegre: L&PM, 1997. p. 13.

OLHO VIVO!

No último verso da segunda estrofe do poema de Mário Quintana, encontramos uma figura de linguagem muito comum em poesia:

E pendurei na galharia
[torta
Todos os meus brinquedos
[de criança...

Meus brinquedos de criança substitui perfeitamente **infância**, dando mais expressividade ao texto. A **metonímia** é uma figura de linguagem em que substituímos uma palavra por outra, por haver entre elas uma relação lógica.
Casos mais importantes:
• o nome do autor pela obra – Ele tem um *Portinari* na parede. (= um quadro desse pintor).
• o nome do lugar pelo produto – Tomar um *bourgogne*. (= um vinho produzido na região de Bourgogne, na França).
• o continente pelo conteúdo – Comeu dois *pratos* de feijoada. (= a porção de comida que havia neles).
• o abstrato pelo concreto – Nem sempre o *bem* sai vencedor. (= pessoas que praticam o bem).
• a matéria pelo objeto – Puxar *ferro* na academia. (= aparelhos feitos com esse material).
• o todo pela parte ou vice-versa – Procurava um *ombro* para chorar. (= uma pessoa).

OLHO VIVO!

São conjunções adversativas: **mas, porém, contudo, todavia, no entanto, entretanto.**

Recorremos a um soneto de Mário Quintana para exemplificar a técnica da oposição, que poderá nos ajudar a desenvolver um texto. Ao iniciar o poema, o poeta recorda um tempo tranquilo, que se configura na imagem da "luz mansa", quando ele sempre encontrava um brinquedo novo deixado à sua porta. Era um tempo que podemos chamar de felicidade.

Essa situação, porém, sofrerá uma mudança radical. Quem nos anuncia isso é a conjunção adversativa "mas", que aparece logo no começo da segunda estrofe. Ela indica uma mudança de rumo na vida daquele menino, sobre a qual soprou um "vento de Desesperança". Cria-se, assim, uma oposição entre um tempo de felicidade, enunciado na primeira estrofe, e um tempo de adversidades, descrito na segunda. À vida despreocupada da infância se sobrepõem agora as "cinzas", a "noite morta", a "galharia torta", da vida adulta.

O poema trata, pois, de dois momentos da vida: um marcado pela despreocupação e outra pela desesperança. Esse caminho sem volta por que todos nós passamos está bem definido pela imagem "estrada afora", que aparece no início da terceira estrofe.

Na última estrofe, o poeta diz que, apesar de já ter caminhado bastante na vida, nunca deixou de ser aquela criança que se perdeu no tempo. Ela continua dentro dele, embora envelhecida. Percebemos, então, que o poema se construiu em cima de uma oposição bem clara: infância/velhice.

Se você observar bem, não é só a poesia que recorre a oposições. É praticamente impossível escrever um texto sem recorrer a elas, pois uma ideia sempre suscita outra contrária. Daí podermos fundamentar um parágrafo em ideias que se opõem. Não só um parágrafo, mas todo um texto. Trata-se de uma forma rápida e segura para começar uma redação. Se lhe dessem, por exemplo, como tema, **O Brasil e a superação de suas desigualdades**, você poderia fazer a seguinte introdução:

> O Brasil é um país de grandes desigualdades sociais, mas isso não significa que será sempre assim. Essa condição pode ser revertida a longo prazo se políticas sociais sérias forem implementadas e se houver, sobretudo, vontade política.

O emprego da conjunção **mas** (podia ser qualquer outra adversativa), indica que a segunda ideia vai se opor à primeira e dar abertura para o próximo parágrafo.

Tomemos o tema proposto pela Universidade de Londrina em um de seus vestibulares e vejamos como poderia ser feito o parágrafo introdutório por oposição:

> O grande vencedor é aquele que não se deixa abater pela derrota.

Poderíamos começar dizendo que não há quem não tenha conhecido a derrota pelo menos uma vez na vida, mas isso não é razão para desistir de lutar. Então o parágrafo poderia ser desenvolvido da seguinte forma:

> Não há quem não tenha experimentado a derrota pelo menos uma vez na vida. Isso, porém, não pode fazer alguém desistir de tudo e achar que será sempre um derrotado.

Você também pode fazer oposições sem o uso de conectivos, recorrendo a palavras antônimas como no parágrafo abaixo, em que **futuro** se opõe a **passado**:

O passado está sempre nos rondando nos mínimos detalhes. Enrosca-se nos pensamentos, mesmo naqueles que parecem não se preocupar com ele. O futuro também está sempre por trás de nossos menores projetos e acompanha nossas mais ínfimas previsões.

DROIT, Roger-Pol. *101 experiências de filosofia cotidiana*. Tradução de Carlos Irineu da Costa. Rio de Janeiro: Sextante, 2002. p. 39.

Recursos para fazer oposições

Apesar de haver em nossa língua uma grande variedade de termos que marcam a oposição, quase sempre ficamos presos às conjunções adversativas, sobretudo o **mas**. Diversifique o quanto puder seus meios de expressão para que sua linguagem se torne mais rica e dinâmica.

Para usar com segurança esses conectores, você precisa, antes, se familiarizar com eles. Por isso, trabalharemos a seguir com os mais expressivos, mas é bom não usá-los a toda hora, sob o risco de deixar a linguagem pouco natural. Empregue-os somente quando sentir que eles soam leves. Uma das qualidades do bom estilo é a leveza. Persiga-a sempre.

De um lado/de outro

O Brasil continua sendo um país de grandes contrastes. *De um lado*, regiões muito ricas, com Índice de Desenvolvimento Humano (IDH) semelhante ao de países desenvolvidos. *De outro*, regiões miseráveis, que nada ficam a dever a alguns países africanos.

Conjunções subordinativas concessivas (conquanto, embora, ainda que, mesmo que, posto que).

Lembre-se de que elas exigem sempre o verbo no subjuntivo:

Embora lhe faltem as qualidades necessárias para o cargo, até que ele tem se saído bem.

Locuções prepositivas como "apesar de" e "a despeito de", sempre acompanhadas de infinitivo.

Apesar de o país ter melhorado economicamente, ainda falta dar o grande salto na educação.

A despeito de o país ter melhorado economicamente, ainda falta dar o grande salto na educação.

> **OLHO VIVO!**
>
> Talvez você tenha achado estranha a construção **de o país**. Eis a explicação: sempre que a preposição (**de**) anteceder um sujeito (**país**) do infinitivo (**ter**), é facultativa a contração do **de** com o artigo. A construção "a despeito do país ter melhorado" também é aceita por gramáticos de renome. No entanto, se você quiser fazer bonito em qualquer concurso, é melhor não combinar a preposição com o artigo. Escreva, então: "Apesar de o país...".

Não obstante

- Sozinho, no início da frase, vem separado por vírgula:

Ele não tem as qualidades necessárias para o cargo. *Não obstante*, tem se saído bem.

- Acompanhado de um substantivo, dispensa a vírgula:

Não obstante sua **pobreza**, ele conseguiu alcançar um dos postos mais altos da República.

- Acompanhado de um infinitivo:

Não obstante **ter** tido uma infância paupérrima, conseguiu alcançar um dos postos mais altos da República.

- Caso mais raro, *não obstante* pode aparecer no meio de uma frase, como o empregou tão bem o poeta Ferreira Gullar numa de suas crônicas dominicais:

Dilma está eleita e, a partir de 1.º de janeiro de 2011, será a presidente do Brasil. Nunca imaginou que isso pudesse acontecer, nunca sonhou com isso, nunca o desejou e, *não obstante*, terá em breve, nas mãos, o mais alto posto político do país.

GULLAR, Ferreira. Ah, se não fosse a realidade! *Folha de S.Paulo*, São Paulo, 14 nov. 2010. Caderno E, p. 10.

Malgrado	■ Acompanhado de um substantivo:
	Malgrado sua ausência, a reunião se desenrolou tranquilamente.
	■ Acompanhado de um infinitivo:
	Malgrado ser o Brasil um país ainda muito desigual, não dá para dizer que continua o mesmo de vinte anos atrás.
Em que pese	■ Pode vir seguido de substantivo:
	Em que pese a sua **ausência**, faremos a reunião assim mesmo.
	■ Quando se referir a pessoa, usa-se a preposição a e o verbo fica na terceira pessoa do singular:
	Em que pese **a** alguns de seus governantes, o Brasil tem avançado bastante em termos econômicos.
	■ Se a referência for coisa, o verbo concorda normalmente com ela:
	Em que pesem os seus **destemperos verbais**, não nos intimidaremos.
	■ Se houver um verbo logo depois da expressão, ele fica no infinitivo.
	Em que pese você ter falado mal de mim, não o tenho como inimigo.
Mesmo	Deve vir acompanhado de gerúndio:
	Mesmo **estando** muito cansado, fiquei fazendo sala às visitas.
Ao passo que, já, enquanto	Quantas e quantas almas endoidecem
	Enquanto a boca ri alegremente!

A mulher. In: ESPANCA, Florbela. *Poemas*. Estudo introdutório, organização e notas de Maria Lúcia Dal Farra. São Paulo: Martins Fontes, 1996. p. 53.

ATIVIDADES

1. Assinale a forma verbal correta nas oposições.
   a) Conquanto tudo *está/esteja* bem, ainda há muito o que melhorar no nosso relacionamento.
   b) Apesar de ele *está/estar* preocupado, ajudou-nos bastante.
   c) Abriremos nossos arquivos, posto que ele não nos *abriu/tivesse aberto* os seus.
   d) Nada conseguirá, ainda que *cumprirá/cumpra* todos os pré-requisitos.
   e) Conquanto *tem/tenha* feito tudo errado, diz que nada teme.
   f) Foi deposto do cargo em que pese *ter/tenha* feito tudo conforme mandaram.
   g) Não impediremos sua viagem, conquanto você *sabe/saiba* que está fazendo uma loucura.
   h) Nada deu certo, se bem que ele *tinha/tivesse* programado tudo com antecedência.
   i) Não obstante *tenha/ter* feito tudo conforme mandaram, não deixou de receber uma repreensão.
   j) Em que pese ao governo *ter/tenha* cumprido a cartilha do FMI, o país não deixou de passar por mais uma crise.

2. Reúna as duas frases em uma, utilizando os conectores de oposição sugeridos. Faça as alterações necessárias, desde que não altere o sentido das frases originais. Fique atento à pontuação.
   a) Ele chegou atrasado. Não deu nenhuma justificativa. (apesar de)
   b) Chovia demais naquela noite. Eles tiveram de ir à cidade em busca de socorro. (não obstante)
   c) Uma boa parcela da população brasileira ainda passa fome. Programas assistenciais sem criação de renda não resolvem o problema. (malgrado)
   d) A seca no Nordeste é um problema recorrente. Poucos se preocupam em acabar de uma vez por todas com o problema. (posto que)
   e) O clima do lugar não é dos melhores. Levas de migrantes chegam lá todos os meses. (mesmo)
   f) Os países desenvolvidos valorizam a educação. Os países emergentes ainda não dão a ela o devido destaque. (enquanto)
   g) O enredo da peça era muito interessante. O diretor não soube conduzir os atores. (em que pese)
   h) O carnaval é uma festa popular. No Rio de Janeiro, ela é feita para turistas e pessoas endinheiradas. (a despeito de)
   i) A água é um bem finito. As pessoas a desperdiçam sem a menor crise de consciência. (conquanto)
   j) O Brasil é um dos maiores produtores de alimentos do mundo. Boa parte de sua produção se perde antes de chegar ao destino. (no entanto)

3. Leia o texto que se segue. Diga qual o seu tema e que palavras estão na base da oposição nele desenvolvida.

   Criar filhos pacíficos e solidários num mundo violento?

   "Crianças que gostem de cooperar e não só de competir? Não sobreviveriam, não saberiam se defender, não conseguiriam conquistar um lugar viável no mercado de trabalho!". Esse é o temor expresso por muitos que pensam que "preparar os filhos para a vida" quase equivale a prepará-los para a guerra.
   No entanto, o desenvolvimento de uma criança a fim de que se torne uma pessoa pacífica e solidária requer a consolidação de características múltiplas e complexas, muitas das quais estão incluídas nos conceitos de "inteligência emocional" e de "inteligência interpessoal": olhar os conflitos como desafios para criar saídas e soluções razoáveis para todos os envolvidos: capacidade de empatia; pensamento sistêmico; facilidade de trabalhar com grupos e em equipe; capacidade de liderança e de tomar iniciativas; disposição para superar dificuldades e obstáculos. Ou seja, posturas ativas e dinâmicas que estão sendo cada vez mais valorizadas no mercado de trabalho.
   Longe de uma postura de submissão, conformismo ou pasmaceira. Claro que nem todas as pessoas desenvolverão igualmente todas essas características, mas esse é o conjunto que definiria postura de uma paz ativa e participativa.

   Psicologia Brasil. São Paulo: Editora Criarp, ano 1, n. 3, nov. 2003. p. 33.

4. Leia a entrevista que se segue e depois escreva um parágrafo por oposição sobre internet e relacionamentos humanos.

   Agora que o Facebook virou filme e as redes sociais parecem ter liberado o homem para toda forma possível de comunicação, vem um intelectual francês dizer que vivemos sob a ameaça da "solidão interativa".
   Dominique Wolton, [...] bate ainda mais pesado. Para ele, a internet não serve para a constituição da democracia: "Só funciona para formar comunidades – em que todos partilham interesses comuns –, e não sociedades – onde é preciso conviver com as diferenças".
   Sociólogo da comunicação e diretor do Centro Nacional de Pesquisa Científica, ele defende na entrevista a seguir que, depois do ambiente, a "comunicação será a grande questão do século 21". [...]

Folha *Como vê a internet?*

Dominique Wolton Faço parte de uma minoria que não é fascinada por ela. Claro, é formidável para a comunicação entre pessoas e grupos que se interessam pela mesma coisa e, do ponto de vista pessoal, é melhor do que o rádio, a TV ou o jornal.
Mas, do ponto de vista da coesão social, é uma forma de comunicação muito frágil. A grandeza da imprensa, do rádio e da TV é justamente a de fazer a ligação entre meios sociais que são fundamentalmente diferentes. Nesse sentido, a internet não é uma mídia, mas um sistema de comunicação comunitário.

Folha *Mas e as redes sociais?*

Dominique Wolton Elas retomam uma questão social muito antiga, que é a de procurar pessoas, amigos, amor. São um progresso técnico, sem dúvida, mas a comunicação humana não é algo tão simples.
Porque em algum momento será preciso que as pessoas se encontrem fisicamente – e aí reside toda a grandeza e dificuldade da comunicação para o ser humano.

Folha *Então a solidão é um risco nessas redes?*

Dominique Wolton Sem dúvida: a "solidão interativa". Podemos passar horas, dias na internet e sermos incapazes de ter uma verdadeira relação humana com quem quer que seja.

Folha *Isso tem a ver com o conceito que criou – o de "sociedade individualista de massa"?*

Dominique Wolton Sim, porque na comunicação ocidental procuramos duas coisas inteiramente contraditórias: a liberdade individual – modelo herdado do século 18 – e a igualdade por meio da inserção na sociedade de massa – que é o modelo do socialismo.
Usamos a internet porque ela é a liberdade individual. Na internet, todo mundo tem o direito de dar sua opinião, mas emitir uma opinião não significa comunicar-se.
Porque, se a expressão é uma fase da comunicação, a outra é o retorno por parte de um receptor e a negociação que implica – e isso toma tempo!
Há um fascínio pela rapidez da internet e por sua falta de controle.
Mas essa falta de controle é demagógica, porque a democracia não é a ausência de leis, mas a existência de leis utilizadas por todos.

Folha *O papel está condenado?*

Dominique Wolton Ao contrário. Porque internet é rapidez, livros e jornais são lentidão e legitimidade – informação organizada. A abundância de informações não suprime a questão prévia de que educação é formação.

PERES, Marcos Flamínio. *Folha de S.Paulo*, São Paulo, 9 nov. 2010. Caderno Equilíbrio, p.4-5.

Parte 3

A hora do texto

É aqui na terceira parte, que chamamos de "A hora do texto", que se trabalhará efetivamente com a produção de textos dissertativos, por serem eles os mais solicitados no dia a dia, nos vestibulares e também no Enem. Demos atenção especial ao gênero dissertativo-argumentativo, com foco no editorial, na carta argumentativa, no artigo de opinião, no comentário, na carta do leitor e na resenha. Também ensinamos como desenvolver os temas abstratos, que tanto assustam os vestibulandos.

CAPÍTULO 12

Encadeie bem os parágrafos

Na redação do Enem
Na prova de Redação do Enem, uma das competências textuais avaliadas pelo exame é a habilidade que o candidato demonstra no encadeamento geral dos parágrafos. O Enem exige que o estudante demonstre **"conhecimento dos mecanismos linguísticos necessários para a construção da argumentação."** Os mecanismos linguísticos de que fala essa competência referem-se principalmente à coesão. Sem o domínio dessa propriedade textual, não é possível articular os argumentos com coerência.

Depois de saber o que é um parágrafo e aprender quatro formas de desenvolvimento, chegou a hora de descobrir como lhe dar sequência. Você não precisa se apegar a determinado tipo de estrutura para fazer a introdução. Aos poucos, pode combinar duas formas diferentes, como a oposição e a associação, a divisão e a oposição, e assim por diante.

Uma vez feita a introdução, será a hora de passar ao trabalho de sequenciação do texto propriamente dito. Saber encadear os parágrafos é uma tarefa que exige muita atenção, pois não podemos de forma alguma nos afastar do que enunciamos antes. Escrever é sempre estar olhando para adiante e para trás. Para isso, é preciso que tenhamos muita consciência do que colocamos no papel, senão ao final só restará um amontoado de ideias desconexas. O domínio da coesão e da coerência é, nessa hora, imprescindível. O que você aprendeu a fazer de frase para frase, agora vai precisar fazer de parágrafo para parágrafo.

Partamos do texto abaixo, em que os parágrafos se encadeiam de forma muito clara e precisa. Destacaremos sempre as palavras que terão peso na abertura do parágrafo seguinte.

Lendo o texto

Como é feita a cachaça?

Parágrafo 1:
A cachaça: o que é, como se faz.

1. A cachaça é o caldo de cana fermentado e destilado. Na fermentação, micro-organismos conhecidos por leveduras convertem o açúcar da garapa em *álcool*. O produto resultante, chamado de vinho (como o suco fermentado de uvas), é aquecido em *alambiques* para finalmente transformar-se em cachaça.

Parágrafo 2:
A cachaça e o processo de destilação.

2. Na destilação, *o álcool* evaporado se condensa ao passar por uma serpentina. A primeira parte do líquido que pinga deve ser descartada. É a chamada "cachaça de cabeça", cerca de 10% do volume total, que contém alto teor de substâncias voláteis e faz um estrago danado no organismo de quem a consome. Os próximos 80% são o "coração" *da cachaça*. É *pinga* da boa. O restante é "água fraca", com baixo teor de *álcool*. A *cachaça*, então, pode ser engarrafada imediatamente ou *envelhecer em barris*.

Parágrafo 3:
A cachaça e seus segredos.

3. *A boa caninha* tem os seus segredos. Como na escolha da uva para o vinho, conta aqui a boa qualidade da cana – fatores climáticos e o solo determinam se uma safra será boa ou não. No caso das *aguardentes envelhecidas*, o produto final depende do tempo de repouso e do tipo de madeira do barril (o mais comum é o carvalho).

Parágrafo 4:
A cachaça e sua invenção.

4. *A cachaça* teria sido inventada ao acaso, no Brasil colonial e açucareiro. Em 1637, o naturalista alemão Georg Marcgrave, da comitiva do holandês Maurício de Nassau, levou a Pernambuco a primeira caldeira para a produção de melado de cana. A borra adocicada que se concentrava sobre a garapa borbulhante era removida pelos escravos com uma escumadeira e jogada numa tábua. Ali, ela fermentava. Um escravo teria experimentado e aprovado o subproduto etílico. "O resto da história não se sabe ao certo. Mas alguém conseguiu destilar a garapa fermentada e produzir a *aguardente de cana*", afirma o engenheiro químico Octávio Carvalheira, pesquisador do tema.

Parágrafo 5:
A cachaça e o processo de disseminação na sociedade.

5. Não tardou para que a *caninha* passasse da senzala à casa de engenho. Até mesmo Dom Pedro II teria experimentado um cálice da *marvada* quando esteve no Engenho Monjope, em Igarassu, Pernambuco. "Foi no fim do século XIX e iniciozinho do XX, com a forte imigração de europeus e sua cultura de vinhos, que a *cachaça* virou *bebida de segunda linha*", diz Maria das Vistorias Cavalcanti, presidente do Programa Brasileiro de Desenvolvimento da Cachaça.

Parágrafo 6:
A cachaça e seu valor hoje.

6. Na última década, a *pinga* retomou seu *lugar de direito*. Hoje, o país produz 1,3 bilhão de litros de cachaça por ano. Estima-se que existam 30 mil produtores de caninha no Brasil e mais de 400 mil trabalhadores vinculados a essa indústria. Investiu-se na qualidade e na divulgação, aqui e no exterior. Há cachaças que valem mais que um bom uísque escocês – 600 mililitros da Anísio Santiago, produzida em Salinas, MG, são vendidos por cerca de 150 reais. Não é à toa que, hoje em dia, a caipirinha é um dos drinques da moda na Europa.

LACERDA, Mariana. Como é feita a cachaça? *Superinteressante*, ago. 2003. p. 32. Texto adaptado.

Para que você percebesse como foi construído o texto, mostramos ao lado de cada parágrafo sua arquitetura fundada na palavra-chave **cachaça** e nas informações que serão desenvolvidas em relação a ela.

Coerência e palavra-chave

O que nos chama logo a atenção – e isso é uma lição para você colocar sempre em prática – é a presença da palavra-chave, repetida ou substituída por um de seus sinônimos em todos os parágrafos. Esse é o primeiro sinal de que o texto tem rumo, não se perdeu pelo meio do caminho, está coerente em relação ao tema. Não houve afastamento dele hora alguma.

Além de ver se a palavra-chave está presente durante todo o percurso do texto, será preciso também observar se cada parágrafo acrescenta uma informação nova, para que o leitor não perca o interesse por ele. Texto redundante, que não sai do lugar, que se torna repetitivo, cansa, é logo abandonado.

Depois do texto escrito, é hora de ver como se fez a passagem de um parágrafo para outro, como se deu a coesão sequencial. Essa costura entre os parágrafos é que lhe dará a certeza de que está na direção certa. Voltemos ao texto. Releia todos os tópicos frasais.

Você verá que em todos eles, na primeira frase, está presente a palavra **cachaça** ou algo associado a ela. Na introdução, como não poderia deixar de ser, **cachaça** aparece logo no início da primeira frase. Faça sempre isso nas suas redações: comece com a palavra-chave, assim você não a esquecerá. Depois, dissemine-a ao longo do texto, como fez Mariana Lacerda.

No segundo parágrafo, ela usou as palavras **álcool** e **pinga**. No terceiro: **a boa caninha**. No quarto: **cachaça**. No quinto: **caninha** e **marvada**. No sexto: **pinga**. Para ver a razão por que a autora mudou de parágrafo, vamos reler o final de cada um deles e o início do seguinte. Assim, detectaremos melhor como se deu o encadeamento do texto, como se fez sua coesão.

Na última frase do primeiro parágrafo, a jornalista fala que o produto resultante da fermentação do caldo de cana, antes de se transformar em cachaça, é aquecido em **alambiques**, local onde se dá o processo de destilação, quando o álcool evapora. É por associação a **alambique** que vai aparecer a palavra **destilação** logo no começo do segundo parágrafo e todo ele será dedicado a esse processo: em que consiste, o que produz, até chegar à verdadeira cachaça. Na última frase, lemos que, depois de todo o processo de destilação, ela está pronta para ser engarrafada ou ser colocada em barris para envelhecer.

O terceiro parágrafo começa com **caninha**, sinônimo de **cachaça**, que aparece na última frase do segundo. Agora a ideia a ser desenvolvida em relação a ela são os segredos para que se torne uma boa caninha, e um deles é o que aparece no final do parágrafo anterior: **envelhecer em barris.**

Explicados os segredos da boa cachaça, parte-se para um novo aspecto do tema e abre-se, então, um novo parágrafo: o quarto. É com a palavra-chave que ele começa. Na frase final do parágrafo anterior apareceu **aguardentes**, o gancho para continuar falando de cachaça no parágrafo atual.

A informação nova que se vai desenvolver agora é a forma como ela foi inventada. Recorre-se então à história: a cachaça foi criada no período colonial e açucareiro por um **escravo** que experimentou o subproduto da garapa borbulhante que produzia o melado de cana. Uma descoberta do acaso.

No quinto parágrafo, a autora, evidentemente, continua a falar da cachaça, mas a ligação entre este e o anterior é escravo. Logo na primeira frase aparece, por associação a essa palavra, senzala. Por oposição a ela, surge casa de engenho. E se explicará, assim, como o consumo dessa bebida se espalhou na sociedade da época, da senzala à casa de engenho, chegando até Dom Pedro II.

O parágrafo final começa com **pinga** e afirma que ela retomou seu lugar de direito na sociedade. Por que a autora diz isso? Releia a última frase do parágrafo anterior. Lá está escrito que o vinho, no final do século XIX e começo do XX, tomou o lugar da cachaça. Daí se justifica a afirmativa que ela fez. Hoje a cachaça ocupa lugar de destaque e é valorizada não só aqui mas também na Europa.

Do texto de Mariana Lacerda podemos tirar algumas lições que você deverá carregar redações afora:

- A palavra-chave, ou seja, a mais importante do texto, deve estar presente em todos os parágrafos.
- O final de cada parágrafo deve ter ligação direta com o tópico frasal do parágrafo seguinte.
- Cada novo parágrafo significa uma nova informação sobre o tema: palavra-chave + informação nova.
- Os tópicos frasais devem dar uma visão progressiva do texto. Devem mostrar a evolução do tema.
- A fidelidade ao tema é imprescindível, e isso se constata pela presença constante da palavra-chave ou de outras associadas a ela.

OLHO VIVO!

Todos nós, para escrever com justeza, somos obrigados a fazer um jogo de idas e vindas entre um parágrafo e outro. Com o tempo, é evidente que esse mecanismo se automatiza, e a prática da leitura e da escrita mostrará rapidamente se o encadeamento está ou não perfeito. Como você está começando a escrever, a atenção precisa ser duplicada.

Antes de encerrar o capítulo, só um lembrete:

> Antes de escrever o texto, você deve fazer um breve esquema com a palavra-chave e as informações que ela deve trazer em cada parágrafo.

ATIVIDADES

1. Cada parágrafo abaixo será seguido de três opções de tópicos frasais. Escolha aquele que deve abrir o parágrafo seguinte e justifique.

   a) *A língua é um exemplo daquilo que a ciência moderna chama de sistema complexo. Assim como o Universo, o nosso planeta, a matéria, a vida, as sociedades (animais e humanas), a economia e a política, a linguagem apresenta certas propriedades que são descritas por uma área de pesquisa, que se desenvolveu sobretudo a partir da década de 1990, chamada teoria da complexidade.*

   BIZZOCCHI, Aldo. O emaranhado da linguagem. Língua portuguesa, São Paulo: Segmento. n. 60, ano 5, out. 2010. p. 54.

   Opção 1: Um sistema complexo é um conjunto de partes conectadas entre si e de regras de interação entre elas.

   Opção 2: As línguas apresentam todas as características necessárias à configuração de um sistema complexo, dotado de propriedades emergentes.

   Opção 3: Segundo essa teoria, um sistema é considerado complexo quando suas propriedades não são o resultado da mera adição das propriedades de seus constituintes isolados.

   b) *Aquaman, Pequena Sereia, Bob Esponja... Esses têm sorte. Saem mergulhando mar afora sem se preocupar. Para nós, personagens da vida real, a evolução não foi tão bacana. Ficou no quase: descendentes de seres que viviam na água, até hoje desenvolvemos fendas branquiais como as de peixes e anfíbios. Mas só quando embriões. Logo elas desaparecem para dar lugar a partes da laringe e ossos do ouvido e garganta.*

   BRITO, Fernando. E se... as pessoas respirassem debaixo d'água? Superinteressante, n. 282, set. 2010. p. 50.

   Opção 1: Com um sistema respiratório como esse, seríamos parecidos com os anfíbios.

   Opção 2: Uma revolução e tanto aconteceria se as fendas continuassem lá.

   Opção 3: A terra firme não seria abandonada por completo.

   c) *Dieta das proteínas, mediterrânea e até da Lua. Há alguns anos a preocupação em manter o peso ideal era "assunto de mulher". Elas eram capazes de cometer atos ensandecidos na luta contra a balança. Já eles, mesmo querendo eliminar a "barriguinha de chope", não conseguiam sentir prazer em substituir a picanha pela carne de soja ou ainda saborear apetitosamente uma porção de legumes cozidos no vapor. Hoje a situação começa a mudar. Surgiram algumas dietas que liberam até uma ida à churrascaria e o homem está mais preocupado com a saúde e a estética.*

   ÉPOCA. Especial Homem. Rio de Janeiro: Época, 19 abr. 2004. p. 45. Texto adaptado.

   Opção 1: Como a dieta só traz resultados se aliada a exercícios físicos, o velho hábito de reclamar da falta de tempo deve ser abandonado, diz João Lindolfo, diretor da Sociedade Brasileira de Endocrinologia e Metabolismo: "As pessoas dizem que não têm tempo".

   Opção 2: Segundo o endocrinologista Filippo Pedrinola, "o número de homens que procuram métodos para emagrecer aumentou cerca de 25% em dez anos".

   Opção 3: Mas, se para alguns emagrecer é resultado de privações da mesa, para outros é questão de vida ou morte.

   d) *Antes do começo, o que existia? O nada? Como pensar sobre o nada sem supor a existência de algo? O nada faz sentido por si só? Ou ele precisa de seu oposto – o tudo – para ter significado? Não seria, talvez, melhor pensar em espaço e ausência de espaço, o vazio? Mas, se no início existia apenas o vazio, de onde então surgiram o cosmo, a matéria, o espaço no qual ela se move e cria formas complexas, algumas até vivas? Como algo material pode surgir do nada, que por definição é imaterial?*

   GLEISER, Marcelo. Antes do começo. Folha de S.Paulo. São Paulo, 8 jun. 2003. Mais!, p. 18.

   Opção 1: Mais sofisticadamente, o conceito de tempo tal como o entendemos em nosso dia a dia, o tique-taque constante e regular do passar das horas, não faz sentido perto da origem do Universo.

   Opção 2: A física que usa esse tempo uniforme e familiar não funciona nas condições extremas que reinavam nos primórdios cósmicos.

   Opção 3: Perguntas como essas vêm assombrando e inspirando a humanidade desde os seus primórdios.

   e) *Entrar num túnel de luzes. A sensação de sair do próprio corpo. Encontrar parentes e amigos já falecidos. Muitas pessoas que estiveram perto da morte relatam ter passado por experiências como essas, que a ciência nunca conseguiu explicar. Mas um estudo impressionante, que pela primeira vez revelou o que acontece no cérebro durante a morte, parece ter começado a desvendar o mistério.*

   SUPERINTERESSANTE. São Paulo: Abril, n. 279, jun. 2010. p. 22.

   Opção 1: Usando um aparelho de eletroencefalograma, um grupo de médicos monitorou a atividade de 7 pessoas enquanto elas morriam.

   Opção 2: A atividade cerebral dos pacientes ia ficando cada vez menor.

Opção 3: Os doentes estavam sob efeito de sedativos e só sobreviviam com a ajuda de aparelhos – que, a pedido de suas famílias, foram desligados.

f) A gente não cansa de ouvir que todo cão se parece com o dono. Essa premissa se torna ainda mais real quando os hábitos alimentares e a prática de exercícios físicos são levados em conta. Tanto companheirismo acaba se refletindo no ponteiro da balança – de ambos. Para combater os quilos a mais, que prejudicam a saúde do bicho, nada melhor que receber educação alimentar e boas doses de malhação – para ambos novamente.

SAÚDE É VITAL. São Paulo: Abril, n. 329, out. 2010. p. 29.

Opção 1: O primeiro passo para afinar a cintura do seu amigo é descobrir o que está inflando os pneuzinhos caninos.

Opção 2: Petiscos no formato de ossos e afins devem ser abolidos da alimentação do pet gorducho.

Opção 3: Mas os fatores genéticos e a castração também pesam nessa história.

2. Leia o texto que se segue e assinale as palavras que fazem o elo entre os parágrafos (parágrafo 2 em relação ao 1; 3 em relação ao 2 etc.).

Envelhecer: com mel ou fel?

1. Conheço algumas pessoas que estão envelhecendo mal. Desconfortavelmente. Com uma infelicidade crua na alma. Estão ficando velhas, mas não estão ficando sábias. Um rancor cobre-lhes a pele, a escrita e o gesto. São críticos azedos do mundo. Em vez de críticos, aliás, estão ficando críticos sem nenhuma doçura nas palavras. Estão amargos. Com fel nos olhos.

2. E alguns desses, no entanto, teriam tudo para ser o contrário: aparentemente tiveram sucesso em suas atividades. Maior até do que mereciam. Portanto, a gente pensa: o que querem? Por que essa bílis ao telefone e nos bares? Por que esse resmungo pelos cantos e esse sarcasmo público que se pensa humor?

3. Isto está errado. Errado, não porque esteja simplesmente errado, mas porque tais pessoas vivem numa infelicidade abstrusa. E, ademais, dever-se-ia envelhecer maciamente. Nunca aos solavancos. Nunca aos trancos e barrancos. Nunca como alguém caindo num abismo e se agarrando nos galhos e pedras, olhando em pânico para o buraco enquanto despenca. Jamais, também, como quem está se afogando, se asfixiando ou morrendo numa câmara de gás.

4. Envelhecer deveria ser como plainar. Como quem não sofre mais (tanto) com os inevitáveis atritos. Assim como a nave que sai do desgaste da atmosfera e vai entrando noutro astral, e vai silente, e vai gastando nenhum-quase combustível, flutuando como uma caravela no mar ou uma cápsula no cosmos.

5. Os elefantes, por exemplo, envelhecem bem. E olha que é uma tarefa enorme. Não se queixam do peso dos anos, nem da ruga do tempo e, quando percebem a hora da morte, caminham pausadamente para um certo e mesmo lugar – o cemitério dos elefantes –, e aí morrem, completamente, com a grandeza existencial só aos sábios permitida.

6. Os vinhos envelhecem melhor ainda. Ficam ali nos limites de sua garrafa, na espessura de seu sabor, na adega do prazer... E vão envelhecendo e ganhando vida, envelhecendo e sendo amados e, porque velhos, desejados. Os vinhos envelhecem densamente. E dão prazer.

7. O problema da velhice também se dá com certos instrumentos. Não me refiro aos que enferrujam pelos cantos, mas a um envelhecimento atuante como o da faca. Nela, o corte diário dos dias a vai consumindo. E, no entanto, ela continua afiadíssima, encaixando-se nas mãos da cozinheira como nenhuma faca nova.

8. Vai ver, a natureza deveria ter feito os homens envelhecerem de modo diferente. Como as facas, digamos, por desgaste, sim, mas nunca desgastante. Seria a suave solução: a gente devia ir se gastando, se gastando, se gastando até desaparecer sem dor, como quem, caminhando contra o vento, de repente, se evaporasse. E iam perguntar: cadê fulano? E alguém diria: gastou-se, foi vivendo, vivendo e acabou. Acabou, é claro, sem nenhum gemido ou resmungo.
[...]

SANT'ANNA, Affonso Romano de. As melhores crônicas de Affonso Romano de Sant'Anna. Seleção e prefácio de Letícia Malard. São Paulo: Global, 2003. p. 52-3.

3. Leia o texto abaixo e escreva dois parágrafos baseados nas ideias nele veiculadas. O mais importante neste momento é você ficar atento à coesão entre um parágrafo e outro. Cuide também da coerência.

Por que o brasileiro lê pouco?

Fiquemos com a resposta da maior autoridade no mundo, a Unesco. Para o setor da ONU que cuida de educação e cultura, só há leitura onde: 1) ler é uma tradição nacional, 2) o hábito de ler vem de casa e 3) são formados novos leitores. O problema é antigo: muitos brasileiros foram do analfabetismo à TV sem passar na biblioteca. Para piorar, especialistas culpam a escola pela falta de leitores. "Os professores costumam indicar livros clássicos do século 19, maravilhosos, mas que não são adequados a um jovem de 15 anos", diz Zoara Failla, do Instituto Pró-Livro. "Apresentado só a obras que considera chatas, ele não busca mais o livro depois que sai do colégio." Muitos educadores defendem que o Brasil poderia adotar o esquema anglo-saxão, em que clássicos são um pouco mais próximos, dos anos 1950 e 1960, e há menos livros, que são analisados a fundo. Mas aí teria de mudar o vestibular e isso já é outra história.

SOEIRO, Raphael. Superinteressante, São Paulo: Abril, n. 284, nov. 2010. p. 42.

CAPÍTULO 13

Procure motivar as palavras

O que é motivação

À medida que avançamos na aprendizagem da escrita, é nosso dever procurar aperfeiçoá-la sempre, acrescentando aqui, cortando ali, até chegar ao texto, se não perfeito, pelo menos satisfatório aos nossos objetivos. Tudo começa com uma frase bem-feita, um parágrafo bem-estruturado, que depois de escrito precisa de uma boa revisão para corrigir faltas ou excessos. Sem esse rigor, é impossível escrever bem. E uma das provas dos noves da escrita é ver se tudo o que escrevemos está bem amarrado (a coesão) e se as ideias se somam e nunca se contradizem (a coerência).

Como saber que estamos no caminho certo? Para que seu texto seja bem construído, saiba que nenhuma palavra pode surgir do nada. Tudo o que escrevemos deve ser motivado por algo que foi enunciado antes. Uma palavra motiva outra, ou outras. É daí que nasce o bom encadeamento das frases e das ideias. Para isso, nossa atenção deve ser constante e redobrada.

Uma palavra usada de forma gratuita pode fazer ruir todo o nosso trabalho. Quanto mais elos houver entre as palavras, mais o texto ganha em coesão e coerência. Essas duas qualidades são irmãs inseparáveis. Elas exigem uma vigilância sem tréguas. Por isso, devemos saber por que colocamos aquela palavra e não outra em determinada frase.

As costuras do texto

Vamos ampliar agora seu campo de visão. É pouco a pouco que adquirimos o domínio da arte de escrever. Nossa maior preocupação neste momento é com o fluir das palavras. Não podemos deixar que elas venham de forma descontrolada.

Para sermos exatos no que escrevemos, precisamos ter consciência de que tal palavra só veio porque outra a sugeriu. A isso se dá o nome de *coesão semântica*. No primeiro momento, deixe que as ideias e as palavras venham sem censura, e só depois, no trabalho de revisão, coloque seu crivo sobre elas. As que você achar que não tiveram nenhuma motivação devem ser substituídas ou mesmo banidas.

Vejamos um bom exemplo de motivação entre as palavras no texto "A raposa e as uvas", de Jô Soares. As frases de cada parágrafo estão numeradas, para que você entenda mais facilmente as explicações.

Lendo o texto

A raposa e as uvas
Uma contrafábula

(1) Passava certo dia uma raposa perto de uma videira. (2) Apesar de normalmente nunca se alimentar de uvas, pois se trata de um animal carnívoro e não vegetariano, sua atenção foi chamada pela beleza dos cachos que reluziam ao sol. (3) Fenômeno estranhíssimo, uma vez que, geralmente, toda fruta cultivada é revestida de uma fina camada protetora de inseticida e dificilmente pode refletir a luz solar com tal intensidade. (4) Sendo curiosa e matreira, como toda raposa matreira e curiosa, aproximou-se para melhor observar a videira. (5) Os cachos estavam colocados muito acima de sua cabeça, e o animal (sem insulto) não teve oportunidade de prová-los, mas sendo grande conhecedor de frutas, bastou-lhe um olhar para perceber que as uvas não estavam maduras.

(1) Estão verdes – disse a raposa, deixando estupefatos dois coelhos que estavam ali perto e que nunca tinham visto uma raposa falar. (2) Seu comentário foi ainda mais espantoso, uma vez que as uvas não eram do tipo moscatel, e sim pequenininhas e pretas, podendo ser facilmente confundidas, à primeira vista, com jabuticabas. (3) Note-se por este pequeno detalhe o profundo conhecimento que a raposa tinha de uvas, ao afirmar com convicção que, apesar de pretas, elas eram verdes. (4) Dito isso, afastou-se daquele local.

(1) Horas depois, passa em frente à mesma videira outra *Canis vulpes* (nome mais sofisticado do mesmo bicho), mais alta do que a primeira. (2) Sua cabeça alcança os cachos e ela os devora avidamente.

(1) No dia seguinte ao frutífero festim, o pobre bicho acorda com lancinantes dores estomacais. (2) Seu veterinário, chamado imediatamente, diagnostica uma intoxicação provocada por farta ingestão de uvas verdes.

MORAL: Nem todas as raposas são despeitadas.

SOARES, Jô. *O astronauta sem regime*. São Paulo: Círculo do Livro, [s.d.]. p. 44.

OLHO VIVO!

A versão original da fábula *A raposa e o cacho de uvas* é de Esopo, famoso fabulista que teve inúmeros seguidores, entre eles Fedro, La Fontaine e o brasileiro Monteiro Lobato. Leia a tradução feita diretamente do grego pela professora-doutora Neide Smolka:

> Uma raposa faminta, ao ver cachos de uva suspensos em uma parreira, quis pegá-los, mas não conseguiu. Então, afastou-se dela, dizendo: "Estão verdes".
>
> **MORAL:** Assim também, alguns homens, não conseguindo realizar seus negócios por incapacidade, acusam as circunstâncias.

Em nota, a tradutora diz que: "A lição de moral dessa fábula tão conhecida diz, em síntese, que, se alguém não conseguiu algo, foi porque as circunstâncias não ajudaram. A ideia de *desprezo*, que se incorporou a essa fábula – 'as uvas estão verdes, não prestam' –, surge primeiramente no texto de Fedro, em cuja lição de moral aparece o verbo latino *eleuare*, que significa 'menosprezar'. Essa mesma moral passou a ser mantida pelos fabulistas seguintes.".

ESOPO. *Fábulas completas*. Tradução direta do grego, introdução e notas de Neide Smolka. São Paulo: Moderna, 2007. (Travessias).

Procure motivar as palavras

Vamos ver como se deu a motivação entre as palavras na contrafábula de Jô Soares. Ele chamou de contrafábula porque se opõe à fabula por demais conhecida, em que a raposa, porque não consegue alcançar as uvas, diz que elas estão verdes. Jô Soares dialoga, assim, com um texto que todos nós conhecemos e lhe dá uma nova versão.

Vejamos agora como ele escreveu seu texto. Cada frase escrita precisa ter um ou mais vínculos com a anterior para que não se perca o fio das ideias. Leiamos parágrafo por parágrafo para ver o que motiva o aparecimento das palavras mais importantes.

- **Primeiro parágrafo:**

(1) Passava certo dia uma raposa perto de uma videira. (2) Apesar de normalmente nunca se alimentar de uvas, pois se trata de um animal carnívoro e não vegetariano, sua atenção foi chamada pela beleza dos cachos que reluziam ao sol. (3) Fenômeno estranhíssimo, uma vez que, geralmente, toda fruta cultivada é revestida de uma fina camada protetora de inseticida e dificilmente pode refletir a luz solar com tal intensidade. (4) Sendo curiosa e matreira, como toda raposa matreira e curiosa, aproximou-se para melhor observar a videira. (5) Os cachos estavam colocados muito acima de sua cabeça, e o animal (sem insulto) não teve oportunidade de prová-los, mas sendo grande conhecedor de frutas, bastou-lhe um olhar para perceber que as uvas não estavam maduras.

Como você já sabe, o tópico frasal é que vai dirigir todo o parágrafo. E nele está escrito: "Passava certo dia uma raposa perto de uma videira". Suas palavras-chave são **raposa** e **videira**. São elas que vão impulsionar o restante do parágrafo e de todo o texto. O autor não pode esquecê-las um só minuto, sob pena de perder a coerência. Ele quer contar a história da raposa e das uvas, nada mais do que isso.

A **raposa**, da frase 1, motiva o aparecimento:

a) do verbo **se alimentar**;
b) da perífrase **animal carnívoro e não vegetariano**;
c) do substantivo **atenção** precedido do possessivo **sua**.

Já **videira** nos conduz a:

a) uvas;   b) cachos.

Na frase 3, **fenômeno estranhíssimo** foi motivado por **cachos de uva** reluzindo ao sol, e Jô Soares explica logo depois por que usou o adjetivo **estranho** no superlativo, dando à frase um toque de humor sutil.

Quando chega à frase 4, ele escreve logo no início **curiosa e matreira**, que vai qualificar a **raposa**, que vem logo a seguir com esses mesmos adjetivos, agora em ordem inversa, **matreira e curiosa**, alcançando um bom efeito estilístico.

Na quinta frase, a palavra-chave **videira** (da frase 4) leva a **cachos** e **uvas**; a outra, **raposa**, leva a **cabeça, animal, grande conhecedor de frutas, olhar,** e também aos verbos **provar** e **perceber**.

- **Segundo parágrafo:**

(1) Estão verdes – disse a raposa, deixando estupefatos dois coelhos que estavam ali perto e que nunca tinham visto uma raposa falar. (2) Seu comentário foi ainda mais espantoso, uma vez que as uvas não eram do tipo moscatel, e sim pequenininhas e pretas, podendo ser facilmente confundidas, à primeira vista, com jabuticabas. (3) Note-se por este pequeno detalhe o profundo conhecimento que a raposa tinha de uvas, ao afirmar com convicção que, apesar de pretas, elas eram verdes. (4) Dito isso, afastou-se daquele local.

O parágrafo começa com a alusão às uvas – **estão verdes**. A **raposa** continua presente e faz surgir, por associação, a palavra **coelhos**, o que está bem coerente com o texto, já que se está falando do universo animal que a cerca. Incoerente seria falar de peixes ou dinossauros, por exemplo.

Na frase 2, a **raposa** motiva o aparecimento de **seu comentário**; **uvas** leva a **tipo moscatel** e **pequenininhas** e **pretas**. Por associação a esses dois adjetivos, surge **jabuticabas**.

A frase 3 começa com **este pequeno detalhe**, uma referência à perspicácia da raposa em saber distinguir uvas de jabuticabas. As palavras-chave reaparecem, e **uvas** agora vem com dois qualificativos: **pretas** e **verdes**. Encerrando o parágrafo, o movimento da **raposa** motiva o aparecimento do verbo **afastar-se**.

- **Terceiro parágrafo:**

(1) Horas depois, passa em frente à mesma videira outra *Canis vulpes* (nome mais sofisticado do mesmo bicho), mais alta do que a primeira. (2) Sua cabeça alcança os cachos e ela os devora avidamente.

Horas depois é um elemento de coesão sequencial, indicando a passagem do tempo, uma vez que Jô Soares está fazendo uma pequena narrativa. Volta a palavra **videira** precedida do demonstrativo **mesma**, e a raposa aparece agora como *Canis vulpes*, seu nome latino, segundo o autor. Veja que se trata de uma segunda raposa, com o determinante **outra**, porque a anterior aparece sob a forma de numeral: **a primeira**. **Sua cabeça** é referente à nova raposa que passa diante da videira cujas uvas a primeira rejeitara. O verbo **devorar** modificado pelo advérbio **avidamente** foi motivado pela presença da segunda raposa.

- **Quarto parágrafo:**

(1) No dia seguinte ao frutífero festim, o pobre bicho acorda com lancinantes dores estomacais. (2) Seu veterinário, chamado imediatamente, diagnostica uma intoxicação provocada por farta ingestão de uvas verdes.

Mais uma vez, um marcador temporal inicia o parágrafo: **no dia seguinte**. Esse tipo de marcador, comum nas narrativas, é também importante elemento de coesão.

Todo esse parágrafo terá como centro a segunda raposa. Foi ela quem devorou o **frutífero festim** (atente para o duplo sentido de "frutífero"). A raposa que devorou avidamente as uvas provocou o aparecimento de **pobre bicho** e **lancinantes dores estomacais**. Não fosse o fato de ela ter ficado doente, jamais apareceriam as palavras **veterinário**, **intoxicação**, **farta ingestão de uvas verdes**, da segunda frase.

OLHO VIVO!

É muito importante o trabalho de reescrita, melhor dizendo, de reescritas, que pode levar horas, se não dias, meses, anos... Depende do tipo de trabalho. Um romance, por exemplo, exige um longo tempo de preparação. Não poupe esforços para chegar a um resultado que lhe satisfaça e ao seu leitor. Busque sempre a precisão. Palavras que sobram devem ser riscadas na versão final.

Você viu, assim, que Jô Soares, retomando uma fábula conhecida, escreveu um texto preciso, no qual nada está sobrando. Tudo está tão bem amarrado que uma palavra a mais ou a menos poderia pôr tudo a perder.

Mas não pense que, quando estamos escrevendo, temos de fazer esse trabalho meticuloso, palavra por palavra, a cada momento. Se fôssemos fazer isso, levaríamos anos para escrever alguns parágrafos. Só depois do texto escrito é que você deve parar para ver se tudo o que escreveu deve ou não ser mantido.

Desse texto tiramos mais algumas lições para você jamais esquecer:

- As palavras-chave não podem desaparecer de nenhum parágrafo. Elas também podem estar presentes por oposição, ou seja, podem motivar o aparecimento de palavras de sentido contrário. Se a palavra-chave de seu texto for, por exemplo, felicidade, é perfeitamente cabível desenvolver todo um parágrafo em torno de seu oposto, infelicidade.
- Tudo o que se escreve precisa ter motivação interna (entre as palavras da frase) e externa (entre a frase atual e a anterior).
- Para o texto progredir, é preciso acrescentar sempre novas palavras às palavras principais.
- Quanto mais elos houver entre uma frase e outra, mais perfeito será o parágrafo.
- Releia seu texto várias vezes para ver se está bem coeso e coerente.

Revise o texto, reescreva-o quantas vezes forem necessárias, até chegar ao ponto de exatidão que você deseja.

ATIVIDADES

1. Leia os textos a seguir e depois faça o que é proposto. Nos textos de 1 a 3, substitua as ★ pelas palavras corretas.

Texto 1

– Juro nunca mais beber – e fez o sinal da cruz com os indicadores. Acrescentou:

– Álcool.

O mais ele achou que podia beber. Bebia paisagens, músicas de Tom Jobim, versos de Mário Quintana. Tomou um pileque de Segall. Nos fins de semana, embebedava-se de Índia Reclinada, de Celso Antônio.

– Curou-se 100% do vício – comentavam os amigos.

Só ele sabia que andava mais bêbado que um gambá. Morreu de etilismo abstrato, no meio de uma carraspana de pôr do sol no Leblon, e seu féretro ostentava inúmeras coroas de ex-alcoólatras anônimos.

ANDRADE, Carlos Drummond de.
Aquele bêbado. In: Contos plausíveis.
Rio de Janeiro: José Olympio, 1985. p. 38.

a) **Sinal da cruz**, na primeira frase, surgiu em função do verbo ★.

b) "– Juro nunca mais beber – e fez o sinal da cruz com os indicadores. Acrescentou: – Álcool. O mais ele achou que podia beber." O verbo **beber** aparece duas vezes nesse trecho, mas com significados diferentes. O primeiro está relacionado à palavra ★; o segundo, a ★.

c) "O mais ele achou que podia beber." A presença de **o mais** nessa frase é responsável pelo surgimento das seguintes palavras: ★.

d) O **etilismo abstrato** (último parágrafo) de que nos fala Drummond está explicado pela palavra ★, que vem logo depois.

e) **Féretro** e **coroas** (último parágrafo) só aparecem no texto porque antes o autor escreveu o verbo ★.

Texto 2

(1) Há uma revolução invisível na Medicina. (2) As protagonistas dessa mudança são estruturas minúsculas, cerca de 90 mil vezes menores do que um fio de cabelo, conhecidas como nanopartículas. (3) De tão pequenas, são visíveis apenas com a ajuda de microscópios ultrapotentes. (4) Do mesmo modo que as famosas células-tronco, elas são responsáveis por avanços impressionantes nos tratamentos. (5) Sem sombra de dúvida, pode-se afirmar que são um dos pilares de sustentação da Medicina do século XXI. (6) E o que é melhor: as pesquisas em nanobiotecnologia, como é chamado esse novo campo de estudo, se encontram em estágio avançado e começam a dar frutos. (7) Um levantamento da agência internacional Thomson Reuters mostrou que, só no ano passado, foram requeridas mais de 300 patentes de produtos relacionados à saúde envolvendo nanotecnologia. (8) O crescimento dessa área motivou o FDA, a agência reguladora de medicamentos dos Estados Unidos, a criar um grupo exclusivo para regulamentar os lançamentos que incorporam essa tecnologia.

ISTOÉ, São Paulo: Editora Três, n. 2132,
22 set. 2010. p. 99.

a) A **revolução invisível na Medicina** na frase 1 se esclarece na frase 2 com a palavra ★.

b) **nanopartículas** (frase 2) motiva o aparecimento do substantivo ★ na frase 3.

c) Não seria possível enunciar **avanços impressionantes dos tratamentos** (frase 4) se antes não se tivesse falado em ★ e ★.

d) Na frase 5, **pilares de sustentação da Medicina do século XXI** se relaciona com ★.

e) A palavra **frutos** (6) só se esclarece na frase seguinte, quando se diz que ★.

f) A área a que se refere a frase 8 é ★.

Texto 3

(1) Antes restrita ao público feminino, a cirurgia plástica vem conquistando cada vez mais adeptos entre os homens. (2) Os motivos que têm levado milhares de marmanjos à mesa de cirurgia são bem conhecidos pelas mulheres: a insatisfação com a própria aparência e as inúmeras tentativas fracassadas de obter uma silhueta perfeita à base de dietas e exercícios. (3) Um dado da Sociedade Brasileira de Cirurgia Plástica é revelador: os homens já representam cerca de 30% de todas as cirurgias realizadas anualmente no Brasil. (4) O país, aliás, é um dos campeões do bisturi, só ficando atrás dos Estados Unidos.

ÉPOCA. Especial Homem. Rio de Janeiro:
Globo, 18 abr. 2004. p. 48.

a) Na frase 2, o aparecimento de **mesa de cirurgia** ocorre porque antes se falou de ★.

b) A palavra **homens**, da frase 1, dissemina-se no parágrafo sob as seguintes formas:
frase 2: ★
frase 3: ★

c) A palavra **motivos** (frase 2) só adquire sentido pleno quando se enuncia ★.

d) O adjetivo **revelador**, da frase 3, esclarece-se mais adiante quando o autor do texto diz que ★.

e) O tema do parágrafo está presente na frase 4 por meio da palavra ★.

f) O que motivou o aparecimento de **Estados Unidos** na frase 4 foi ★, na frase 3.

Texto 4

(1) Há inúmeras causas históricas para explicar a corrupção que volta e meia se descortina no Brasil. (2) Uma delas, e talvez a mais forte dos últimos tempos, é o excessivo número de cargos de confiança de que o governo dispõe para a barganha política. (3) Dependendo do critério, são de 20 mil a 29 mil as vagas para colocar correligionários e apadrinhados políticos na máquina. (4) Ou seja: quase 30 mil situações que levantam o sentimento de desconfiança no cidadão brasileiro.

ÉPOCA. Rio de Janeiro: Globo, 6 jun. 2005. p. 18.

Escreva **F** (falso) ou **V** (verdadeiro).

( ) **Corrupção**, na frase 1, não tem relação com **cargos de confiança**, na frase 2.

( ) Na frase 2, **barganha política** tem relação direta com **cargos de confiança**.

( ) [...] **o excessivo número de cargos de confiança**, na frase 2, tem relação direta com **causas históricas**, na frase 1.

( ) **Barganha política** (frase 2) aparece porque antes se falou de **corrupção**, **cargos de confiança** e **governo**.

( ) A palavra **máquina** (frase 3) surgiu como sucedâneo de **governo** (frase 2).

( ) [...] **o sentimento de desconfiança no cidadão brasileiro** foi motivado por **inúmeras causas históricas**, da frase 1.

2. Leia a entrevista a seguir e escreva dois parágrafos sobre o futuro do livro, observando depois se as palavras estão bem motivadas.

O novo livro

A tecnologia mudará o jeito como encaramos a leitura. Ninguém mais vai julgar um livro pelo número de páginas, e sim por quanto tempo ele vem sendo escrito (um processo que poderá durar infinitamente). E o livro vai se transformar em um fórum, um espaço em que leitores trocarão ideias entre si e com os autores. É o que diz Bob Stein, presidente do Instituto para o Futuro do Livro, dos EUA.

Super: O que o livro digital vai criar?
Bob Stein: Um novo tipo de relação social. O livro existe para difundir ideias, para que possamos falar delas. Mas hoje lemos um livro e conversamos depois, quando nos encontramos com outras pessoas. Com o livro digital, as duas etapas vão acontecer ao mesmo tempo. A conversa vai passar para as próprias páginas do livro.

Super: Como assim?
Bob Stein: E-readers, computadores e outras plataformas de leitura digital estarão conectados entre si, via internet. Eu estarei conectado a outros leitores que escolheram o mesmo título – ou seja, o livro estará em rede. As anotações que eu fizer em uma página ficarão visíveis para todos. Será uma nova forma de conversa. Comprarei um livro para minha neta e deixarei notas para ela, que escreverá de volta para mim, por exemplo.

Super: O que mudará para autores?
Bob Stein: O autor de um livro em rede será o líder de um grupo. Ele lançará um tópico e comandará os leitores num empenho para ampliar o conhecimento, já que cada um fará anotações e iniciará suas próprias discussões. Alguns autores vão querer fazer um texto completo e colocá-lo em debate. Outros colocarão rascunhos que serão trabalhados pelos leitores.

Super: Se um livro continuará sendo escrito depois de lançado, os leitores vão pagar por uma obra incompleta, então?
Bob Stein: Acredito que um modelo que vai surgir é o de assinatura. As pessoas vão assinar um livro, e não comprar. Serão assinantes da obra pelo tempo que quiserem – quando perderem o interesse na discussão, param de pagar. O mesmo vale para o autor. Ele seguirá editando o material, por semanas ou anos. Vai se envolver com os leitores, e não com o assunto em si. No dia em que o assunto deixar de lhe interessar, ele deixará de receber. Ou talvez o livro se torne público. E as editoras de sucesso terão a capacidade de construir comunidades vibrantes em torno dos livros.

Super: Ler e escrever vão deixar de ser momentos solitários?
Bob Stein: Ler e escrever sempre foram atividades sociais. O costume de ler livros em voz alta durou até meados do século 19. Antes de Gutenberg permitir que tivéssemos cópias de um livro, o conceito de autor nem existia. Portanto, a noção de que uma ideia é criada por alguém e recebida por outro é recente. Com a tecnologia, vamos ter uma nova era de colaboração. O grupo valerá mais do que o indivíduo.

Super: O que falta para essa era?
Bob Stein: Reinventar tudo o que faz o livro funcionar: editoras, livrarias, prateleiras. O esquema de venda é hoje dedicado ao impresso: vender um objeto para um só indivíduo. Claro, nem todos os leitores vão querer entrar na discussão em rede, e o estilo atual de leitura ainda vai existir. Mas ninguém criou um modelo para a leitura social. Exemplo: posso lançar uma pergunta a amigos como "Quero ler esse livro – quem quer ler comigo no fim de semana?" Isso vai acontecer. E ainda não sabemos como atenderemos a essa demanda.

SZKLARZ, Eduardo. O novo livro. *Superinteressante*. São Paulo: Abril, n. 280, jul. 2010. p. 41.

CAPÍTULO 14

Argumente e comente

O texto dissertativo-argumentativo

Chegou a hora H da redação, a hora de argumentar, quando você será desafiado a sustentar seu ponto de vista sobre determinado tema. A argumentação está presente no nosso cotidiano, nas nossas conversas mais simples, no diálogo com o outro. Sempre estamos querendo convencer alguém de alguma coisa. Não é diferente numa redação e em vários tipos de texto que lemos, como o editorial, o artigo de opinião, a carta do leitor, o comentário.

Volte ao capítulo 12 e releia o texto de Mariana Lacerda sobre a cachaça. Ele será importante para você entender aquele enunciado tão temido nos vestibulares e outros concursos:

> A partir das reflexões propostas nos trechos acima, produza um texto dissertativo-argumentativo em que você apresente suas ideias acerca do tema.

Por que **dissertativo-argumentativo**?

Na tipologia textual dissertativa existe, além do texto argumentativo, um outro chamado expositivo. Neste, o objetivo é, como já diz o próprio nome, expor as ideias sobre determinado tema, como fez Mariana Lacerda, ao falar da origem da cachaça, indo do processo de produção a seu lugar hoje na sociedade. Em momento algum ela tenta nos convencer de que beber cachaça é bom ou ruim. Não é esse seu objetivo. Trata-se, pois, de um texto dissertativo-expositivo. Ao terminar sua leitura, temos uma série de informações sobre essa bebida, mas nada que nos leve a condená-la ou absolvê-la.

No texto dissertativo-argumentativo, o objetivo é outro: você vai precisar pôr em ação sua capacidade de argumentar de forma convincente para que o leitor se converta ao seu ponto de vista. Para isso, deve ler muito sobre os mais variados assuntos, saber organizar as ideias e selecionar as mais importantes, para com elas desenvolver sua argumentação.

Um bom argumentador é aquele que sabe dobrar o auditório com argumentos certeiros. Ter opinião todos nós temos, mas fazer com que o outro concorde com ela é algo que exige um trabalho bem calculado. Tudo depende da forma como ela é demonstrada.

Nosso discurso precisa, então, ser muito bem estruturado para ser capaz de persuadir e convencer. Escrevemos sempre para alcançar o outro, pois o processo comunicativo não acontece no vazio. Exige sempre uma voz: a de quem fala; um ouvido: o de quem nos ouve; e um contexto: onde ocorre a comunicação. Para isso, é preciso ter conhecimento do mundo que nos cerca, para não dizermos algo que entre em choque com a realidade.

Persuadir e convencer

Embora os dicionários deem os dois verbos como sinônimos, as lições de retórica nos ensinam que não é bem assim. **Persuadir** está ligado ao campo da emoção; **convencer**, ao da razão. Ao pé da letra, convencer é "fazer prevalecer" sobre o outro nossa opinião, **vencê-lo**.

Como sempre escrevemos dentro de um contexto, o interlocutor deve estar o tempo todo presente em nosso ato de escrita. Na sala de aula, você escreve para seu professor. Num jornal, escreveria para milhares de leitores. Se fizesse uma carta de amor, seria para seu namorado ou namorada. É esse leitor que deve ser persuadido ou convencido com a nossa argumentação. Um pastor, com seu sermão, **persuade** seu rebanho recorrendo a belas palavras, a exemplos edificantes, mas um advogado não pode fazer o mesmo, sob o risco de perder a causa. Ele precisa **convencer** o júri com argumentos sólidos, com provas cabais, irrefutáveis.

E você, quando estiver produzindo seu texto dissertativo-argumentativo, como deve proceder?

1. Antes de tudo, decida que posição tomar diante do tema. Contra ou a favor? Ficar na dúvida só vai complicar sua argumentação, sobretudo na hora de concluí-la.
2. Decidido o caminho, escolha os argumentos com que vai trabalhar. Você pode até começar contra-argumentando, ou seja, refutando os argumentos com que não concorda.
3. Durante toda a produção do texto, você precisa estar consciente de que está discutindo uma tese (pode chamar também de opinião, ponto de vista) e argumentar a favor dela.

A escolha dos argumentos

Os argumentos podem ter origem variada. Podem vir de fatos dos quais tomamos conhecimento por meio dos jornais, da TV, das revistas, por isso é muito importante estar sempre bem informado. Os livros são também uma boa fonte, melhor dizendo, uma das melhores fontes.

Na redação do Enem

Entre as cinco grandes competências do Enem, uma trata especificamente da habilidade para trabalhar com informações a fim de enfrentar um problema que é apresentado. Veja:

Enfrentar situações-problema: selecionar, organizar, relacionar, interpretar dados e informações representados de diferentes formas, para tomar decisões e enfrentar situações-problema.

Para atender aos requisitos de uma prova de Redação do Enem, é imprescindível estar bem informado e, principalmente, saber aproveitar seu conhecimento de mundo para defender seu ponto de vista. Sem um repertório básico de informações, não é possível conferir qualidade e criatividade a seus argumentos.

Como, durante toda a argumentação, você está estabelecendo contato com seu leitor, deve pensar se realmente está sendo capaz de mantê-lo a seu lado. Nada melhor para convencer alguém do que um raciocínio consistente e a apresentação de evidências, que são constituídas pelos fatos, exemplos, testemunhos abalizados, ilustrações, números, dados estatísticos, referentes ao tema. Você já observou como os políticos se defendem ao serem acusados de algum malfeito? Eles apelam logo para os milhões de votos que receberam nas urnas, tentando nos convencer de que, se fossem corruptos, não teriam angariado tantos votos. Mas os números sozinhos não convencem, é preciso ter outras provas que se juntem a eles para sedimentar a argumentação.

Uma vez de posse de seus argumentos, trate de reuni-los e encaminhá-los numa direção, numa ordem lógica, de tal forma que uns se somem aos outros, formando um todo coerente. Se quiser, pode começar pelo mais forte, embora não haja uma regra quanto a isso. O importante é encontrar um fio condutor que leve o leitor a acompanhar seu raciocínio, para, quando chegar ao final do texto, dizer que você está mesmo com a razão.

A introdução

Há várias formas de começar um texto. A melhor é aquela que prende de imediato a atenção do leitor, deixando clara a sua posição diante do tema. O que você deve evitar é aquele tipo de introdução feita com uma única frase. Já vimos isso no capítulo 7, sobre o tópico frasal. Releia-o. Uma boa introdução deve ter sempre duas ou três frases. No entanto, nada proíbe de ter mais do que isso.

Suponhamos que lhe dessem o tema **educação**. Você poderia começar com:

1. **Uma declaração sucinta**: "Sem educação é impossível pensar em desenvolvimento".
2. **Uma pergunta**: "Até quando teremos jovens saindo da escola sem saber ler e escrever?".
3. **O ponto de vista alheio para contra-argumentar**: "Há quem diga que a educação brasileira está bem encaminhada".
4. **Um fato histórico**: "O Brasil esperou quatro séculos para ter sua primeira universidade".
5. **Uma citação de forma direta**: "Como diz Rubem Alves, 'A maior pobreza da educação não se encontra na escassez de recursos econômicos. Ela se encontra na pobreza de imaginação'".
6. **Uma citação indireta**: Rubem Alves diz num de seus livros que a maior pobreza da educação não está na falta de recursos, e sim na falta de imaginação.
7. **Uma frase de impacto**: "Nossos índices educacionais estão entre os piores do mundo".

O importante é que o leitor tome logo conhecimento do tema a ser desenvolvido e sinta-se atraído pela discussão que você propõe em seu texto. Se você começa com uma obviedade, é claro que ele não vai demorar a abandoná-lo. Comece, então, problematizando o tema, suscite questões que o surpreendam. Dizer, por exemplo, que todos devem ir à escola não atiça a curiosidade de ninguém. Mas é bem diferente dizer que nossa educação se compara à do Zimbábue. O leitor vai querer logo saber por que chegamos a esse ponto.

O desenvolvimento: argumentos e comentários

Quando lhe derem um tema, pense logo em dois ou três argumentos e anote-os para não esquecer. Cada um deles servirá de base para os parágrafos de desenvolvimento. É aconselhável não escrever os argumentos logo na introdução, porque o acúmulo de ideias nesse momento pode travar o texto, deixando-o sem rumo preciso.

Vamos à prática. Tomemos o seguinte tema:

> "O homem e sua relação com o meio ambiente"

Faça logo três perguntas:
1. **Por que** o homem destruiu o meio ambiente?
2. **Como** o meio ambiente reagiu às agressões do homem?
3. **Para que** o homem interferiu tanto no meio ambiente?

O grande problema agora é você ter o argumento, mas não saber o que fazer depois para desenvolvê-lo. Um argumento sozinho não faz um bom parágrafo. É preciso que ele venha acompanhado de comentários pertinentes e é nesse momento que precisamos demonstrar conhecimento do assunto e capacidade de explicitar melhor o que anunciamos no tópico frasal. Por isso, leia muito para produzir uma boa argumentação.

Entre as respostas possíveis às perguntas acima, teríamos:

- Por que o homem destruiu o meio ambiente?
  Resposta: Porque, preocupado apenas com sua sobrevivência e o lado econômico, ele começou a modificar o espaço de acordo com seus desejos e ambições.

- Como o meio ambiente reagiu às agressões do homem?
  Resposta: Revidando-as com respostas cada vez mais agressivas.

- Para que o homem interferiu tanto no meio ambiente?
  Resposta: Para tornar a vida mais fácil e rentável economicamente.

Essas respostas devem ser revestidas de uma nova forma ao serem escritas nos parágrafos definitivos. Só depois de encontrados os

---

OLHO VIVO!

Por quê? Como? Para quê?
Se essas três perguntas forem bem respondidas, é impossível você deixar de fazer uma boa redação. As respostas obtidas serão a base de sua argumentação.

argumentos é que você deve começar a escrever. Antes, faça uma introdução em que fique bem claro seu ponto de vista.

Vejamos uma possível introdução para esse tema:

> Suicida em potencial. É assim que podemos definir o homem quando lida com o meio ambiente. Ao optar por uma política de destruição, termina alvejando a si mesmo sem saber. E o pior é que ele ainda não tomou consciência disso.

Vê-se, por aí, que há uma condenação ao poder destruidor do homem e à inconsciência de seus atos. Assim, já está definido o ponto de vista que permeará todo o texto.

Passemos ao segundo parágrafo, onde começa a argumentação propriamente dita:

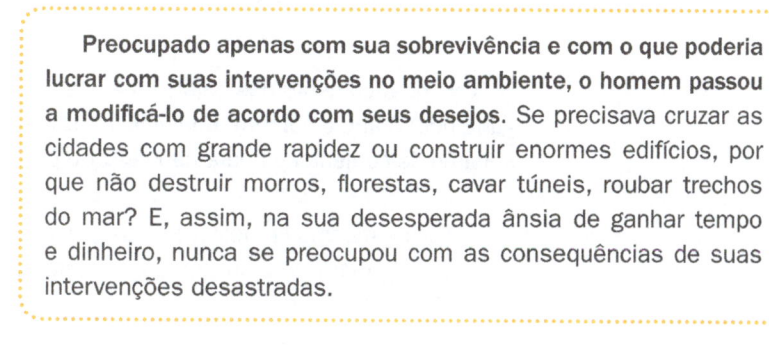

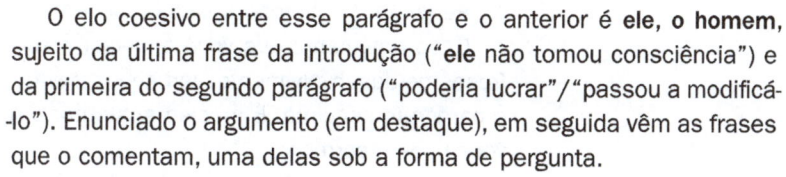

> **Preocupado apenas com sua sobrevivência e com o que poderia lucrar com suas intervenções no meio ambiente, o homem passou a modificá-lo de acordo com seus desejos.** Se precisava cruzar as cidades com grande rapidez ou construir enormes edifícios, por que não destruir morros, florestas, cavar túneis, roubar trechos do mar? E, assim, na sua desesperada ânsia de ganhar tempo e dinheiro, nunca se preocupou com as consequências de suas intervenções desastradas.

O elo coesivo entre esse parágrafo e o anterior é **ele, o homem**, sujeito da última frase da introdução ("**ele** não tomou consciência") e da primeira do segundo parágrafo ("poderia lucrar"/"passou a modificá-lo"). Enunciado o argumento (em destaque), em seguida vêm as frases que o comentam, uma delas sob a forma de pergunta.

Na última frase, lemos:

> E, assim, na sua desesperada ânsia de ganhar tempo e dinheiro, nunca se preocupou com as consequências de suas intervenções desastradas.

Quem nunca se preocupou com as consequências? O homem. E é essa palavra que está no início do terceiro parágrafo:

> **O grande pecado do homem foi esquecer que toda agressão gera uma reação.** E o meio ambiente teria de reagir um dia. Não demorou muito, e o que ocorre hoje, depois de qualquer chuva, são terríveis alagamentos, pessoas e carros ilhados, desabamentos de encostas. Isso para não falar das perdas humanas e materiais, sempre tão elevadas.

Além do elo estabelecido por **homem**, há outro, de ordem mental, entre os dois parágrafos: "toda agressão gera uma reação" só apareceu porque se falou, no parágrafo anterior, das consequências da intervenção desastrada do homem no meio ambiente, sua agressão sem limites.

E, assim, com apenas três frases em cada parágrafo, conseguimos argumentar satisfatoriamente sobre o tema. A conclusão não será feita agora. Você verá como fazê-la no capítulo seguinte, inteiramente dedicado a ela.

Depois de escrito o texto, precisamos verificar se há uma adequação perfeita entre argumentos e comentários para ver se há coerência entre eles.

> **Argumento:** Preocupado apenas com sua sobrevivência e com o que poderia lucrar com suas intervenções no meio ambiente, o homem passou a modificá-lo de acordo com seus desejos.

Veja no argumento que palavra merece ser comentada. Continue perguntando: **Como o homem modificou o meio ambiente?** Suas respostas servirão de comentários para não deixar o parágrafo com uma frase só.

> Faça o mesmo em relação ao **segundo argumento**: O grande pecado do homem foi esquecer que toda agressão gera uma reação.

Pergunte: Quais foram essas reações?

Cada argumento que você enunciar precisará de, no mínimo, duas frases de desenvolvimento. Jamais escreva o argumento e passe para o parágrafo seguinte. É preciso sustentar o que você disse. Para isso você pode recorrer a:

1. **fatos** – procure aqueles que são mais evidentes, do conhecimento de todos e que não possam ser refutados.
2. alguém de credibilidade na área, o chamado **argumento de autoridade**.
3. **provas concretas** – números e dados estatísticos confiáveis são sempre convincentes. É bom citar a fonte.
4. **contra-argumentos** – procure saber o ponto de vista que se opõe ao seu e refute-o, mostrando que ele não se sustenta.
5. **exemplos e ilustrações** – você pode falar de um caso de que tomou conhecimento (exemplo) ou contar rapidamente uma história (ilustração) para reforçar a argumentação.
6. **verdades universais** – algo que seja do conhecimento de todos e que não sofre contestação.
7. **causas e consequências** relacionadas aos fatos.
8. **analogias** – o uso de imagens fundadas na comparação capazes de sensibilizar o interlocutor.
9. **raciocínios lógicos**, que convençam por sua demonstração.

OLHO VIVO!
Quando terminar de escrever seu texto, faça uma boa revisão e observe se não fez generalizações, se não usou estereótipos, se seus dados não são insuficientes. Tudo isso pode enfraquecer sua argumentação. A linguagem deve ser simples, direta, bem cuidada, sem rebuscamentos.

Argumento baseado em ilustração: *O Sermão do bom ladrão*, de Padre Antônio Vieira

Mestre na arte da argumentação, Padre Antônio Vieira (1608-1697), em seu *Sermão do Bom Ladrão*, proferido na Igreja da Misericórdia de Lisboa em 1655, valeu-se da ilustração para criticar a corrupção política e a falta de valores morais dos governantes e das autoridades de seu tempo. No excerto selecionado abaixo, Padre Vieira conta uma história em que compara um pirata saqueador com Alexandre, rei da Macedônia. Vieira esclarece que, embora gozem de reputação social bem distinta, em certo aspecto os dois homens são muito parecidos. Repare que o tema do Sermão de Vieira continua bem atual. Acompanhe:

> Navegava Alexandre em uma poderosa armada pelo Mar Eritreu a conquistar a Índia; e como fosse trazido à sua presença um pirata, que por ali andava roubando os pescadores, repreendeu-o muito Alexandre de andar em tão mau ofício: porém ele que não era medroso nem lerdo, respondeu assim: Basta, Senhor, que eu porque roubo em uma barca sou ladrão, e vós porque roubais em uma armada, sois Imperador? Assim é. O roubar pouco é culpa, o roubar muito é grandeza: o roubar com pouco poder faz os piratas, o roubar com muito, os Alexandres. Mas Sêneca, que sabia bem distinguir as qualidades, e interpretar as significações, a uns e outros, definiu com o mesmo nome: *Eodem loco ponem latronem, et piratam quo regem animum latronies et piratae habentem*. Se o Rei de Macedônia, ou qualquer outro, fizer o que faz o ladrão e o pirata, o ladrão, o pirata e o Rei, todos têm o mesmo lugar, e merecem o mesmo nome.

Disponível em: <http://www.dominiopublico.gov.br/pesquisa/DetalheObraForm.do?select_action=&co_obra=16404>. Acesso em: 27 jan. 2011.

As artimanhas da argumentação

No livro *A argumentação na comunicação*, Philippe Breton, doutor em Ciências da Comunicação, lança uma pergunta inquietante:

> "Podem-se usar argumentos nos quais não se acredita para defender uma opinião que é moralmente justa?".

A pergunta é delicada, já que suscita discussões que invadem o terreno da ética, conjunto de valores morais de um indivíduo, de um grupo social ou de uma sociedade. Para respondê-la, o autor cita um exemplo bastante interessante, retirado do filme *A Lista de Schindler*, dirigido por Steven Spielberg.

O filme conta a história de Oskar Schindler, industrial tcheco influente dentro do partido nazista. Em 1939, após o início da Segunda Guerra, Schindler foi para a Cracóvia, que estava sob administração alemã, apropriou-se da fábrica de um judeu e começou a fazer fortuna. O industrial passou a produzir munições para o exército alemão, empregando um número cada vez maior de homens e mulheres, muitos deles judeus. Aos poucos, suas pretensões financeiras ficaram em segundo plano: Schindler tornou-se um homem profundamente sensibilizado com o sofrimento judeu. Com suas ações, Schindler conseguiu salvar a vida de mais de mil judeus que certamente seriam condenados à morte no holocausto nazista dessa guerra.

A amizade de Schindler com um violento chefe de campo de trabalho, Amon Goeth, oficial nazista que admirava muito Schindler mas não hesitava em matar judeus a esmo, obriga-o a enfrentar um terrível dilema: como convencer Goeth a parar de matar pessoas sem levantar suspeitas de sua condição de defensor da causa judaica, o que certamente colocaria sua própria vida em risco? Dizer que matar judeus ao sabor da vontade é moralmente condenável seria um argumento bem pouco eficiente para persuadir um interlocutor cruel que ignora o desespero dos judeus. Seu argumento deveria ser muito mais persuasivo e, pelo menos, imparcial.

Em um diálogo marcante entre os dois, na varanda da casa do oficial, e aproveitando que Goeth estava bêbado, embora essa condição de ébrio não fizesse muita diferença, Schindler se vale de uma estratégia argumentativa perspicaz, embora ele próprio não acredite nos argumentos que usou para convencer Goeth a poupar vidas humanas. Em um jogo argumentativo inteligente, Schindler compara **justiça** e **poder** a fim de persuadir Goeth a parar de matar. Schindler defende a tese de que matar judeus que cometem "crimes" seria apenas **justiça**, mas poupar suas vidas, mesmo tendo o poder "legítimo" de matar, seria uma atitude de **poder**, virtude muito mais nobre e digna para um oficial.

Explica-se: Schindler sustenta a tese de que matar judeus que cometem "crimes" não passa de punição prevista pela justiça nazista. É claro que Schindler não acredita em nada disso. Qual crime era cometido pelos judeus? A rigor, nenhum. Os judeus eram vítimas da crueldade nazista, e toda atitude de resistência à opressão dos alemães nada mais era que uma questão de sobrevivência. A excessiva e insistente violência nazista não tinha qualquer relação com justiça.

Schindler também não concorda com a soberania absoluta de Goeth e seu regime autoritário. Mas enfatiza o poder do oficial ao afirmar que quem tem poder se mostra ainda mais poderoso ao renunciar a esse mesmo poder. Em suma, tudo o que Schindler fez tinha uma causa nobre: batalhar pela manutenção da vida daquelas pessoas. Acompanhe o diálogo entre Schindler e Goeth, retirado do livro supracitado:

Amon Goeth (bêbado, acaba de se levantar com dificuldade e de se sentar novamente): Quanto mais eu olho... eu o observo... você nunca está bêbado... um verdadeiro controle de si mesmo... o controle é o poder... é o poder...

Oskar Schindler: É por isso que eles nos temem?

Amon Goeth: Temos o poder de matar... é por isso que eles nos temem... porque temos o poder de matar arbitrariamente...

Oskar Schindler: Um homem comete um crime... ele não deveria tê-lo cometido... nós o mandamos matar e nos sentimos bem depois... nós o matamos nós mesmos e nos sentimos melhor ainda... no entanto, isto não é poder... é justiça... é diferente do poder... o poder é quando temos todas as razões para matar... e não o fazemos...

Amon Goeth: Você acha que isto é o poder?

Oskar Schindler (ele se inclina sobre Goeth e o olha direto nos olhos): O poder dos imperadores... um homem que cometeu um roubo é trazido diante do imperador... ele se joga a seus pés para implorar a piedade... ele está certo que vai morrer... o imperador o perdoa... deixa o pobre coitado partir...

Amon Goeth: Acho que você está bêbado...

Oskar Schindler (durante a réplica, ele deixa de se inclinar sobre Goeth e abre os braços e estende as mãos): É o poder Amon... isto é o poder... Amon o bom...

Amon Goeth: Eu o perdoo... (ele sai dando uma grande gargalhada, depois de ter feito o gesto de abençoar Schindler).

É preciso dizer que, durante algum tempo, Goeth se convence de que o poder não se confunde com justiça, e poupa a vida de um judeu, embora mais tarde recomece sua antiga rotina de assassino brutal e impiedoso. Contudo, o projeto pessoal de Schindler, o de salvar judeus, continuou progredindo. Ele conseguiu salvar muitas vidas por meio de outras estratégias, como convencer os comandantes dos campos de concentração de que precisava de mão de obra para sua fábrica.

A artimanha argumentativa de Schindler deixa uma lição e uma advertência. A lição é que toda nossa argumentação deve estar calcada em nosso interlocutor. Um argumento que funcionou para determinado público pode não funcionar para outro. Conhecer o interlocutor para quem nossa mensagem está sendo endereçada é fundamental. No exemplo, Schindler sabia que argumentos humanistas não surtiriam efeito no cruel oficial nazista. A advertência é que utilizar argumentos nos quais não se acredita é uma atitude arriscada e convém não fazê-lo, principalmente ao fazer uma prova de vestibular ou do Enem. Só uma situação extrema exigiria tal artifício ou mesmo uma situação em que a justificativa tenha propósitos éticos louváveis que respeitem a dignidade e a diversidade humanas. Não é todo dia que estamos diante de uma situação extrema como a que Oskar Schindler vivenciou.

ATIVIDADES

1. Escreva A (adequado) ou I (inadequado) após cada comentário feito aos argumentos em destaque.
   a) **Um dos entraves para desenvolver o turismo no Brasil é a violência.** Quando algum turista é assaltado, a notícia logo corre o mundo.
   b) **No Brasil, poucos têm acesso a uma educação de qualidade.** Os professores não são bem qualificados e muitos alunos só vão à escola por causa da merenda.
   c) **É preciso que o incentivo à leitura comece em casa.** O exemplo dos pais é fundamental para incutir nas crianças esse hábito para o resto da vida.
   d) **Comunicação exige troca de emoções, e na internet isso não é possível.** Pela internet você pode participar dos mais diferentes grupos de conversa, desde o bate-papo desinteressado até algo mais intelectualizado.
   e) **O Brasil terá muitas dificuldades para sustentar seu desenvolvimento.** As indústrias têm tido muita dificuldade de preencher seus quadros por causa da baixa escolaridade dos nossos trabalhadores.
   f) **Um povo que perde a capacidade de sonhar perde a capacidade de se desenvolver.** Um jovem que não sonha está abdicando de seu futuro.
   g) **Seria bom que todos os brasileiros votassem com consciência.** Alguns votam, muitas vezes, baseados na amizade, na indicação de algum conhecido, raramente por convicção ideológica.
   h) **Muitos governantes, uma vez no poder, se esquecem completamente das promessas feitas em campanha.** Como o mandato eleitoral é curto, eles querem tirar o máximo proveito no mínimo de tempo.
   i) **O *bullying* deve ser combatido com toda energia nas escolas.** Muitas vezes a criança se isola dentro de casa e os pais nem percebem.
   j) **A censura a qualquer obra artística é sempre perigosa.** Uma sociedade democrática deve assegurar a todos o direito de expressão.

2. Dentre os três comentários dados, escolha o mais adequado para cada frase proposta.
   1. *O nepotismo é um vício histórico entranhado na alma do brasileiro.*
      a) Um parente é pessoa de mais confiança que um estranho.
      b) Um juiz empregou inúmeros parentes no próprio tribunal.
      c) O que tem raízes profundas é difícil de ser extirpado.
   2. *É grande o número de mães adolescentes no Brasil.*
      a) Os pais são os primeiros a rejeitar a gravidez da filha, muitas vezes expulsando-a de casa.
      b) Os estímulos da mídia despertam os jovens para o sexo muito cedo.
      c) As camadas mais pobres da população são as mais atingidas pela gravidez precoce, por falta de uma boa orientação sexual em casa e nas escolas.
3. *O mal do pobre é só ter amigo pobre.*
   a) Os ricos conseguem protelar ações nos tribunais até a pena prescrever.
   b) No Brasil, infelizmente, a Justiça tem relação direta com a classe social do indivíduo.
   c) Uma mulher que furta uma lata de leite em pó num supermercado é punida rapidamente.
4. *Um dos ingredientes da violência é o tráfico de drogas.*
   a) Enquanto os marginais estão soltos, a população se tranca em casa.
   b) É visível a riqueza dos contrabandistas, com mansões à beira-mar.
   c) Os traficantes muitas vezes agem tranquilamente diante dos olhos da polícia.
5. *Dar esmolas é um estímulo à mendicância.*
   a) Muitos pais põem os filhos nos semáforos e ficam à espera de algumas moedas.
   b) Muitas pessoas ficam compadecidas diante de tanta miséria e abrem a bolsa facilmente.
   c) O dinheiro conseguido pelos pedintes nos semáforos é muitas vezes a única renda que eles têm.
6. *Dar saúde para todos exige altos investimentos e seriedade em sua aplicação.*
   a) Os desvios de dinheiro tão comuns no país não nos dão muita esperança de que algo vá melhorar.
   b) Só uma pequena parcela da população possui planos de saúde.
   c) Todo verão espera-se uma nova epidemia de dengue.
7. *Os baixos salários afastam os bons profissionais do ensino.*
   a) Falta de tudo nas escolas, do material didático até água e energia.
   b) Eles dão aulas em várias escolas para poder ganhar um pouco mais.
   c) É uma evidência a migração de professores para outras profissões que pagam mais e os desgastam menos.
8. *Uma empresa, hoje, para ser competitiva, tem de investir muito em tecnologia.*
   a) A automação passou a ser peça-chave em qualquer indústria.
   b) Alta produtividade e bons salários é que fazem a diferença entre o empresário moderno e o antigo.
   c) Os operários sem qualificação terminam na economia informal.

9. A reeleição não podia ter sido criada num país como o Brasil.
   a) Os pequenos partidos têm muito pouco tempo no horário eleitoral.
   b) É difícil que alguém, estando no poder, não use a máquina do governo a seu favor.
   c) Os políticos são os primeiros a rasgar a Constituição e legislar em causa própria.
10. Seria mais sensato investir em educação o que gastamos com cadeias.
   a) É muito alto o custo mensal de um preso, que sairá da prisão pior do que quando entrou.
   b) As crianças que recebem uma boa educação poderão ter uma situação melhor que a de seus pais.
   c) O governo prefere equipar as polícias com armas, carros e munições a melhorar as escolas e o salário dos professores.

3. Escreva um comentário para cada argumento abaixo.
   a) Movimentos contra a violência dificilmente surtem algum efeito.
   b) Não se pode falar em cidadania num país onde nem todos são iguais perante a lei.
   c) O puro assistencialismo não faz com que as pessoas saiam de seu nível de pobreza.
   d) O salário mínimo, por mais que suba além da inflação, será sempre insuficiente para o sustento de uma família.
   e) A corrupção no Brasil sempre reaparece revigorada.

4. Leia o texto e depois faça o que se pede.

   Abaixo a propina!

   1. A obtenção de vantagens financeiras no exercício de cargo público, a propina, vem de longe. Não se pense que foi criado ontem o mau hábito de saquear as burras do governo, fruto da promiscuidade entre agentes públicos e privados.
   2. No seu clássico e seu sempre atual estudo, Os Donos do Poder – formação do Patronato Político Brasileiro, Raymundo Faoro revela que, já no século 17, na arrecadação de tributos sobre a cana-de-açúcar, havia uma remuneração, um percentual, "as propinas (comissões devidas aos funcionários da Coroa)" (Publifolha, vol. 1, p. 265).
   3. Observe-se que a propina, no seu nascedouro, era perfeitamente legal, coadunava-se com o sistema tributário do período colonial, constituía-se em uma espécie de remuneração por produtividade paga aos fiscais do rei. Tudo foi feito em absoluta sintonia com o domínio político de um estamento, um grupo de auxiliares nomeados a serviço de Sua Majestade.
   4. O Império manteve a mesma prática, oferecendo cargos, benesses e toda sorte de vantagens aos apaniguados do imperador. A malversação do dinheiro do governo para a iniciativa privada agigantou-se. As primeiras grandes obras de infraestrutura do século 19 já foram tocadas com recursos oficiais, numa troca de favores infinda.
   5. Veio a República, acompanhada sempre da propina (não mais legalizada) e das relações obscuras entre órgãos do governo e empresas privadas. São 120 anos de corrupção ilimitada.
   6. Será impossível corrigir tantos desmandos históricos e atuais? Será que o Brasil está fadado a continuar vitimado por tráfico de influência e carradas de mamatas?
   7. O tema volta à baila em todas as campanhas eleitorais, e não foi diferente este ano.
   8. É perfeitamente possível combater a corrupção. Já passou da hora de instituirmos no país o financiamento público de campanhas. Como questionou recentemente o ministro Dias Toffoli, do STF, que preside comissão de juristas visando à reforma da legislação eleitoral, "se empresa não vota, por que doa recursos para campanhas?"
   9. Com o financiamento público, de uma só tacada suprimem-se o caixa dois na eleição e o pagamento da fatura por governantes eleitos.
   10. É preciso que haja contínuo fortalecimento de ações efetivas da Polícia Federal, do Ministério Público, do Legislativo, do Judiciário e da Controladoria Geral da União, sem engavetadores-gerais da República, de triste memória, nem vistas grossas para os desvios que grassam pelo Brasil afora, em todos os recantos do poder.
   11. E dá-lhe Lei da Ficha Limpa.
   12. Fundamental, também, é que haja apuração equilibrada da imprensa, sem favorecimentos seletivos a candidatos e governos preferidos, garantidas a efetiva liberdade de investigação dos repórteres e a publicação dos fatos.
   13. Do contrário, continuaremos a assistir à farsesca luta do suposto Bem contra o Mal, que faz lembrar a fábula do menino estudante, vestido com avental branco, que resolve jogar pedaços de carvão nos colegas. Cansado de atacar, depois de limpar as mãos no próprio avental, o garoto observa, estarrecido, que está todo sujo.

   SCHUBSKY, Cássio. Abaixo a propina! *Folha de S.Paulo*, São Paulo, 2 nov. 2010. Caderno A, p. 3.

   a) Formule com suas palavras o tema sobre o qual o autor vai argumentar.
   b) O autor começa o texto com uma declaração: "A obtenção de vantagens financeiras no exercício de cargo público, a propina, vem de longe". Que palavras, na frase seguinte, dão continuidade a "vem de longe"?
   c) Que recurso argumentativo ele usou no segundo parágrafo?
   d) O texto pode ser dividido claramente em duas partes. Qual o parágrafo divisor?
   e) Na primeira parte, o texto é do tipo expositivo. Que expediente o autor usou para falar da propina no Brasil?
   f) A partir de que parágrafo o texto começa a ser realmente argumentativo?
   g) Quais são os argumentos do autor para acabar com a propina no Brasil?
   h) A que conclusão ele chega?
   i) Que recurso ele usa para concluir o texto? Explique o que ele quis dizer com isso.
   j) Que frase do texto quebra a formalidade da linguagem?

CAPÍTULO 15

Conclua com segurança

Formas de concluir

A conclusão é um dos momentos mais decisivos na construção de um texto. Você terá de mostrar toda a sua capacidade de síntese após ter desenvolvido a argumentação. Depois de escrever todo o texto, faça uma boa pausa e releia-o. É preciso que você tenha em mente os principais argumentos a que recorreu, para ver se estão coerentes e o que se pode inferir deles.

Se os argumentos forem claros, não será difícil chegar a uma conclusão também clara. Se algum trecho ficou obscuro, chegou a hora de refazê-lo. Coloque-se sempre no lugar do leitor. O que ele espera ao fim de sua argumentação?

> 1. Uma resposta ao ponto de vista exposto na introdução.
> 2. Um ou dois comentários sobre o que essa resposta suscita.

Assim, você tem de fechar a argumentação de forma sintética e fazer um breve comentário sobre o que expôs na frase inicial da conclusão. Releia o texto iniciado no capítulo anterior, aquele sobre o meio ambiente:

> Suicida em potencial. É assim que podemos definir o homem quando lida com o meio ambiente. Ao optar por uma política de destruição, termina alvejando a si mesmo sem saber. E o pior é que ele ainda não tomou consciência disso.
>
> Preocupado apenas com sua sobrevivência e com o que poderia lucrar com suas intervenções no meio ambiente, o homem passou a modificá-lo de acordo com seus desejos. Se precisava cruzar as cidades com grande rapidez ou construir enormes edifícios, por que não destruir morros, florestas, cavar túneis, roubar trechos do mar? E, assim, na sua desesperada ânsia de ganhar tempo e dinheiro, nunca se preocupou com as consequências de suas intervenções desastradas.
>
> O grande pecado do homem foi esquecer que toda agressão gera uma reação. E o meio ambiente teria de reagir um dia. Não demorou muito, e o que ocorre hoje, depois de qualquer chuva, são terríveis alagamentos, pessoas e carros ilhados, desabamentos de encostas. Isso para não falar das perdas humanas e materiais, sempre tão elevadas.

O que podemos concluir daí? Depende de cada um. Nunca haverá duas conclusões idênticas para um mesmo texto. Só se lembre do seguinte:

> A conclusão não pode extrapolar os argumentos. Se isso acontecer, você cometerá um erro de incoerência estrutural.

Toda conclusão comporta dois momentos. No primeiro, você escreve uma frase que resuma o texto a partir dos pontos essenciais da argumentação. Exprima sucinta e firmemente a ideia a que chegou. Podemos chegar a várias conclusões, mas todas, obrigatoriamente, terão relação com os argumentos expostos.

Uma delas é que o homem foi inconsequente em sua relação com o meio ambiente. Outra é que ele só pensa em si mesmo, esquecendo as consequências de seus atos. Veja, no entanto, que em ambas sempre aparece algo relacionado com o comportamento insensato do homem.

No segundo momento, um ou dois comentários complementarão o tópico frasal. Nessa hora, você pode apresentar soluções ou abrir questões novas que darão margem a que o leitor pense numa nova dimensão do tema. Procure ver sempre as implicações práticas do que você concluiu. Comente a exequibilidade de suas ideias, quais as condições necessárias para que elas se realizem ou não. Como seriam elas se colocadas em prática? Você pode dar-lhes uma relevância mais ampla, demonstrando, assim, que tem larga visão do problema. É bom, nessa hora, evitar chavões, frases vazias, como "Só quando o homem mudar seu modo de ser...", "Quando todos no Brasil receberem uma boa educação...", "Quando os políticos forem sérios...", "O caminho é longo e árduo..." etc. Tudo isso soa pomposo e banal demais.

Afinal, qual a conclusão do texto que está nos servindo de guia? Veja, a seguir, algumas possibilidades.

1. Conclusão-síntese

> O homem precisa repensar sua relação com o meio em que vive. Se continuar depredando-o da forma como tem feito até agora, o futuro da humanidade estará ameaçado. Medidas preventivas devem ser colocadas em prática urgentemente para que no futuro não soframos mais sobressaltos do que os que já sofremos agora.

As palavras-chave do texto, homem e meio ambiente, são retomadas com a síntese do pensamento a que se chegou. Depois vêm duas frases que a comentam.

2. Conclusão-solução

> O estrago está feito, mas ainda é possível repará-lo. Planos diretores existem para isso. Eles são capazes de disciplinar o uso do solo e manter uma vigilância constante para sua execução. Nos lugares em que foram postos em prática, os danos ao meio ambiente diminuíram e o homem logo viu que ele é o maior beneficiado.

À primeira vista, parece ser a maneira mais fácil de concluir um texto. Todos nós achamos que temos as melhores soluções para os problemas do mundo. Se você optar por esse tipo de conclusão, cuidado para não dar soluções pouco práticas. Dizer em relação ao tema meio ambiente que o homem terá de começar tudo de novo é impraticável. Não dá para apagar o mundo e começar do zero.

A conclusão do Enem
A conclusão-solução é o tipo de conclusão que pode ser desenvolvida no exame do Enem, conforme prevê uma das competências da prova:
Elaborar propostas: recorrer aos conhecimentos desenvolvidos na escola para elaboração de propostas de intervenção solidária na realidade, respeitando os valores humanos e considerando a diversidade sociocultural.
- Perceba que a intenção principal do Enem é exigir do candidato **propostas de intervenção** criativas e inteligentes que sejam **condizentes com a realidade observável**, sempre ponderando **princípios éticos**.

3. Conclusão-surpresa

> A guerra continua. Homem de um lado, meio ambiente do outro, sem possível entendimento, até que a vida se torne inviável e o mundo, um lugar inóspito.

O leitor pode se desnortear num primeiro instante diante da conclusão inesperada a que você chegou. Embora a palavra **guerra** não tenha aparecido em nenhum momento da redação, se ele observar bem, verá que ela estava o tempo todo latente. O inesperado, no fundo, não é tão inesperado assim, porque está dito nas entrelinhas. Essa forma de conclusão valoriza o texto, mas é preciso estar muito seguro para fazê-la.

4. Conclusão-pergunta

a) No início do parágrafo:

> Até quando o homem continuará agindo assim? Difícil responder. Enquanto ele não tomar consciência de que o mal feito ao meio ambiente está sendo feito a si mesmo, continuará sofrendo as consequências de sua insensatez.

b) No final do parágrafo:

> Enquanto o homem não tomar consciência de que o mal feito ao meio ambiente está sendo feito a si mesmo, continuará sofrendo as consequências de sua insensatez. Até quando?

A pergunta é uma boa forma de concluir um texto. Indica a perplexidade do redator diante da complexidade da situação. Não é preciso respondê-la. O leitor se encarregará de dar sua própria resposta. Trata-se de uma conclusão em aberto.

5. Conclusão avaliativa

> **Infelizmente**, o homem ainda não tomou consciência do que está fazendo em relação ao meio em que vive. Se continuar a depredá-lo da forma como vem fazendo, o futuro da humanidade estará ameaçado. Conscientizá-lo disso, eis a questão.

O discurso avaliativo transparece no advérbio colocado logo no início da conclusão: **infelizmente**. Com ele você expressa seu sentimento ou expectativa em relação ao problema discutido.

Seja qual for a forma escolhida para concluir seu texto, o importante é que você, antes de escrevê-la, releia a introdução. A forma mais simples é retomar as palavras-chave com a síntese de seu pensamento exposto durante a argumentação. Só se aventure em outros tipos de conclusão quando houver dominado bem esse. A regra é só uma: passe ao leitor a sensação de que ele leu um texto redondo, em que a conclusão fecha com a introdução.

Termos conclusivos: usar ou não usar?

A gramática nos diz quais são as conjunções conclusivas: **logo, portanto, pois, por isso, por conseguinte, assim** etc. Você pode até usar uma delas em sua conclusão, mas não obrigatoriamente.

Há quem pense que só porque chegou a hora de concluir é obrigado a recorrer a um desses conectores. Acha que basta a presença de um deles para garantir uma conclusão perfeita. Você pode até usá-los numa primeira versão de seu texto, mas faça depois o seguinte teste: suprima-os. Se não fizerem falta, abandone-os. A boa conclusão vale por si só.

Também há quem se valha de expressões como "em síntese", "em suma", "em vista disso". Depois de uma longa argumentação, não há nenhum problema em recorrer a uma dessas locuções, mas num texto curto, de vinte, vinte e cinco linhas, fica estranho dizer, por exemplo, "em suma". Melhor procurar outros recursos.

Resumindo

- Para concluir seu texto, releia a introdução. O texto bem fechado retoma a questão posta no início.
- Retome na primeira frase as palavras-chave do tema e sintetize sua argumentação.
- Você pode também chegar a uma conclusão que o leitor não espera, mas ela deve estar implícita em sua argumentação.
- Você pode usar uma pergunta como forma de conclusão.
- Você pode começar a conclusão com um advérbio que resuma seu sentimento em relação ao tema.
- Não conclua com frases de efeito, sobretudo aquelas que demonstram crença exagerada ou nenhuma no ser humano, otimismo ou pessimismo além da conta.
- Não se esqueça de que deve haver coerência total entre conclusão e argumentação.

ATIVIDADES

1. Os textos a seguir foram transcritos sem a conclusão. Leia-os e escreva em apenas uma frase o que você concluiu de cada um deles. Só depois leia a conclusão original.

Texto 1

Difícil felicidade

Existem momentos – raros, é verdade – em que tudo está bem. Bem, não: ótimo. A casa finalmente ficou pronta, os gatos estão com saúde, os filhos bem e felizes, faltam só 15 dias para a viagem marcada há seis meses – e a passagem parcelada já está paga –, a saúde em forma total e, como se não bastasse, uma proposta de trabalho nova e sedutora – e sem ter que deixar o atual trabalho. A vida está tão boa que chega a dar uma agonia. E isso é normal? Não, diria a maioria das pessoas. Sim, afirmam os mais habituados a conviver com as profundezas da alma.

É bem verdade que esses tempos são raros, e normalmente, até bobagens como a máquina de lavar roupa que está com defeito é um estresse. Mas quando eles acontecem são difíceis de suportar. A palavra é essa mesma: suportar.

É uma aflição, um medo de que nada dê certo, que você está sonhando, vai acordar e ver que não é nada daquilo, que a realidade não é assim, que existem problemas de todos os tipos o tempo todo e que nem o direito ao silêncio de sua casa você tem.

Quando chega tem que ver os recados da secretária eletrônica, abrir o computador para ver os e-mails, e o mais normal é receber uma notícia que pode não ser péssima, mas será suficiente para perturbar sua santa paz. Que o ar-condicionado do quarto não está funcionando, por exemplo.

Mas tudo isso é normal, tão normal que não chega a causar nenhum abalo maior. Faz parte do dia a dia, faz parte de todos os dias, isso sem falar de uma dor na coluna, do brinco que sumiu, do lençol que manchou com água sanitária.

Mas tem aqueles dias maravilhosos em que tudo dá certo, e que o futuro, tudo indica, vai ser melhor ainda do que o presente. É curioso que esses dias nunca têm a ver com um homem maravilhoso que você conheceu na véspera. Esse tipo de encontro não costuma trazer paz, e sim angústia, ansiedade, insegurança, taquicardia, aflição. Não, esses grandes momentos acontecem apenas com nós mesmos, na nossa mais profunda solidão. É um sentimento de você com você mesmo, que não é compartilhado com nenhum ser humano e que prova que, apesar do que dizem, ninguém precisa de ninguém para ser feliz de verdade. Para ir a um cinema, comer uma pizza, trocar uma ideia sobre as infidelidades públicas dos políticos americanos, até aí se vai. Mas para ser feliz mesmo, para se ser profundamente feliz, não se precisa de ninguém, e o que pode parecer uma tragédia para alguns, é uma liberação para outros.

Não que só você seja feliz o tempo todo, mas existem aqueles momentos em que as coisas se complicam. Como nada é fácil, você começa com a culpa, claro. Como ser feliz com tanta gente sofrendo? E aí começa o medo, o grande medo, aquele de perder a felicidade que está sentindo.

Para isso se apela para tudo: fazer uma aula de ginástica, tomar um tranquilizante ou não fazer rigorosamente nada e ficar deitado na cama olhando para o teto, só sendo feliz e mais nada. Mas isso não dá porque os pensamentos não deixam, e a vontade é que aconteça alguma coisa que traga você de volta para o mundo imperfeito em que vive; a televisão quebrar já seria o suficiente.

LEÃO, Danuza. Difícil felicidade. *Folha de S.Paulo*, São Paulo, 30 mar. 2008. Caderno C, p. 2

Texto 2
Barbárie à vista?

Os pais, como todos os adultos, são sim responsáveis pelas violências perpetradas por jovens, que ocorrem cada vez com maior frequência.

Somos todos culpados ou pelo menos temos a ver com o que está ocorrendo. Deixamo-nos influenciar, sem reagir, pelos efeitos da difusão de uma psicanálise fora do contexto.

Se não estivéssemos imbuídos da ideia de que a origem do erro está lá atrás, na infância, como culpar pais, monitores, babás só por terem acreditado na falácia de que dor, desconforto, vergonha, humilhação etc. são sempre letais ao ego em formação e por isso devem ser evitados a qualquer preço?

O lema é: ninguém deve se ressentir de nada, muito menos seres em formação devem ser magoados. A consequência dessa ideologia de tortas raízes vai, passo a passo, gerando seres incapazes de reconhecer o outro como seu semelhante.

Pouco familiarizados com dores, vão infligi-las, sem saber o quanto vai doer. Quero dizer que é preciso sentir que a vergonha, por exemplo, que me machuca, machuca ao outro também. Assim, se eu quiser, até posso humilhar alguém. Mas pelo menos sei o que estou fazendo. E posso calcular a intensidade que eu quero.

Quando superpreservamos crianças e jovens de todo medo, de toda frustração, de qualquer fracasso, da humilhação e da vergonha, estamos impedindo que aprendam o quanto dói uma saudade, um fora, uma pancada.

Quando diante de alguém diferente, um outro, desconhecido, de outra galera, ignoramos o que eles têm de semelhante a nós, a agressividade e a violência encontram um campo fértil para aparecer. É aí, onde as pessoas se estranham, que aparecem vigorosos os maus colegas, o mau patrão, o mau chefe e o violento em geral.

Quando alguém se sente ameaçado, reage. É natural. O que surpreende é a discrepância entre estímulo e resposta.

E mesmo que ele estranhe algumas coisas nesse outro, existem entre dois seres humanos mais semelhanças do que diferenças. A violência desabrocha onde as pessoas se estranham.

Quando estranhamos, pomo-nos a espernear, a bater, para eliminar o ameaçador. A violência é sempre uma resposta ao medo do desconhecido. Quando se transforma em brincadeira, leviandade, estamos diante de uma patologia.

Juntando que as novas gerações foram preservadas da maioria dos desconfortos naturais da vida, é natural que tenham muito mais medo de tudo o que é estranho, já que conhecem muito menos do que seria desejável.

MAUTNER, Anna Verônica. Barbárie à vista. *Folha de S.Paulo*, São Paulo, 27 jun. 2007. Caderno C, p. 2.

Texto 3
Consumo ambiental

A opção por um desenvolvimento sustentável, ao contrário do que se possa imaginar, não está exclusivamente nas mãos dos governantes. Até porque, pesa mais na hora da decisão anunciar empreendimentos que geram empregos do que restrições ao desmatamento, por exemplo.

Quem sofre mais com o desequilíbrio ambiental somos nós, moradores das grandes e poluídas cidades deste pobre planeta. Enquanto as motosserras devastam as florestas tropicais, como a amazônica, ciclones e outras catástrofes se tornam corriqueiros no noticiário mundial.

Só há uma maneira de barrar a visão de que os recursos naturais são infinitamente renováveis: usar o poder de compra de cada um de nós, consumidores, para dar nítida preferência a produtos e serviços comprometidos com a preservação da vida, em detrimento daqueles, talvez mais baratos, mas produzidos pela soma de desrespeitos – ambiental e trabalhista, principalmente.

Ao retirar o cartão de crédito ou de débito da carteira, estamos exercendo um direito que movimenta o mundo. Quem compra entra, mesmo sem se dar conta, em uma cadeia de produção que começa nos chamados insumos, necessários para a fabricação de um produto ou prestação de um serviço.

A geladeira é moderna, com desenho arrojado? Ótimo, mas foi projetada para consumir menos energia? É necessário trocar o computador de casa, ou bastaria substituir o processador do micro?

A forma como se responde, na prática, a essas perguntas, pesa, e muito, na luta entre destruidores e preservadores do ambiente.

Proprietários de automóveis que não substituem o catalisador (aparelho que ajuda a reduzir a poluição) estão optando pelo ar sujo. Seus filhos, parentes e amigos, além deles próprios, vão pagar por isso.

Quem se informa sobre as condições em que foram produzidos aqueles eletroeletrônicos com preços imbatíveis pode evitar a compra de artigos fabricados por crianças. Ou por trabalhadores a um passo de se tornarem escravos ou servos.

Não somos inocentes espectadores de um programa sórdido que compromete o ar, a terra e as águas. Somos cúmplices.

Quando a maioria dos habitantes eleitores de um país apoia, incondicionalmente, políticas governamentais que ameaçam rios e florestas, os espaços de quem luta pela preservação ambiental são reduzidos.

E a fatura chegará, na forma de doenças broncopulmonares e de diversas outras que o ar seco e poluído ao menos agrava.

É óbvio que os governos detêm as canetas que assinam projetos e acordos com potencial para proteger ou destruir os recursos naturais.

DOLCI, Maria Inês. Consumo ambiental. *Folha de S.Paulo*, São Paulo, 17 maio 2008. Caderno Vitrine, p. 3.

2. Leia o texto de Gilberto Dimenstein e assinale os argumentos que nos levam a aceitar a ideia de ter jardins nos telhados. Depois escreva um texto argumentativo sobre o mesmo tema. Dê atenção especial à conclusão.

A sustentável leveza dos jardins

Duas agências bancárias [...] da cidade de São Paulo estão fazendo uma experiência que se traduz num novo jeito de, ao mesmo tempo, economizar dinheiro, ajudar a preservar o meio ambiente e, quem sabe, atrair clientes: cultivar jardins. Só que quase ninguém poderá ver a plantação, pois tudo será feito no telhado, longe da rua.

Desenvolvida em países como a Alemanha e a Inglaterra, a tecnologia dos telhados verdes começa a chegar ao Brasil na onda da sustentabilidade. O agrônomo Sérgio Rocha, de 33 anos, fez da sua vida o projeto de transformar os telhados das cidades em imensas áreas verdes. "É como se criássemos uma floresta urbana."

Para concretizar esse sonho, ele trocou a floresta verdadeira, a amazônica, pela aridez cinza da cidade de São Paulo.

*

Formado em agronomia, Sérgio fez mestrado em genética e mudou-se para a Amazônia, onde realizou pesquisas sobre plantas, especialmente sobre as medicinais. Passou a gerenciar e a estimular projetos, quando tomou conhecimento das tecnologias sustentáveis espalhadas pelo mundo. Foi dali que imaginou literalmente tirar seu sustento.

Viajou pela Alemanha para conhecer uma nova tecnologia. Aprendeu que, através de módulos pré-fabricados e materiais inventados para lidar com diferentes temperaturas, é possível montar a laje das construções em conjunto com a plantação.

A vantagem prometida é diminuir o risco de infiltração, comum na construção de jardins suspensos, além de baratear os custos da obra. "Vi os mais variados projetos: algumas pessoas prefeririam fazer um campo de futebol, outras prefeririam produzir alimentos."

Foi então que nasceu, em São Paulo, o Instituto Cidade Jardim.

*

O apelo da tecnologia, segundo ele, é simples. Com o telhado verde, aumenta a retenção das águas da chuva, o que favorece o combate às enchentes. Além disso, a cobertura diminui o calor dos prédios, reduzindo a necessidade de uso do ar-condicionado. Finalmente, as plantas e árvores combatem a poluição atmosférica. Por essas razões, essa tecnologia vem disseminando-se pela Europa e pelos Estados Unidos. No Brasil, por enquanto, é algo insignificante.

*

Até que Sérgio já conseguiu um projeto de visibilidade, ao instalar um telhado verde num prédio da UFRJ (Universidade Federal do Rio de Janeiro), em parceria com a Petrobras. Mas, por enquanto, tudo está na fase de plano-piloto. Em São Paulo, os telhados verdes não chegam a ocupar mil metros quadrados, o que equivale, por exemplo, a um décimo de um campo de futebol. Bem longe ainda da sonhada floresta urbana.

*

Enquanto a floresta não chega, Sérgio, munido das novas tecnologias, imagina-se capaz de cultivar até mesmo gigantescas mangueiras em cima dos prédios.

DIMENSTEIN, Gilberto. A sustentável leveza dos jardins. *Folha de S.Paulo*, São Paulo, 10 nov. 2010. Caderno C, p. 2.

CAPÍTULO 16

Enfrente os temas abstratos

O texto dissertativo-expositivo

Os temas abstratos são os que mais exigem de nossa capacidade de discernimento. Primeiro, é preciso ter um bom nível de leitura e interpretação. Segundo, eles sempre requerem um bom lastro cultural para que o texto avance com desenvoltura, não fique rodando em círculos.

Estamos diante do que se chama gênero dissertativo-expositivo. Já falamos dele no capítulo 14. No texto expositivo que vamos explorar agora, você deve aprender a discorrer sobre temas abstratos, um terror para muitos estudantes.

Até agora falamos de temas cuja base era a realidade concreta. Relembrando mais uma vez o texto de Mariana Lacerda, lembre-se de que ela faz uma exposição sobre algo palpável, a cachaça. Mas agora vamos falar de abstrações, da forma como devemos abordá-las com segurança.

Um exemplo: diante de um problema como a pena de morte, basta você se posicionar contra ou a favor. Os argumentos virão de fatos conhecidos por todos. Se ela deu certo ou não nos países em que foi adotada, se resolveu ou não o problema da criminalidade. Há muitos argumentos para defendê-la ou rechaçá-la. Já falar da morte, da vida, do amor, da paixão, vai depender de nossas leituras e de nossa capacidade de abstrair esses temas, de ter lido ensaios e livros sobre eles para formar uma opinião. Ao dissertar sobre o amor, o que você fará é dizer como o vê, sua importância na vida de qualquer pessoa, se é veículo de alegria, de sofrimento, de frustração. Também usará argumentos, mas não para convencer que o amor é bom ou ruim. Você irá simplesmente dissertar sobre o amor.

O grande problema do texto expositivo é que, para desenvolvê-lo bem, você precisa ter percorrido um caminho que só a leitura proporciona. Como falar de algo sobre o que você nunca leu nem pensou? E os vestibulares estão aí para surpreender. Propõem temas que, às vezes, deixam os candidatos perplexos, sem saber por onde começar.

Antes de tudo, independentemente do vestibular, aprimore seu nível de leitura. Nunca deixe de ter um livro à mão. Leia obras imprescindíveis para sua formação intelectual (há uma lista de sugestões no final deste livro).

Mas, se, por acaso, você tiver de enfrentar um tema abstrato, não precisa se desesperar. Afinal, uma redação escolar acaba tendo apenas quatro ou cinco parágrafos, o que não é o suficiente para assustar ninguém. O importante é ter calma e raciocinar bastante antes de pôr a caneta em marcha.

OLHO VIVO!

Só lendo romances, contos, poesias, livros de filosofia, sociologia, e tudo mais que estiver ao seu alcance, é que você poderá desenvolver sua capacidade de abstrair. Se ela ainda não foi desenvolvida, trate de começar urgentemente!

O tema e as oposições

Todo tema encerra uma oposição, mesmo que ela não venha explícita. Nunca se precipite, começando a escrever o que lhe vier à cabeça. Reflita durante uns bons dez ou quinze minutos para amadurecer as ideias e pense em quais seriam os dois lados da questão. Se fizer assim, uma luz se acenderá e a estrutura de sua redação virá naturalmente.

Há dois tipos de tema abstrato:

- com oposição explícita;
- com oposição implícita.

Temas com oposição explícita

Considere a seguinte frase: "A imaginação é mais importante que os conhecimentos", de Albert Einstein. Nela, duas palavras se opõem claramente: imaginação e conhecimento. Devemos ou não concordar com o autor? Fica difícil discordar de alguém como Einstein, mas não é por ter sido ele o autor da frase que teremos de dizer sim. Você pode discordar tranquilamente e explicar por quê. Um dos recursos importantes no texto dissertativo-expositivo é dar bons exemplos, porque assim você fundamenta melhor seu ponto de vista.

Siga o seguinte roteiro:

- Na introdução, faça considerações sobre as palavras-chave (imaginação e conhecimento) e deixe clara a ideia que vai dirigir sua dissertação.
- No segundo parágrafo, escolha uma das palavras do tema e disserte sobre ela.
- No terceiro, faça o mesmo com a palavra oposta.
- Na conclusão, retome as palavras-chave com a opinião que prevaleceu durante a exposição.

Lendo o texto

Vamos a um exemplo concreto. Veja como o autor do texto a seguir dissertou tão bem sobre a frase de Einstein:

Comumente apartamos o conhecimento da imaginação. Imaginamos o conhecimento como a expressão do real, e conhecemos a imaginação como o fruto do desvairo, do utópico. Tais faculdades, no entanto, estão intimamente relacionadas, interagindo entre si e com os homens.

Conhecimento sem imaginação é tedioso, repetitivo. É possível apenas reproduzir o que há nos livros, em um processo eternamente imutável. Estagnaríamos. A própria ciência formula hipóteses – que nada mais são do que imaginar – e assim evolui. August Ke Kulé, químico do século XIX, descobriu a estrutura do benzeno por meio de sonhos, do imaginário.

Imaginação sem conhecimento é inútil. Não se pode introduzi-la na realidade prática a não ser por intermédio do conhecimento do mundo concreto.

Sem conhecer técnicas de pintura, Monet jamais pintaria "Rue Montorgueil embandeirada". Sem conhecer música, Beethoven jamais teria composto "O imperador". Franz Kafka escreveu *A metamorfose* porque conhecera previamente o uso das palavras.

A própria natureza tem consciência da importância de tal codependência. O cérebro humano destina o hemisfério esquerdo à análise crítica, lógica, objetiva. O direito, à subjetividade e ao sonho. Da interação recíproca vive a inteligência humana, com a qual criamos a arte, resolvemos problemas, redigimos redações...

Há uma gota de imaginação em cada conhecimento. Há uma gota de conhecimento em cada imaginação.

(Ruy Fernández Barral)

- **Introdução:** o autor deixou bem claro que há uma codependência entre conhecimento e imaginação. É essa a ideia que ele vai defender em sua dissertação.

- **Segundo parágrafo:** Ruy Fernández Barral centrou-se na palavra **conhecimento** e explicou como, sem o auxílio da imaginação, ele é estéril. Ele usa uma ilustração, a história de Ké Kulé, e, assim, reforça seu argumento.

- **Terceiro parágrafo:** Fernández Barral ateve-se agora à palavra **imaginação** e, da mesma forma como fizera no parágrafo anterior, mostrou que ela sozinha, sem o conhecimento, não produz nada. Os exemplos de Kafka, Monet e Beethoven reforçam muito bem seu argumento e dão um brilho especial ao texto, demonstrando que o autor é dono de uma boa cultura geral.

- **Quarto parágrafo:** Barral complementou suas considerações sobre o tema, ratificando o ponto de vista exposto na introdução.

- **Conclusão:** trata-se de uma conclusão-surpresa, que parodia o título de um livro de Mário de Andrade, *Há uma gota de sangue em cada poema*. Uma conclusão brilhante com apenas duas frases certeiras e poéticas.

Como você deve ter notado, Ruy Fernández Barral só conseguiu desenvolver bem o tema porque, antes de tudo, tinha boa bagagem cultural e uma segurança muito grande quanto ao ponto de vista que iria defender. Navegou o tempo todo no mundo abstrato, mas foi no mundo concreto que ele procurou os exemplos para nos convencer de sua opinião.

Ele escolheu a primeira pessoa do plural, nós, mas poderia ter usado normalmente a terceira pessoa. Quanto a essa escolha, depende de cada um e das exigências das bancas examinadoras dos concursos. A presença de "nós" deixa o texto menos frio, denota uma maior proximidade do autor com o tema.

Temas com oposição implícita

O verso "Ó vida futura! nós te criaremos", de Carlos Drummond de Andrade, foi certa vez proposto aos candidatos ao vestibular da UPE (Universidade Estadual de Pernambuco). Diferentemente do tema anterior, esse exige um pouco mais de tempo para descobrirmos a oposição que está nele implícita.

Esse tipo de tema exige muita reflexão para que o candidato não se perca. Alunos que não pararam para analisá-lo mais detidamente falaram de clonagem, viagens espaciais, domínio do mundo pela tecnologia. Até que o tema pode sugerir tudo isso, mas será que não haveria outro caminho para desenvolvê-lo?

Pensemos primeiro na oposição que o verso suscita. "Vida futura" opõe-se a quê? À vida presente. A forma exclamativa parece um grito desesperado. E por que Drummond fala em criar essa vida futura? Provavelmente porque a vida presente não nos satisfaz, porque parece ter deixado no homem certo mal-estar pelos caminhos trilhados até agora. Só mesmo construindo o futuro de outra forma é que poderemos encontrar alguma salvação.

Agora já temos uma pista para começar a dissertação. Antes de tudo, saiba que todo tema abstrato fala, ao fim e ao cabo, dos problemas humanos. É preciso descobri-los. Só depois comece a escrever. A redação a seguir é um bom exemplo de abordagem desse tema.

Lendo o texto

É normal nunca estarmos satisfeitos com o que alcançamos. Hoje, essa insatisfação parece ser maior que nunca. Descontentes com a vida presente, refugiamo-nos no sonho de uma vida futura mais de acordo com nossos desejos.

Guerra, fome, miséria, é isso o que marca a vida presente. Para onde quer que olhemos, o mundo logo mostra sua face assustadora. Nada mais natural que pensar num mundo ideal, aquele com que cada um sonha e é capaz de superar as frustrações do instante.

Não há quem não imagine um mundo sem guerras, sem fome, sem miséria, onde as desigualdades sociais, se não de todo superadas, pelo menos sejam diminuídas. Alguns dirão que se trata de uma utopia, haja vista o comportamento do homem, sempre voltado para si mesmo. Para chegar a esse mundo novo, temos de repensar nossos valores, alterar nossa forma de viver.

Fica difícil pensar numa vida futura se não nos despojarmos de nossos vícios presentes. Mas, como sonhar faz parte da vida, há sempre um mundo possível a ser construído a partir desse sonho.

(Aline Fontes Machado)

A estrutura é basicamente a mesma da redação de Ruy Fernández Barral:

- Na introdução, logo aparecem as duas palavras que se opõem: vida presente/vida futura, e o sonho surge como opção para fugir às agruras do mundo atual.
- No segundo parágrafo, Aline Machado explica as causas da insatisfação com a vida presente: guerras, fome, miséria. Tudo isso faz o homem pensar no mundo ideal, na utopia.
- É o mundo ideal, aquele a ser criado, que será o mote do terceiro parágrafo. A autora aponta dificuldades para criá-lo e uma forma de superá-las.
- A conclusão retoma a oposição inicial presente/futuro e diz que, apesar de difícil, esse sonho pode ser posto em prática sob determinada condição: o homem se livrar do estilo de vida que leva.

A redação foi feita na primeira pessoa do plural, mas se exigirem que seja feita na terceira pessoa, não há nenhum problema. Escreva uma primeira versão com "nós" e depois impessoalize-a, fazendo algumas alterações na linguagem.

Vejamos como ficaria o texto impessoalizado:

Lendo o texto

É normal o homem nunca estar satisfeito com o que alcança. Mas, hoje, essa insatisfação parece ser maior que nunca. Descontente com a vida presente, ele se refugia no sonho de um futuro mais de acordo com os seus desejos.

Guerra, fome, miséria, é isso o que marca a vida presente. Para onde quer que o homem olhe, o mundo logo mostra sua face assustadora. Nada mais natural que pensar num mundo ideal, aquele com que cada um sonha e é capaz de superar as frustrações do instante.

Não há quem não imagine um mundo sem guerras, sem fome, sem miséria, onde as desigualdades sociais, se não de todo superadas, pelo menos sejam diminuídas. Alguns dirão que se trata de uma utopia, haja vista o comportamento do homem, sempre voltado para si mesmo. Para chegar a esse mundo novo, ele terá de repensar seus valores, alterar sua forma de viver.

Fica difícil pensar numa vida futura se o homem não se despojar de seus vícios presentes. Mas, como sonhar faz parte da vida, há sempre um mundo possível a ser construído a partir desse sonho.

O que era *nós* se transformou em *homem*, termo genérico, que inevitavelmente vai aparecer em redações de terceira pessoa. Só tenha cuidado para não ficar trocando a toda hora *homem* por *ser humano, a pessoa humana, a humanidade, as pessoas, os seres*. Já alertamos para os danos que essas substituições podem causar a um texto. A melhor solução ainda é repetir a palavra com cuidado.

Resumindo, quando lhe derem um tema abstrato:

- Exponha na introdução a oposição implícita nele e faça considerações sobre ela.
- Explore uma das oposições no segundo parágrafo.
- Faça o mesmo com a outra oposição no terceiro parágrafo.
- Cite fatos, exemplos, palavras de alguma autoridade no assunto que reforcem seu ponto de vista. Quanto mais provas você der, mais consistente ficará sua redação.
- Releia os dois parágrafos de desenvolvimento e veja a que conclusão chegou.

ATIVIDADES

1. Enuncie as oposições implícitas nos temas a seguir.
    a) (Faap) "O dinheiro compra um mausoléu, mas não um lugar no céu." (Fernando Pessoa)
    b) (FCC) "O grande vencedor é aquele que não se deixa abater pela derrota."
    c) (FCC) "A rebeldia sem causa não produz transformação nenhuma."
    d) (FMU-SP) "O homem é um gênio quando está sonhando." (Akira Kurosawa)
    e) (UM-SP) "Triste não é o lugar em que há crimes, mas onde falta castigo para eles."
    f) "Não considere precioso algo que possa ser subtraído." (Sêneca)
    g) "Nenhum floco de neve se sente responsável numa avalanche." (Stanislaw Jerzy Legh)
    h) "Nada é mais difícil que conservar intacta uma amizade até o último dia da vida." (Cícero)
    i) "A vida do insensato é ingrata, encontra-se em constante agitação e está sempre dirigida para o futuro." (Tito Lucrécio Caro)
    j) "Só em linguagem amorosa agrada / A mesma coisa cem mil vezes dita." (Mário Quintana)
2. Faça um esquema de desenvolvimento para cada um dos temas acima.
3. Desenvolva os temas dados em textos de 20 a 30 linhas cada um.

CAPÍTULO 17

Textos argumentativos: ler e produzir

Neste capítulo, você vai aprender a produzir seis gêneros de texto que podem ser úteis não só no vestibular, mas também na sua vida diária. Você pode escrever um artigo de opinião ou um comentário sobre algum livro que leu para um *blog*, um editorial para o jornal do colégio, uma carta para a seção de um jornal ou de uma revista. Em todos eles, você poderá testar sua capacidade de argumentar. Não se intimide. Comece já. Exercitar a escrita é uma boa forma de atuarmos na sociedade e nos situarmos no mundo.

1. Editorial

O editorial ocupa o espaço mais nobre de um jornal, geralmente a primeira ou a segunda página, numa coluna em destaque. Nele aparece o ponto de vista dos editores sobre determinados temas, motivos de reportagens, notícias, entrevistas, ou seja, sobre aquilo que eles acham relevante comentar para situar o leitor diante do fato.

O editor tem o poder de condenar, elogiar, satirizar homens e ideias, por meio de uma argumentação que deve ser sempre muito clara, demonstrando com bons argumentos por que defende aquele ponto de vista.

A força de um editorial depende do prestígio do meio de comunicação em que é publicado. Se for um jornal de peso, sua influência pode ser grande. Caso contrário, seu valor é insignificante. Num jornal de bairro, sua influência é quase nula.

Há quem veja o editorial como um ensaio curto, do qual se diferencia por não ter valor permanente, já que vive dos acontecimentos do dia. Quando estes são ultrapassados por outros mais recentes, o editorial cai no esquecimento.

Existem algumas normas para se escrever um editorial. Geralmente seu tom é prudente, sensato, sem espaço para o humor. A linguagem é cuidada, mas não precisa ser pedante, nem erudita, deixando transparecer um tom doutoral. Deve estar ao nível do leitor, para que ele apreenda com facilidade o que defende o editor, espécie de porta-voz da filosofia da empresa. A este não podem faltar duas qualidades fundamentais: integridade e independência.

O texto de um editorial segue as mesmas regras de um texto argumentativo: **título**, **introdução**, **argumentação** e **conclusão**.

Lendo o texto

Aprovado

1 Não se sabe ao certo se é para rir ou para chorar o desfecho do processo que levou o deputado federal eleito Francisco Everardo Oliveira Silva (PR-SP), o Tiririca, a comprovar que é alfabetizado – condição necessária para o exercício do mandato.

2 O teste que lhe foi aplicado na Justiça Eleitoral de São Paulo consistiu de um ditado e da leitura de duas manchetes de jornal. Como diria o presidente Lula sobre o Enem, foi "um sucesso".

3 Muita gente deve ter torcido contra o desempenho de Tiririca. Havia a esperança, alimentada por suspeitas de fraude no seu registro como candidato, de que o comediante perdesse o mandato.

4 Difícil dizer, em todo caso, se, na ausência de Tiririca, seus substitutos seriam melhores do que ele. Como tanta outras candidaturas baseadas antes na celebridade pessoal do que em qualquer proposta séria de intervenção na vida parlamentar, Tiririca funcionou como um "puxador de votos" para uma legenda que não se importou com o estigma, feito de autodeboche e despreparo, que cercou o candidato.

5 O certo é que, qualquer que seja o seu grau de instrução, e embora confessadamente ignorante das atribuições que cabem a um deputado federal, Tiririca foi o grande êxito eleitoral da Câmara, tendo obtido 1,3 milhão de votos.

6 Teria, sem dúvida, o sabor de um artifício jurídico a cassação de seu mandato. Eleito, não se sabe se por desfastio ou vontade de protesto, Tiririca talvez não seja mais nocivo, nem mais tosco, do que outros políticos não tão expostos quanto ele ao horror dos bem-pensantes.

7 Mais do que se preocupar com o nível de instrução de um deputado em particular, importa pensar de que modo, através da melhoria das condições educacionais de toda a população, e de mecanismos eleitorais menos propícios ao oportunismo e à fisiologia partidária, será possível fortalecer a atividade parlamentar no Brasil – cujo descrédito, mais do que qualquer outra coisa, a votação obtida por Tiririca reafirma.

Folha de S.Paulo, 12 nov. 2010. Caderno A, p. 2.

Este editorial é composto de sete parágrafos, mas há editoriais bem mais longos, com até doze, por exemplo. Sua estrutura comporta:

1. **Uma introdução**: onde o tema deve aparecer de forma clara e objetiva. O que acabamos de ler trata do caso Tiririca, que foi chamado à Justiça Eleitoral para provar se era ou não analfabeto (parágrafo 1).

2. **O corpo do texto com a argumentação.** Vejamos como o editorialista o desenvolveu:

- parágrafo 2 – ele nos diz em que consistiu o teste de Tiririca;
- parágrafo 3 – contrapõe-se aos que torciam pelo fracasso de Tiririca, ao escrever: "Muita gente deve ter torcido o nariz..."
- parágrafo 4 – questiona se os substitutos de Tiririca estariam mais preparados do que ele;
- parágrafo 5 – nos informa sobre a grande votação que Tiririca obteve;
- parágrafo 6 – momento em que aparece a opinião do editorialista: cassar Tiririca agora não passaria de um "artifício jurídico". Subentende-se que houve em relação a Tiririca certo preconceito, já que outros políticos, mesmo sendo alfabetizados, talvez não sejam melhores do que ele.

> **PROPOSTA DE REDAÇÃO**
>
> Redija um editorial sobre um assunto da atualidade que você acha importante.

3. **Conclusão**, o parágrafo 7. Em vez de assestar o foco sobre Tiririca, o editorialista preferiu abrir mais o debate, ao dizer que, em vez de se preocupar com o nível de instrução de um candidato, seria melhor pensar em como melhorar o nível educacional dos eleitores, para que os oportunistas desaparecessem de nosso cenário político.

2. Carta argumentativa

Lendo o texto

Santa Luzia do Céu, 20/10/2008.

Senhor Prefeito:

Primeiro, parabéns por sua reeleição. Esta carta seria escrita a quem quer que fosse o eleito. Portanto, não a tome como algo pessoal. Como eleitor, acho que posso, e devo, cobrar suas promessas de campanha. O que gostaria de lhe dizer, se é que posso lhe dizer alguma coisa, é que todos esperam muito de quem é eleito e, à medida que o tempo passa, as esperanças vão murchando e terminamos sempre decepcionados. Durante a campanha, vi que um de seus maiores orgulhos é a qualidade de vida de nossa pequena cidade. Santa Luzia do Céu é mesmo uma boa cidade para viver, apesar dos inúmeros problemas que nos rodeiam. Há muito a melhorar, mas o que eu gostaria mesmo de constatar no final de seu novo mandato seria vê-la projetada no cenário brasileiro não só como a cidade da vida tranquila, mas também como a da boa educação.

Seus adversários, durante a campanha, lhe cobraram muito pela péssima posição que os estudantes de nossa rede municipal tiveram no último exame nacional. Nossa cidade ficou como uma das que têm um dos piores ensinos do país. É um dado que nos envergonha. Fico pensando como deixaram a situação chegar a esse ponto. De que adianta ter boa qualidade de vida sem uma boa educação? De que adianta rasgar novas ruas e avenidas se uma boa parte da população não saberá ler as placas ali colocadas, nem respeitar o espaço público porque não foi educada para isso?

O Brasil se vangloria de ter colocado quase 100% das crianças na escola. Não deixa de ser um feito. É preciso, no entanto, que ela esteja preparada para recebê-las e motivá-las a permanecer lá e aprender, sobretudo aprender. Hoje, adolescentes completam os nove anos de escolaridade básica sem saber ler e fazer as operações aritméticas mais simples. O senhor sabe muito mais do que eu que muitos deixam a escola porque não veem motivos para continuar ali, pois a rua é muito mais interessante. Reverter esse quadro não vai ser fácil, mas se não começar já, quando iremos começar?

Muitas são as receitas para melhorar a qualidade de nossa educação. Especialistas não faltam. Às vezes perco a esperança de que algo vá mudar, sobretudo quando vejo o modo como o professor é tratado. É por essa figura, que muitos acham tão sem importância, que tudo começa. Assim como se deve motivar as crianças para permanecer na escola, o mesmo deverá ser feito com o professor. Quase ninguém mais se sente motivado a seguir essa carreira que passou a ser sinônimo de privação. Nem vou falar em salários, que isso já virou lugar-comum. Parece estar muito longe o dia em que o professor será visto como o profissional mais importante de uma sociedade que anseia tanto por se desenvolver. É o bom ensino e o entusiasmo de aprender que vencem a batalha da pobreza. Sei disso por experiência própria.

Converso com professores e o que eles me passam é sempre uma grande desesperança. Não têm motivação para entrar numa sala de aula sabendo, de antemão, que os resultados serão sempre pífios. Não encontram o ambiente propício para a divulgação do saber. O que fazem, então? Acomodam-se e ficam apenas contando os anos que faltam para a aposentadoria. É difícil encontrar um jovem que queira seguir a carreira do magistério, pois ninguém quer entrar numa profissão com a perspectiva de sair mais pobre do que quando entrou.

O Brasil já está cansado de ver o tempo passar e nada acontecer de substancial em termos educacionais. O que está em jogo não é uma ou outra administração, mas o futuro mesmo do país. Já passou da hora de colocar a educação como linha de frente do desenvolvimento. Só por meio dela é que seremos capazes de nos salvar do atoleiro em que nos metemos. O trabalho é pesado e exige uma dedicação ímpar desde o primeiro minuto de sua nova administração. Nem vou falar dos outros problemas da cidade, que o senhor conhece muito bem.

Confesso que fiquei preocupado ao ouvir sua primeira entrevista depois de eleito, porque a palavra educação só apareceu relacionada a reforma de escolas. Pus a culpa no tempo corrido da televisão. Espero, daqui a quatro anos, poder escrever uma outra carta para lhe agradecer o que fez pela educação em Santa Luzia do Céu. Se o senhor fizer apenas isso e mantiver o restante funcionando a contento, pode ficar tranquilo que sua administração entrará para a história pela porta da frente.

Atenciosamente,

José da Silva Tormentas

A carta argumentativa, como todo texto, precisa ter um tema. O da que acabamos de ler é convencer o prefeito de Santa Luzia do Céu (nome fictício) a dar mais atenção à educação do município. Para isso, José da Silva Tormentas (nome também fictício) apresentou seus argumentos:

1. Santa Luzia do Céu ficou numa péssima colocação nos exames nacionais.
2. Os professores andam desmotivados.
3. Só uma boa educação tira realmente as pessoas da pobreza. Para reforçar esse argumento, o autor cita seu próprio exemplo.
4. Sem uma educação de qualidade, não é só o futuro do município que está ameaçado, mas o do próprio país.
5. Já passou da hora de colocar a educação em primeiro plano no município.

Depois de expor seus argumentos, o autor chega à conclusão de que, se o prefeito fizer mesmo uma revolução educacional em Santa Luzia do Céu e mantiver o restante das coisas funcionando bem, não precisará fazer mais nada, marcará seu lugar na história.

Todos os argumentos são convincentes. A linguagem é cuidada, já que se trata de uma carta enviada a uma autoridade. O tempo verbal predominante é o presente do indicativo.

Quando você escrever uma carta, precisa obedecer sempre à seguinte estrutura:

- **nome do lugar e data** – Santa Luzia do Céu, 20/10/2008.
- **vocativo** – a pessoa a quem é enviada. Se for a uma autoridade, o tratamento será sempre sóbrio, como: Senhor Prefeito.
- **corpo do texto** – onde se faz toda a argumentação.
- **conclusão** – simples e rápida.
- **saudação final** – sempre uma forma simples, como "atenciosamente".
- **assinatura** – o nome completo de quem escreveu.

PROPOSTA DE REDAÇÃO

Escreva uma carta ao prefeito de sua cidade reclamando daquilo que mais o incomoda.

3. Artigo de opinião

Todo jornal e revista têm seus articulistas, fixos ou ocasionais, que colaboram com artigos em que analisam alguma questão da atualidade. O autor toma uma posição diante do tema e tenta nos convencer de seu ponto de vista. Para isso, ele busca exemplos, números, testemunhos, qualquer tipo de argumento que corrobore suas afirmações. A linguagem deve ser cuidada. Nela há uma liberdade maior para achados linguísticos, um pouco de humor e de ironia, a depender do estilo do articulista.

Lendo o texto

Um estádio para transformar a Zona Leste

A definição da Arena Corinthians – que será construída em terreno de 200 mil metros quadrados no bairro de Itaquera, na Zona Leste – como o estádio de São Paulo para a Copa de 2014 abre uma janela de oportunidades para a região mais populosa da capital.

A construção do estádio abre a chance de aproveitar o poder mobilizador que o futebol tem para os brasileiros para modernizar e transformar esta, que é uma das regiões mais carentes de São Paulo, com reflexos em toda a cidade no trânsito, na melhoria de renda, de segurança e no desenvolvimento sustentável.

Para orientar o desenvolvimento, a prefeitura deveria lançar um plano diretor para a região. Tal plano poderia recorrer às operações urbanas para captar recursos da iniciativa privada, a fim de buscar a ampliação da oferta de empregos, por meio da definição de áreas reservadas a indústrias não poluentes, a empresas de serviços e ao comércio.

Essa ampliação deveria ser alicerçada na melhoria do transporte de massa de média capacidade, da expansão do metrô e da transformação das linhas da CPTM em sistema com qualidade compatível com a do metropolitano.

O plano deveria buscar, em conjunto com os governos estadual e federal, a expansão de instituições de ensino, públicas e privadas, para aumentar o número de profissionais qualificados para as empresas já instaladas, e as que virão a se instalar na região.

Poderia ainda conter estímulos à instalação de indústrias, conjugando a oferta de mão de obra a benefícios fiscais por prazo determinado.

Essas iniciativas podem se conjugar a outras que estimulem a prática esportiva e a participação popular em atividades culturais.

A opção planejada pela construção de equipamentos esportivos (quadras e ginásios poliesportivos, campos de futebol e de esportes olímpicos) e culturais em estabelecimentos de ensino seria a ação que falta para revelar novos atletas e agentes culturais.

A criação de faculdades de educação física e de fisioterapia, além de centros de pesquisa e de inovação, gerando um polo de excelência de apoio ao esporte e abrangendo práticas esportiva e cultural em todas as idades, da criança ao idoso, seriam poderosos instrumentos para mudar radicalmente a qualidade de vida da região.

O modelo atual para essas mudanças é Londres, que, coincidentemente, está transformando sua Zona Leste, antes uma das regiões mais degradadas da cidade, social e ambientalmente, em uma área totalmente renovada.

São Paulo pode fazer o mesmo com a sua Zona Leste. A grande ferramenta para essa transformação é o planejamento prévio, consubstanciado num novo plano diretor que oriente o desenvolvimento da região, aproveitando o embalo da Copa de 2014 e mirando 2020 ou 2025, quando a cidade poderá sediar a Exposição Universal.

Essa pode ser a oportunidade de ouro para reinventar a Zona Leste de São Paulo. Basta que as autoridades e a sociedade pensem grande, num horizonte de longo prazo. Todos só têm a ganhar nesse jogo.

BERNASCONI, José Roberto. *Folha de S.Paulo*, São Paulo, 10 nov. 2010. Caderno A, p. 3.

O texto de José Roberto Bernasconi discute a construção de um estádio na Zona Leste de São Paulo, mais precisamente em Itaquera, para a Copa do Mundo de 2014. Já no título percebemos sua posição a favor, o que fica bem claro mais adiante, na introdução, quando ele diz que o novo estádio "abre uma janela de oportunidades para a região".

Nos parágrafos seguintes, à exceção dos dois últimos, ele expõe os argumentos com os devidos comentários, para nos convencer de que seu ponto de vista está correto. Vejamos quais são eles.

A construção do estádio:

1. modernizaria e transformaria a região leste, uma das mais pobres de São Paulo;
2. proporcionaria uma maior oferta de empregos;
3. traria melhorias para os meios de transporte de massa;
4. faria com que instituições de ensino qualificassem profissionais para empresas da região;
5. incentivaria a instalação de novas empresas;
6. estimularia a prática de esportes e a criação de centros de pesquisa de inovação.

Depois de mostrar os benefícios do novo estádio, o autor vai buscar um exemplo no mundo concreto, em Londres, para dar respaldo a sua argumentação.

Na conclusão, que abrange os dois últimos parágrafos, Roberto Bernasconi diz que São Paulo não pode deixar passar essa oportunidade para desenvolver uma de suas regiões mais carentes. Ele conclui retomando o que havia dito lá em cima, na introdução: que a Copa de 2014 "abre uma janela de oportunidades para a região mais populosa da capital". Agora ele retoma essa ideia com outras palavras: "uma oportunidade de ouro para reinventar a Zona Leste", fechando bem o texto.

PROPOSTA DE REDAÇÃO

Escreva um artigo de opinião dizendo se países pobres devem ou não sediar eventos tão caros como a Copa do Mundo ou os Jogos Olímpicos.

4. Comentário

Quando lemos um livro, vemos um filme, assistimos a uma peça de teatro, sempre fazemos um comentário naturalmente. Mas, se quisermos publicá-lo, teremos de organizar melhor as ideias. Não há uma forma rígida a ser seguida.

O comentário depende das intenções do autor, do fim que almeja, do tipo de interlocutor que terá. Ele emite uma avaliação sobre alguma obra literária, cinematográfica, teatral, um CD, um DVD e até mesmo um jogo de futebol. O que mais importa é que não o faça açodadamente, levado pela paixão.

O objetivo de um comentário é orientar o leitor, dizendo se a obra vale ou não a pena ser lida, comprada, vista. É um trabalho que exige equilíbrio, conhecimento específico do campo que vai comentar. O comentarista deve ser sobretudo imparcial. Não se deve deixar levar por suas preferências, condenando o que está fora dos padrões que ele acha corretos. Comentar é uma arte difícil porque envolve o trabalho do outro. Uma palavra a mais pode fazê-lo desistir para sempre do que faz.

Ao comentar uma obra, observe sempre os seguintes pontos:

1. Descreva o objeto na introdução. Se for um livro, qual o nome do autor, a editora, o ano de publicação, se é reedição ou não.

2. No corpo do texto, escolha os aspectos da obra que você achou mais relevantes para tecer seus comentários.

3. Ilustre o texto com alguma citação da obra para reforçar sua opinião.

4. Na conclusão, deixe bem clara a sua avaliação, que também pode aparecer logo no início do texto.

5. Use sempre uma linguagem cuidada e os verbos preferencialmente no presente do indicativo.

Lendo o texto

Não obriguem os jovens a ler

1 Há um livro que todo professor de literatura (e os outros também) deveria ler: *Como um romance*, de Daniel Pennac. Foi editado pela primeira vez no Brasil, em 1993, pela Rocco, que o reeditou com a L&PM, no formato bolso, em 2008.

2 O livro começa com uma verdade simples mas que não passa pela cabeça de nossos educadores. Diz o autor que há três coisas que não podemos obrigar ninguém a fazer: sonhar, amar e ler. Realmente, não podemos pedir que alguém sonhe, que alguém nos ame, mas ler... todo mundo acha que pode nos obrigar. É o que a escola tem feito e os resultados têm sido desastrosos.

3 Pennac diz que o mais intrigante é que, na infância, as crianças gostam de ler. São levadas naturalmente aos livros pela curiosidade típica da idade. Solte uma criança numa livraria e verá como ela se dirigirá à estante dos livros infantis, com uma avidez que a escola a fará perder em dois tempos. À medida que os anos passam e o professor, em suas aflições, vai empurrando livros

para o menino, mais este vai se distanciando deles e, mais alguns anos, terá formado o ódio à leitura.

4 Daniel Pennac conta uma história interessante. Ele fala de um professor de literatura que nunca mandou ninguém ler um livro. O que ele fazia? Todo dia chegava e lia um trecho de alguma obra que achava importante. A turma inteira ficava em suspenso, envolvida por sua leitura. Foi assim que ele despertou aqueles adolescentes para os livros. Desse professor ele diz: "(Ele) não inculcava o saber, ele oferecia o que sabia. Era menos um professor do que um mestre trovador (...) Ele abria os olhos. Acendia lanternas. Engajava sua gente numa estrada de livros, peregrinações sem fim nem certeza, caminhada do homem na direção do homem."

5 O gosto pela leitura - é o que se depreende dessas palavras – depende, pois, do professor. Nada de imposições. Falar que os jovens não gostam de ler é simplificar demais. Então se parte para o oposto: obrigam-nos a ler o que não querem. Os vestibulares estão aí para isso. Quantos leitores esse tipo de obrigação já formou? Já está na hora de as universidades fazerem uma pesquisa sobre o assunto.

6 Alguém deve estar se perguntando: o que fazer, então, para colocar o livro na mão dos jovens? Nada. As estratégias postas em prática até agora não deram resultado. Insistir na leitura obrigatória é perda de tempo. O que se pode fazer é preparar melhor os professores para que eles sejam leitores apaixonados e só a paixão pelos livros é que transmite o gosto pela leitura, como nos ensina Pennac. Professor que não tem nos livros sua forma de viver não deveria ensinar. Professor que não tem paixão pela escrita não deveria ensinar a escrever. É preciso que sua fala transmita uma verdade que vem de dentro, nunca de fora.

José da Silva Tormentas

José da Silva Tormentas começa o comentário deixando bem clara a sua avaliação do livro de Daniel Pennac, *Como um romance*, ao dizer que todo professor deveria lê-lo. A seguir, ele nos dá a ficha técnica do livro: edição, editora, ano de publicação.

José da Silva, ao fazer antecipadamente uma avaliação positiva do livro, terá agora que justificá-la. E é o que veremos nos parágrafos seguintes.

No segundo parágrafo, tomamos conhecimento da tese defendida por Pennac: jamais obrigar uma criança ou jovem a ler. O comentarista deixa claro que também comunga dessa ideia, quando diz que essa obrigação tem gerado efeitos desastrosos, pois mais afasta que aproxima o jovem da leitura.

No terceiro parágrafo, Silva Tormentas ressalta uma das causas por que a criança, à medida que o tempo passa, vai se afastando dos livros. Repercutindo Pennac, ele nos diz que a culpa é da escola, porque transforma a leitura numa obrigação.

O quarto e quinto parágrafos mostram que a solução para o problema está no professor, que deve ser um incentivador, jamais um cobrador de leituras. José da Silva ilustra esse ponto de vista recorrendo a um exemplo dado por Pennac, ao relembrar a estratégia de um professor que teve na adolescência: em vez de obrigar os alunos a ler, ele lia para eles com toda paixão os livros que achava importantes.

> **PROPOSTA DE REDAÇÃO**
>
> Comente um livro, um filme, uma peça teatral ou qualquer outro evento a que você tenha assistido.

Ao chegarmos à conclusão do texto, vemos que o entusiasmo inicial de Tormentas se justifica. Ele partilha o tempo todo das mesmas ideias de Daniel Pennac, que vão na contramão de tudo que faz a escola, ao obrigar os jovens a ler.

5. Carta do leitor

Se você lê jornais e revistas, já deve ter visto que todos eles têm uma seção dedicada às cartas dos leitores. Nela, qualquer um pode ser manifestar sobre alguma reportagem, artigo, entrevista, e dar sua opinião, com base em argumentos que mostrem sua concordância ou discordância diante do que foi veiculado.

A carta deve ser sempre bem sintética devido ao espaço que lhe é reservado. O jornal ou revista se dá o direito de publicá-la na íntegra ou apenas um determinado trecho. Sua estrutura é a mesma da carta argumentativa: nome do local de onde o missivista escreve, data, vocativo, corpo do texto, saudação de despedida e assinatura.

Damos, a seguir, um exemplo de carta comentando o caso Tiririca.

Lendo os textos

Santa Luzia do Céu, 12 de novembro de 2010.

Senhor Editor:

Dizem que o brasileiro é dado à galhofa, mas toda galhofa traz uma verdade subentendida. O fato de Tiririca ter sido o candidato a deputado federal mais votado não pode ser tomado como uma simples leviandade de mais de um milhão de eleitores.

Creio que há nessa escolha um grande desencanto com o mundo político. No Congresso são muitos os que têm curso superior e o que vemos diariamente nos jornais e na TV não é nada animador: falta de decoro parlamentar, dinheiro transportado de tudo que é jeito, votações tumultuadas, em que ninguém ouve ninguém. Resolver mesmo os problemas do país parece algo fora de cogitação. Cada um vota de acordo com seus interesses, esquecendo completamente para que foram eleitos.

Não é de espantar, pois, que um semianalfabeto tenha tido votação tão expressiva. Sua eleição traz um recado implícito dos eleitores: se os diplomados fazem o que fazem, vamos ver o que pode fazer um semianalfabeto. E, além do mais, como qualquer brasileiro, ele podia se candidatar ao cargo que bem entendesse. Votou nele quem quis. Ninguém foi obrigado.

O que me espanta mesmo é que sua votação não tenha sido maior, porque, da forma como somos tratados pelos que estão lá no poder, ele é o nosso legítimo representante.

Atenciosamente,
José da Silva Tormentas

No primeiro parágrafo, José da Silva Tormentas expõe com muita clareza e objetividade sua opinião. Ele acha que a eleição de Tiririca não pode ser resumida a uma simples brincadeira dos eleitores. O restante da carta deverá, então, justificar esse seu ponto de vista.

No segundo parágrafo, Tormentas nos apresenta seu primeiro argumento. Ele diz que o voto no palhaço foi fruto do desencanto do povo com os políticos em geral, pois ter um diploma não significa estar preparado para resolver os problemas do país.

No terceiro parágrafo, ele argumenta que nada proíbe um semianalfabeto se candidatar e que Tiririca exerceu um direito que lhe é concedido. Quem votou nele votou por livre e espontânea vontade. Portanto, não dá para condenar sua eleição só pelo fato de ele ser um palhaço.

Ao concluir a carta, Silva Tormentas usa da ironia, ao dizer que o número de votos em Tiririca poderia até ter sido maior, por ele encarnar um papel com o qual nos identificamos, sempre que a classe política age apenas em função de seus interesses.

> **PROPOSTA DE REDAÇÃO**
>
> Faça uma carta a um jornal comentando o caso Tiririca.

6. Resenha

A resenha é um gênero textual que também faz parte do campo da argumentação. Ela vai além do simples comentário, pois exige do redator uma análise mais minuciosa e técnica do objeto a ser resenhado.

A resenha pode ser descritiva ou crítica. A descritiva consiste na elaboração do resumo de determinado livro, isento de qualquer julgamento. Seu objetivo é informar o leitor da metodologia, dos resultados e conclusões a que chegou o autor. É o que podemos chamar de resumo, trabalho muito solicitado nos cursos universitários.

Já a resenha crítica, como diz o próprio nome, além de falar do conteúdo do objeto a ser analisado, apresenta ao final um juízo crítico. É desse tipo de resenha que vamos tratar aqui, especificamente da literária, aquela que estamos acostumados a ler nos jornais, revistas e em alguns *blogs*.

Para ser um bom resenhista é preciso, antes de tudo, ser um bom leitor e conhecedor da área em que atua. Uma boa resenha pode nos fazer sair correndo para comprar um livro, um CD, ver um filme ou, o seu oposto, ficar indiferentes a eles. Por isso, é preciso ter muito cuidado com a sua crítica, sobretudo se ela for feita para ser publicada. Fundamente muito bem o seu ponto de vista para fugir do puro impressionismo. Você precisa demonstrar que tem um bom lastro cultural, capaz de passar ao leitor uma opinião segura, abalizada, longe do simples gostei/não gostei.

A resenha literária

Ao resenhar um livro, observe sempre os seguintes passos:

> **OLHO VIVO!**
>
> Livro mal lido, resenha mal elaborada.

1. **Leia o livro por inteiro e anote tudo o que lhe chamar a atenção:** tema, personagens, tempo, espaço, relação com outros livros do autor e outros autores.

> **OLHO VIVO!**
> O importante é que você dê uma opinião segura e bem fundamentada sobre o objeto analisado para que leitor acredite nela. E ele só acreditará se você tiver sido verdadeiro em sua argumentação.

2. **Identifique a obra:** título, autor, ano de publicação, número de páginas, editora. Jornais e revistas costumam informar também o preço, mas não é obrigatório. Se for um livro traduzido, é importante colocar o nome do tradutor.
3. **Na introdução, fale sucintamente do autor e do conteúdo do livro.** Não é preciso contar detalhadamente a história, no caso de um romance ou novela. Se for um livro de contos, escolha os mais representativos para dar uma ideia do universo que o leitor vai encontrar.
4. Dê **atenção à forma como o livro está estruturado:** capítulos, foco narrativo, personagens, tempo, espaço. Se a parte física chamar a atenção, fale também dela: capa, contracapa, ilustrações etc.
5. **Detenha-se na análise do que for mais importante** para o leitor ter uma visão ampla da obra, destacando pontos fortes e fracos. Nesse momento você precisa demonstrar ter bons conhecimentos de literatura para situá-la no contexto e dizer se ela acrescenta algo à série literária a que pertence.
6. **Selecione pequenos trechos do livro** para ilustrar sua argumentação.
7. **Use uma linguagem clara e objetiva.** O tempo verbal predominante deve ser o presente do indicativo.
8. Você pode **escrever na primeira ou na terceira do singular.**
9. Na conclusão, **recomende ou não a leitura da obra.**
10. **Dê sempre à sua resenha um título sugestivo,** capaz de chamar a atenção do leitor.
11. **Assine e coloque sua qualificação.** Ex.: José da Silva, escritor.
12. Não se esqueça de que **uma resenha deve girar em torno de 5 000 caracteres.**

A culpa é do livro
Gabriel Gómez
Design Editora
108 págs.

Lendo o texto

Narrativas afluentes

Uma das qualidades evidentes de *A culpa é do livro*, de Gabriel Gómez, é, sem dúvida, a de privilegiar o ato da leitura como formador ou, em alguma medida, deformador da identidade dos mais diversos leitores que protagonizam suas dez curtas narrativas. Para usar um termo do apresentador da obra, trata-se, enfim, de um exemplo magnânimo de "livrocentrismo", em que a erudição bibliófila do autor salta aos olhos. De fato, há uma remissão constante a todo tipo de culto às grandes bibliotecas (Alexandria, Babel) como espaços sagrados, num ato de fiel devoção ao grande argentino Jorge Luis Borges, a quem toda reverência é pouca.

Por esse viés, é uma obra bem inserida no contexto da literatura contemporânea, que elege como central a reflexão de cunho metaliterário, em que o ficcional é matéria-prima de diálogos intertextuais. Nesse caso, a literatura volta-se para si mesma, como se estivesse sempre diante de espelhos curiosos em inquieta indagação.

Não é à toa, pois, que o jogo espectral borgiano norteie boa parte do sumo desses contos, como se evidencia em "Um clássico", em que o protagonista, numa viagem de ônibus, lê concentradamente um livro, quando a seu lado senta-se uma mulher que lhe desperta a curiosidade pelo fato de estar, também ela, lendo em silêncio. Não se conhecem os títulos dos respectivos livros, mas o fio da narrativa se sustenta, exatamente, na dúvida que se instaura, a partir do instante em que se quer descobrir que livro seria aquele que a personagem feminina lia. Duplos anônimos que se projetam, espelhos que se duplicam, eu e o outro, imagens espectrais de um único ser que, mesmo sendo um só, jamais é único...

Da mesma forma é sempre em atitude reverencial ao livro, temos o instigante "O bilhete perdido", em que um ávido leitor desespera-se à procura de um bilhete que ele mesmo teria escrito e deixado dentro de algum volume, do qual não se recorda. A lenta busca que o faz folhear as páginas aleatoriamente, na bela metáfora da viagem da leitura, em meio às "dobras da memória", acaba por conduzi-lo a Dante, ao tomo do Paraíso, em que Beatriz salva o poeta, no reino do além-mundo. Nesse instante, a narrativa se precipita, pois o bilhete que surge, contrariamente às páginas salvíficas do livro em que estaria guardado, reporta ao abismo, à perda da amada que, aos poucos, revelar-se-á ter sido assassinada pelo próprio narrador. O contraste aqui é o da sutileza entre o discurso que se articula, num primeiro momento, nesse folhear das páginas equiparado ao folhear lembranças, na chave livro-memória, ficção-vida, para, ao final, gerar a vertigem da queda na realidade. Talvez como se o bilhete encontrado, caindo de dentro das páginas do Paraíso dantesco, fizesse acordar o protagonista leitor de seu mundo diáfano de leituras para um susto, num processo de reversão, em que a névoa do sonho – preservada dentro do livro – se depara com o muro da realidade:

> *Finalmente, caiu um pequeno bilhete do tomo onde Dante Alighieri canta sua Beatriz em várias línguas. No verso da carta rasgada de despedida, que ela tinha escrito e pensava em me deixar quando a surpreendi, permaneciam, ainda incólumes pelo tempo, algumas gotas de sangue que haviam respingado de sua garganta recém-perfumada...*

Em todas as situações narrativas, de certa forma, o livro é o pretexto e o texto ao redor do qual transitam seres embriagados, ao limite do fetiche, por seu cheiro, seu encanto, que quase sempre leva ao desencanto ou – quixotescamente – à loucura.

Há que se notar, também, como elogiáveis as belas epígrafes, escolhidas, a dedo, pela vasta erudição de um autor, que quer se fazer conhecer por um pertencimento à clássica tradição dos que se assumem como legatários ou interlocutores privilegiados dos grandes nomes da literatura.

Porém, talvez aí é que haja alguns aspectos a discutir no constructo geral da obra. Muitas vezes, por esse excesso de citações e de uma hipervalorização do tom ensaístico de quem conhece profundamente as teorias intertextuais da literatura é que a diegese parece se tornar, um tanto quanto, rarefeita. Em outros termos, o eixo de tensão, que normalmente encontramos nos bons contistas, aqui, em boa parte, dilui-se, em detrimento da necessidade verborrágica de reverenciar o tom áulico dos cânones literários.

Para mencionar dois dos grandes autores citados pelo próprio autor, Ricardo Piglia e Edgar Allan Poe, talvez valesse a pena retomar algumas de suas lições teóricas primordiais. De fato, para o primeiro, em "O laboratório do escritor", haveria um caráter duplo (excisão) na estrutura formal de todo conto, uma vez que uma história secreta subjaz à outra que se explicita.

Para o segundo, o bom conto precisaria se articular na teoria do efeito único, privilegiando um movimento interno de significação, a fim de que tudo se precipite em função de um desígnio preestabelecido.

Seja pela explicitação dos andaimes da construção de alguns desses enredos, em que a história aparente ganha muita força, enfraquecendo a secreta; seja por um certo descompasso entre o ritmo do andamento inicial e a precipitação final, que diminui a tensão, algumas narrativas, ainda que elegendo temas criativos, perdem o fôlego.

Uma obra coerente com o que Borges teria afirmado em certa entrevista, ao mencionar que deixava aos outros que se vangloriassem dos livros que haviam escrito, enquanto a sua glória, diversamente, residiria nos livros que ele havia lido.

Culpados ou inocentes, livros, leitores e o universo da leitura de Gabriel Gómez roubam totalmente a cena. Às vezes, porém, de modo tão veemente, que nos fazem perder de foco a singeleza despretensiosa de histórias que se narram leves, como águas de riachos, e que, por serem afluentes, nem por isso deixam de ter o brilho dos rios caudalosos e principais.

MARTIRANI, Maria Célia. *Rascunho*, Curitiba, dez. 2010. p. 6.

****

Maria Célia Martirani analisa em sua resenha o livro de contos de Gabriel Gómez, *A culpa é do livro*, publicado pela editora Design e que tem 108 páginas.

Na introdução, ela põe logo em evidência uma das qualidades da obra, que é a de "privilegiar o ato de leitura como formador ou, em alguma medida, deformador da identidade dos mais diversos leitores". Informa-nos que o livro traz dez curtas narrativas e está inserido no contexto contemporâneo por seu viés metaliterário. A alusão ao escritor argentino Jorge Luis Borges filia o autor a uma linhagem de escritores de alta sofisticação literária, que exigem um leitor bem preparado.

Nos parágrafos seguintes (do 3 ao 5), Maria Célia fala especificamente dos contos e do "jogo espectral borgiano" que norteia a maior parte deles. Escolhe como representativos apenas dois: "Um clássico" e "O bilhete". Observe que ela tece os comentários à medida que expõe o conteúdo de cada um deles, tornando, assim, a leitura clara e fluente. Como ilustração, usa um fragmento de um dos contos analisados.

No sexto parágrafo, ela dá atenção às epígrafes usadas pelo autor e fala mais uma vez do grande conhecimento da literatura que ele demonstra ter. Mas é esse mesmo excesso de conhecimentos que concorre para certo enfraquecimento da obra, pois a interferência das citações e o tom ensaístico quebram a tensão narrativa tão importante para a realização do conto.

O sétimo parágrafo começa com uma adversativa (porém), que orienta a argumentação para outro caminho, diferente daquele trilhado até agora. É nesse momento que começa a crítica propriamente dita do livro. Martirani demonstra conhecer bem o campo que examina, ao falar de dois grandes teóricos e também grandes contistas, Ricardo Piglia e Edgar Allan Poe, cujas lições poderiam ter ajudado Gabriel Gómez a manter a tensão narrativa, o ponto fraco que ela detectou em suas histórias. Daí até o final da resenha, ela se atém a explicações técnicas do conto, que lhe darão o embasamento teórico necessário para chegar a uma opinião segura.

Na conclusão, apesar dos senões encontrados, Maria Célia não deixa de recomendar a leitura do livro de Garcia Gómez, sobretudo por causa de sua linguagem, que ela compara a "águas de riacho que, por serem afluentes, nem por isso deixam de ter o brilho dos rios caudalosos e principais", fazendo-nos entender, então, o título de sua resenha.

****

> **PROPOSTA DE REDAÇÃO**
>
> Escolha um dos livros de nossa lista de **Sugestões de leitura** e faça uma resenha sobre ele.

Parte 4

Ler para criar

Nesta parte, chamada de "Ler para criar", mostramos como é possível ser criativo na abordagem de qualquer tema se ativarmos nossos conhecimentos. Para isso, selecionamos textos que poderão instigar sua imaginação, a fim de que você se sinta motivado a escrever também de forma original. Fornecemos algumas pistas para que você pesquise e produza textos sempre com prazer.

Sabemos que nosso ensino não estimula muito a imaginação do aluno. Daí, no vestibular, o corretor deparar com um sem-número de redações padronizadas, sempre iguais, monótonas, sem nenhuma criatividade.

Para nos destacarmos em algum setor na vida, precisamos de originalidade. Com a redação não é diferente. Como então chegar a criar de uma forma que só você será capaz? Primeiro, desenvolvendo um estilo próprio. Depois, apelando para o saber que você acumulou durante seus anos de escola. É isso o que nos diferencia uns dos outros na hora de escrever. Uns gostam de Biologia, outros de História, outros ainda de Literatura, e por aí afora. O importante é que você descubra por que caminhos andar para deixar sua marca pessoal.

Como foi dito no texto de abertura desta parte, vamos mostrar a partir de agora como você pode alcançar um desempenho textual superior aplicando a criatividade e a imaginação nos textos que redigir. Você vai perceber ainda, ao longo destas lições, que esse bom rendimento em textos de diversos gêneros, como redações de vestibular, contos e crônicas, depende de um detalhe importante: a ativação de seus conhecimentos prévios sobre os mais diversos temas que fazem parte de nosso dia a dia.

Textos criativos

1. Texto fundado na mitologia

Mercúrio, de pés alados, leve e aéreo, hábil e ágil, flexível e desenvolto, estabelece as relações entre os deuses e entre os deuses e os homens, entre as leis universais e os casos particulares, entre as forças da natureza e as formas de cultura, entre todos os objetos do mundo e todos os seres pensantes. Que patrono melhor poderia escolher para o meu projeto literário?

Na sabedoria antiga, na qual microcosmo e macrocosmo se refletem nas correspondências entre psicologia e astrologia, entre humores, temperamentos, planetas, constelações, as leis que regem Mercúrio são as mais instáveis e oscilantes. Mas segundo a opinião mais difundida, o temperamento influenciado por Mercúrio (de inclinação para as trocas, o comércio e a destreza) contrapõe-se ao temperamento influenciado por Saturno (tendente ao melancólico, ao solitário, ao contemplativo).

Os antigos nos ensinam que o temperamento saturnino é próprio dos artistas, dos poetas, dos pensadores, e essa caracterização me parece correta. É certo que a literatura jamais teria existido se uma boa parte dos seres humanos não fosse inclinada a uma forte introversão, a um descontentamento com o mundo tal como ele é, a um esquecer-se das horas e dos dias fixando um olhar sobre a imobilidade das palavras mudas. Meu caráter apresenta sem dúvida os traços tradicionais da categoria a que pertenço: sempre permaneci um saturnino, por mais diversas que fossem as máscaras que procurasse usar. Minha veneração por Mercúrio talvez não passe de uma aspiração, um querer ser: sou um saturnino que sonha ser mercurial, e tudo o que escrevo se ressente dessas duas influências.

Mas se Saturno-Cronos exercita seu poder sobre mim, por outro lado é verdade que nunca foi uma divindade de minha devoção: nunca senti por ele outro sentimento que um respeitoso temor. Há outro deus, contudo, que apresenta com Saturno vínculos de afinidade e parentesco, ao qual me sinto muito afeiçoado – um deus que não goza de tanto prestígio astrológico e portanto psicológico, não figurando como titular de um dos sete planetas do céu dos antigos, mas goza todavia de grande fortuna literária desde os tempos de Homero: falo de Vulcano-Hefaísto, deus que não vagueia no espaço mas que se entoca no fundo das crateras, fechado em sua forja onde fabrica interminavelmente objetos de perfeito lavor em todos os detalhes – joias e ornamentos para os deuses e as deusas, armas, escudos, redes e armadilhas. Vulcano, que contrapõe ao voo aéreo de Mercúrio a andadura descontínua de seu passo claudicante e o cadenciado bater de seu martelo.

CALVINO, Italo. *Seis propostas para o próximo milênio: lições americanas.*
Trad. Ivo Barroso. São Paulo: Companhia das Letras, 1988. p. 64-5.

Italo Calvino, um dos mais criativos escritores da literatura italiana do final do século passado, recorreu à mitologia para explicar seu projeto literário e fala de três deuses: Mercúrio, Saturno e Vulcano. A mitologia é fonte inesgotável de ideias e enriquece muito um texto.

> O **mito** foi a primeira fonte de explicações que o homem encontrou ao se ver diante dos enigmas do universo. Procure ler a *Ilíada* e a *Odisseia*, de Homero, pois são livros imprescindíveis para nossa formação cultural. Tenha também um bom dicionário de mitologia clássica a seu lado e leia-o sempre que tiver um tempo disponível.

Eis alguns mitos, apresentados em ordem alfabética, que você poderá usar em seus trabalhos de redação desde que o tema o permita:

- **Besta do Apocalipse** – animal fabuloso descrito por São João no *Apocalipse*. Anticristo.

- **Cabeça de Medusa** – Medusa (uma das três górgonas, personagens mitológicas) transformava em pedra quem quer que olhasse diretamente para ela. É representada com um rosto hediondo, olhar feroz e os cabelos cheios de serpentes e fitas. Foi Perseu quem a destruiu, cortando-lhe a cabeça.

- **Caixa de Pandora** – Pandora, a primeira mulher, segundo a mitologia grega, feita de barro por Zeus. A ela foi dada uma caixa que, ao ser aberta, deixou escapar todos os males que, desde então, afligem a humanidade. Apressadamente, ela a fechou, mas só a tempo de prender a esperança para que a vida do homem não ficasse tão árida.

- **Fio de Ariadne** – Ariadne forneceu a Teseu o fio para ele escapar do labirinto onde estava o Minotauro.

- **A hidra de Lerna** – serpente aquática e venenosa que vivia nos pântanos de Lerna, perto de Argos. Tinha numerosas cabeças, de forma que, quando lhe cortavam uma, outras nasciam.

- **Leito de Procusto** – Procusto costumava pôr os viajantes que assaltava num leito em que eles tinham de caber perfeitamente. Se fossem maiores que o leito, ele lhes cortava as pernas; se fossem menores que o leito, esticava-as.

- **Olhos de Argos** – Argos era um pastor dotado de olhos em todo o corpo. Ter olhos de Argos significa estar vigilante o tempo todo.

- **Pomo da discórdia** – qualquer elemento que cause uma guerra, uma disputa.

- **Suplício de Tântalo** – Tântalo foi condenado ao Hades (reino dos mortos) para morrer de fome e sede. Sempre que se aproximava do lago para beber, a água se afastava. Sempre que se aproximava dos frutos de uma árvore, o vento soprava nos galhos e os tirava de seu alcance.

- **Tonel das danaides** – significa trabalho inútil, sem fim. As danaides eram filhas de Dânaos. Elas assassinaram seus maridos e seu castigo no Hades foi encher continuamente tonéis furados.

- **Trabalho de Sísifo** – Sísifo, rei lendário de Corinto, muito astucioso. Por causa de suas espertezas, e uma delas foi aprisionar a morte, fora condenado por Zeus a rolar eternamente uma pedra até o alto de uma montanha, que, ao chegar lá, deslizava ladeira abaixo, num trabalho sem fim.

Outros mitos

- **Afrodite** – deusa grega do amor e da sensualidade. Identificada com Vênus entre os romanos.
- **Apolo** – deus grego, também chamado de Febo, o Sol. Representa a beleza masculina.
- **Cronos** – Saturno, na mitologia romana. Segundo a lenda, ao saber que um de seus filhos o destronaria, passou a devorá-los assim que nasciam.
- **Diana** – deusa latina, identificada com Ártemis na Grécia. Originariamente encarna o espírito dos bosques e da natureza selvagem.
- **Hades** – o reino dos mortos. Era separado do reino dos vivos por um dos rios – o Stix ou o Aqueronte. O barqueiro que levava os mortos para o outro lado chamava-se Caronte. Cérbero era o cão-de-guarda que não deixava nenhum condenado escapar.
- **Hefaístos** – deus grego do fogo e dos ofícios que lidam com esse elemento. Era o deus dos ferreiros e, além de fabricar raios, também fabricava escudos, como o de Aquiles. Os romanos o identificavam com Vulcano.
- **Marte** – deus romano, associado principalmente à guerra. Seu correspondente na Grécia é Ares.
- **Medeia** – personagem da tragédia de Eurípides. Foi abandonada por Jasão. Como vingança, matou os dois filhos que tivera com ele.
- **Mercúrio** – deus romano do comércio. Corresponde a Hermes na Grécia.
- **Minerva** – divindade romana, identificada na Grécia com Palas Atena. Deusa da guerra, dos trabalhos manuais e da sabedoria.
- **Morfeu** – deus dos sonhos e, por extensão, do sono.
- **Narciso** – filho de um deus fluvial, Céfiso, e da ninfa Leiríope. Por ter repelido o amor de Eco, foi punido por Afrodite a enamorar-se de sua própria imagem refletida nas águas de uma fonte. De tanto contemplar sua bela imagem, chega ao desespero e à morte.
- **Orfeu** – poeta lendário pré-homérico. Tocava lira tão bem que até as feras se acalmavam.
- **As Parcas** – são as filhas da Noite, que decidiam o destino dos homens. Eram três: Cloto, Láquesis e Átropos. Eram representadas como mulheres idosas que fiavam sem parar. Cloto segurava a roca; Láquesis puxava o fio; e Átropos cortava-o.
- **Prometeu** – foi ele quem roubou o fogo do céu (da forja de Hefaístos) e o entregou aos homens, aos quais ensinou várias artes. Foi castigado por Zeus, que mandou acorrentá-lo ao monte Cáucaso, onde uma águia vinha todo dia devorar-lhe o fígado.
- **Zeus** – era o filho mais novo de Cronos, a quem destronou e o substituiu no poder. É o deus dos deuses, aquele que regula as leis do universo, o destino das criaturas. Seu poder só é limitado pelo Destino. Corresponde a Júpiter na mitologia romana.

> **OLHO VIVO!**
> Em *Hamlet*, William Shakespeare exibe seu repertório de referências mitológicas gregas para expressar toda a indignação do Príncipe da Dinamarca, inconformado com o rápido casamento de sua mãe com o tio, mesmo após a trágica e suspeita morte do Rei, pai dedicado de Hamlet. Repare que Shakespeare conferiu a seu texto muito mais criatividade e originalidade com o recurso da comparação com diversos personagens míticos.
>
> Morto há apenas dois meses! Não, nem tanto. Nem dois.
> Um rei tão excelente. Compará-lo com este
> É comparar **Hipérion**, Deus do sol,
> Com um **sátiro** lascivo. Tão terno com minha mãe
> Que não deixava que um vento mais rude lhe roçasse o rosto.
> Céu e terra! É preciso lembrar?
> Ela se agarrava a ele como se seu desejo crescesse
> Com o que o nutria. E, contudo, um mês depois...
> É melhor não pensar! Fragilidade, teu nome é mulher!
> Um pequeno mês, antes mesmo que gastasse
> As sandálias com que acompanhou o corpo de meu pai,
> Como **Níobe**, chorando pelos filhos, ela, ela própria –
> Ó Deus! Uma fera, a quem falta o sentido da razão,
> Teria chorado um pouco mais – ela casou com meu tio,
> O irmão de meu pai, mas tão parecido com ele
> Como eu com **Hércules**! Antes de um mês!
> Antes que o sal daquelas lágrimas hipócritas
> Deixasse de abrasar seus olhos inflamados,
> Ela casou.
>
> Disponível em: <http://www.encontrosdedramaturgia.com.br/wp-content/uploads/2010/10/Shakespeare-HAMLET-Tradu%C3%A7%C3%A3o-Mill%C3%B4r-Fernandes.pdf>. Acesso em: 8 mar. 2011. (Destaques aplicados para fins didáticos.)
>
> **Hipérion** é um dos deuses gregos primitivos ligados à origem do mundo. **Sátiros** eram semideuses libidinosos que habitavam os bosques. **Níobe** teve todos os seus catorze filhos assassinados por se mostrar mais capaz que a deusa Letó, cuja prole não passava de dois filhos, Apolo e Ártemis. **Hércules** era o poderoso semideus filho de Zeus com uma mortal, Alcmena. Famoso por seus 12 trabalhos, Hércules é considerado o mais forte dos heróis gregos.

> **PRATIQUE**
>
> Desenvolva o tema a seguir, usando o mito de Pandora na introdução.
>
> *"Brasileiro, profissão esperança"* (UFBA)

2. Texto fundado numa comparação

Múltipla escolha

Escrevi no meu mais recente livro que a vida é como um teatro, nós somos os roteiristas, iluminadores, personagens, faxineiros, plateia, os que desenham cenários e vendem entradas. (Às vezes, vendemos a alma.)

O primeiro grande personagem, senhor absoluto, é o tempo, correndo entre bastidores ou poltronas como um *hamster* em permanente agitação. Corre daqui, corre dali, às vezes um tapa com a patinha, e um de nós cai do palco, quebra a perna, quebra a cara, perde a vida.

Alguma coisa maior que nós dita a parte que nos escapa: o inesperado e imprevisível, o cruel ou o bondoso que nos acontece e nos posta de um lado ou outro do palco, assumindo este ou aquele papel, esquecendo falas, trocando personagens, vestindo a roupa errada, ou acertando lindamente até sem querer. São os momentos felizes, em que podemos tirar a máscara e dizer ao espelho ou aos espectadores: este sou eu. E alguém vai nos amar assim como somos ou pensamos ser.

É muito rica a vida nesse teatro. Nós nos fantasiamos no camarim, choramos nos bastidores, espiamos atrás das cortinas, recitamos nossas falas. Um ponto desconhecido sopra palavras e dita silêncios, quando somos muito distraídos. Frequentemente nos distraímos, pois há uma luz intensa que vem de cima, uma escuridão de segredos escancarada embaixo. E todos esses rostos, conosco no palco ou na plateia, nos chamam, nos interrogam, quem é você, o que faz aí plantado ou se agitando o tempo todo? Às vezes estabelecemos diálogos: abrem-se círculos de claridade, de amor, de amizade, de alegria. A gente ri, bate palmas, sente-se acolhido e reconfortado. Ou alguém nos coloca sozinhos na boca de cena, sem roteiro algum, e agora, e agora, o que fazer, o que dizer?

A vida como um teatro nunca é tediosa, se sabemos enxergar: ali tudo nos seduz, nos joga fora, nos chama de volta, nos leva aos consultórios dos terapeutas ou aos braços dos amantes, ou nos transforma em personagens de ficção complicada. Mas no fundo a gente sabe: "Eu sou isso" ou "Eu sou esse não saber direito coisa alguma, mas vou em frente, e me esforço, e luto, e me entrego, e sou terno ou zangado, sou absurdo, mas esta é a minha vida, e estas são as minhas decisões. Algumas delas".

O cenário de papelão pintado é desenhado por mim ou pelos meus fantasmas, ou ainda pelos meus parceiros de aventura: quase sempre há nele algumas portas. Muitas portas. Por trás delas, mais portas: e só quando eu abro alguma delas é que se desenham atrás, com minha ajuda, a sala, o quarto, o corredor (com mais portas), a janela, o pátio, quem sabe um portãozinho que leva a muitos caminhos. É a minha existência. Que porta vou abrir? O que vou desenhar além dela? Que pessoas vou instalar aí, que objetos, que futuros? Que passado quero guardar ou permitir que seja passado?

Assim somos heróis, guerreiros, realizadores, fracassados, condenados, conduzidos ou criadores. Mesmo quando temos de recolher papéis usados no chão da plateia ou costurar a bainha de um traje no camarim, podemos ser reis ou rainhas. Basta parar de vez em quando, para pensar, e decidir até onde se pode decidir: "Sim, eu assumo esse papel". "Sim, eu não digo essa fala." "Sim, eu vou abrir aquela porta, e enfrentar o que vem depois dela." Ou: "Não, eu não quero. Vou me enrolar na cortina e fechar os olhos enquanto o ratinho do tempo continua correndo, corre daqui, corre dali. Não quero ser herói: posso ser apenas humano".

Não precisamos ser unicamente bonecos. Podemos ser também aqueles que inventam os bonecos, manejam suas cordinhas, escrevem e dizem as falas, e conseguem ser ao mesmo tempo magníficos, inocentes, fortes, solidários, pobrezinhos, desamparados, desesperados, desiludidos ou melancólicos. Pois a dor e o pranto fazem parte da vida, e sentir que afinal nossas atitudes foram as que pudemos tomar significa que não nos deixamos sempre enganar e conduzir feito manada. Essa é a nossa vida, a nossa múltipla escolha, até o último instante – se tivermos fervor e audácia, ou lucidez.

LUFT, Lya. *Veja*, 7 jul. 2010, p. 24.

Lya Luft, logo na frase de abertura, escreve que "a vida é como um teatro". Essa comparação motivará todo o vocabulário do texto, que gira em torno de: roteirista, iluminadores, personagens, faxineiros, plateia, palco, falas, papel, espectadores, máscara, camarim, bastidores, cortinas, o ponto, diálogos, palmas, roteiro, cenário de papelão, heróis, guerreiros, realizadores, bonecos.

A riqueza vocabular é enorme e essas palavras formam um todo coerente. Além de tornar o texto mais vivo, Lya Luft, presa à sua comparação inicial, não se afasta momento algum do tema que desenvolveu.

> **PRATIQUE**
>
> Escreva um texto sobre o tema da violência em nossos dias, recorrendo a uma comparação.

3. Texto fundado numa metáfora

Além da comparação, você também pode escrever um texto a partir de uma metáfora, como faz Machado de Assis numa célebre passagem de *Dom Casmurro*:

> A vida é uma ópera e uma grande ópera. O tenor e o barítono lutam pelo soprano, em presença do baixo e dos comprimários, quando não são o soprano e o contralto que lutam pelo tenor, em presença do mesmo baixo e dos mesmos comprimários. Há coros numerosos, muitos bailados, e a orquestração é excelente...

ASSIS, Machado de. *Dom Casmurro*. Porto Alegre: L&PM, 1997. p. 24.

A metáfora é uma figura de linguagem em que duas palavras se aproximam porque entre elas se estabelece uma relação de semelhança. Difere da comparação porque dispensa o uso da partícula **como** ou de locuções como **igual a, semelhante a**.

A metáfora pode ser:

1. **Explícita** – o termo comparado (vida) e o comparante (ópera) aparecem claramente enunciados, como na frase de Machado: "A vida é uma ópera".
2. **Implícita** – o primeiro termo (o comparado) não aparece, apenas o segundo (o comparante).

OLHO VIVO!

Uma advertência: cuidado ao usar metáforas surradas, pois elas empobrecem qualquer texto. Jamais diga, por exemplo, que a vida de alguém é "um mar de rosas". Escrever bem implica abandonar clichês.

Exemplo:

O grilo / com as suas *frágeis britadeiras de vidro* / perfura / as implacáveis solidões noturnas.

QUINTANA, Mário. *Antologia poética.*
Porto Alegre: L&PM, 1997. p. 52.

Cabe ao leitor refazer a metáfora: o canto do grilo é igual a **frágeis britadeiras noturnas.**

Leia o texto que segue:

Pau de sebo

Já vi muita coisa neste mundo, mas nunca assisti pessoalmente a um pau de sebo de verdade, uma brincadeira que me parece caipira e que alegra as festas do povo em geral. Mas sei do que se trata. Aparecem os candidatos a um prêmio colocado no topo de um mastro de madeira ensebada com graxa ou outro deslizante qualquer. Todos tentam subir para ficar de posse do prêmio colocado no topo – uma galinha, uma cesta de ovos, uma garrafa de cachaça, um chapéu de couro.

Como já disse, nunca vi um pau de sebo ortodoxo. Sei que é um dos sucessos em qualquer evento rural, os pretendentes se esbofam, agarrados com pernas, mãos e dentes ao poste, mas sempre escorregam e quase nunca chegam lá.

Em todo caso, não tenho motivos para me queixar. Conheço outro tipo de pau de sebo, por sinal, bem mais divertido, tendo no topo, em vez de uma galinha ou um chapéu de couro, um ministério, uma estatal, uma comissão mista, uma embaixada, uma diretoria de verba farta.

São muitos os candidatos que se agarram ao poste ensebado, uns sobem, outros descem, não desanimam, tentam outra vez alcançar a prenda lá em cima. Enquanto houver galinha, cesta de ovos ou cargo de qualquer escalão no próximo governo, não faltarão pretendentes dispostos a dar o vexame, a pagar o mico do sebo.

E, como nas festas caipiras, há torcedores que incentivam os candidatos (que, aliás, não precisam de incentivo), dão conselhos como vencer a viscosidade da graxa, como agarrar sem deslizar, subindo sempre, livrando-se dos rivais, até chegar à prenda cobiçada.

Que é divertido é. Mais do que a corrida de saco, o ovo na colher e outras brincadeiras ingênuas que animam as festas de prefeituras do interior ou de quermesses paroquiais.

CONY, Carlos Heitor. Pau de sebo.
Folha de S.Paulo, São Paulo, 11 nov. 2010. A2.

▶ **PRATIQUE**

Crie sua própria metáfora para "vida" e desenvolva um texto dissertativo-expositivo.

Carlos Heitor Cony primeiro descreve o pau de sebo, atração em toda festa de interior. Num segundo momento (terceiro parágrafo), ele transforma esse pau de sebo numa metáfora da luta pelo poder.

4. Alusão a um romance, um conto, um poema, um filme...

Quando lemos muito, as ideias nos acorrem com mais facilidade. Diante de determinado tema pode ser que nos lembremos de uma personagem de determinado romance, de um conto, de um poema. Isso ajuda muito nossa caneta a sair do estado de inércia.

Veja como um gênero tão pouco propício a efusões líricas, como o editorial, usou os versos de Mário de Andrade para fazer a introdução do tema a ser desenvolvido.

Sobre o Tietê

Como uma avenida engarrafada porque há mais carros do que sua capacidade de escoá-los, o Tietê não comporta a água que recebe. Mais de uma vez neste verão já transbordou o rio cantado por Mário de Andrade (1893-1945), que mencionava, em célebre poema, a água "turrona paulista, que sobe e se espraia, levando as auroras represadas para o peito dos sofrimentos dos homens".

Desde a década de 1980, o governo paulista tenta minorar o problema por meio do rebaixamento da calha do rio, da construção de piscinões e de medidas como a recuperação das várzeas e a criação de parques. Desnecessário dizer que o esforço foi insuficiente.

Depois de quase 20 anos, as obras de ampliação da calha ficaram prontas em 2006. A primeira etapa aumentou a profundidade e a largura do rio num percurso de 16 quilômetros. A segunda, entregue pelo governo tucano com a promessa de debelar as enchentes nas marginais, atingiu outros 24 quilômetros.

O problema é que a capacidade do Tietê, mesmo após essas intervenções, que consumiram quase R$ 2 bilhões, está aquém da quantidade de água que o rio recebe. Ainda que estivesse livre do acúmulo de lixo, terra e areia no leito – e não está –, o Tietê poderia escoar cerca de 1 100 m³ por segundo. De acordo com estimativa de um especialista, o volume que chega ao rio em época de chuvas é de cerca de 1 750 m³. A diferença transborda para as pistas construídas nas antigas várzeas.

A um custo de R$ 64 milhões, o governo retirou 1 milhão de metros cúbicos de material do Tietê em 2010 – 20% era lixo jogado pela população. Se o cronograma for mantido e se cumprida a promessa de dobrar esse volume durante os próximos dois anos, o rio estará desassoreado apenas em 2013.

Em 1998, um plano de macrodrenagem previu a construção de 134 piscinões até 2020, dos quais menos de 50 saíram do papel até agora. É pouco, apesar da capacidade de armazenar mais de 8 milhões de metros cúbicos de água – em torno de 50% do total previsto no plano. E, com a falta de terrenos disponíveis, o governo encontra obstáculos para instalar novos reservatórios.

Iniciativas como a lei municipal das "piscininhas" e a criação de parques são bem-vindas, mas representam apenas uma pequena parte da solução.

Para piorar o quadro, o plano de 13 anos atrás está superado. A expansão da região metropolitana de São Paulo levou a um aumento da impermeabilização do solo – o que se traduz em mais água correndo para o rio. Tenta-se, dessa forma, equacionar um problema de hoje com dados de ontem.

Por isso, o governo estadual abriu licitação para um novo plano de macrodrenagem. Mas deverá levar ao menos um ano e meio até que os estudos se concluam. Somente então será possível um diagnóstico preciso da situação e a elaboração de um projeto à altura das necessidades.

Até lá, resta ao paulistano torcer para que as chuvas sejam clementes e conviver com as enchentes, já tão conhecidas quanto o viaduto do Chá e o Anhangabaú.

Sobre o Tietê.
Folha de S.Paulo, 30 jan. 2011. A2.

Você pode fazer o mesmo quando escrever qualquer tipo de texto. Referências literárias são sempre enriquecedoras. Leia os grandes poetas, como Drummond, Manuel Bandeira, Cecília Meireles, Ferreira Gullar e tantos outros mais para tornar sua redação mais vibrante.

Contos e crônicas

Leremos agora textos pertencentes a dois gêneros literários que você poderá praticar se se sentir motivado para isso. Não importa que o vestibular lhe cobre apenas uma redação de 30 linhas. O importante é você começar a escrever sem compromisso com ninguém, apenas com você mesmo. Se só conseguir escrever um ou dois parágrafos, tudo bem, já é um bom começo.

Para instigar sua imaginação, fizemos uma pequena seleção de textos que poderão despertá-lo para a escrita criativa. Ao final de cada um deles haverá uma proposta de redação para você aproveitar a leitura que acabou de fazer.

Conto e crônica: qual a diferença?

A crônica é um gênero literário cujo significado primeiro foi o de relatar acontecimentos. Hoje ela está mais ligada ao jornalismo. Não há jornal que não tenha seu time de bons cronistas.

E o que um cronista faz? Geralmente comenta os acontecimentos mais marcantes da atualidade, fala de episódios da vida, faz reflexões sobre qualquer fato que lhe tenha chamado a atenção no seu dia a dia.

O bom cronista precisa ter uma linguagem viva, cheia de sutilezas, sempre em sintonia com o seu tempo. Deve escrever de forma simples, num tom bem próximo do leitor. Mesmo que explore o filosófico, não pode pesar a mão. A leveza deve ser uma de suas qualidades. Também pode recorrer ao humor, à ironia, ao lirismo.

A crônica traz sempre um novo ângulo interpretativo dos fatos, uma certa graça em sua abordagem. Seu espectro é muito amplo. Pode ir da descrição do estado de espírito do cronista naquele dia até a abordagem de assuntos mais complexos, como a política, a economia, a filosofia.

Existe um tipo de crônica chamada de ficção, que é muito parecida com o conto. Nela se conta uma história geralmente de fundo anedótico, algo ligeiro, que serve antes para ilustrar determinada situação do que para aprofundá-la.

Já o conto parte de um conflito de grande densidade, em que a psicologia das personagens apresenta uma complexidade bem maior do que as de uma crônica. Espaço e tempo também são trabalhados com mais intensidade e devem colaborar para o agravamento da tensão inicial. Todo bom conto deve se encaminhar para um desfecho capaz de surpreender o leitor.

Julio Cortázar, um dos maiores escritores argentinos do século passado, escreveu um texto fundamental sobre o conto, do qual extraímos o trecho que segue:

> Fotógrafos da qualidade de um Cartier-Bresson ou de um Brassaï definem sua arte como um aparente paradoxo: o de recortar certo fragmento da realidade, fixando-lhe determinados limites, mas de maneira tal que esse recorte opere como uma explosão que abra de par em par uma realidade muito mais ampla, como uma visão dinâmica que transcende espiritualmente o campo abarcado pela câmera. Enquanto no cinema, assim como no romance, a captação dessa realidade mais ampla e multiforme é obtida mediante o desenvolvimento de elementos parciais, cumulativos, que não excluem, naturalmente, uma síntese que dê o "clímax" da obra, numa fotografia ou num conto de grande qualidade se procede inversamente, isto é, o fotógrafo ou o contista se veem obrigados a escolher e limitar uma imagem ou um acontecimento que sejam *significativos*, que não apenas tenham valor em si mesmos, mas que sejam capazes de funcionar no espectador ou no leitor como uma espécie de *abertura*, de fermento que projeta a inteligência e a sensibilidade em direção a algo que chega muito mais longe do que o episódio visual ou literário contidos na foto ou no conto. Um escritor argentino muito amigo do boxe me dizia que, no combate que se dá entre um texto apaixonante e seu leitor, o romance sempre ganha por pontos, ao passo que o conto precisa ganhar por nocaute. Isto é verdade, porque o romance acumula progressivamente efeitos no leitor, enquanto um bom conto é incisivo, mordaz, sem quartel desde as primeiras frases.
>
> CORTÁZAR, Julio.
> Alguns aspectos do conto. In: *Obra crítica 2*. Org. Jaime Alazraki.
> Trad. Paulina Wacht e Ari Roitman. Rio de Janeiro: Civilização Brasileira, 1999. p. 351.

Há também quem confunda crônica com artigos jornalísticos, ensaios curtos, até mesmo com notícia. A grande diferença é que na crônica prevalece sempre o subjetivismo. Se você é um leitor do gênero, deve ter visto como um cronista difere de outro na abordagem do mesmo tema. Cada um o aborda de um jeito. Grandes cronistas marcaram nossa literatura, como Machado de Assis, João do Rio, Rubem Braga, Paulo Mendes Campos, Carlos Drummond de Andrade, Otto Lara Resende, e, atualmente, Ruy Castro, Carlos Heitor Cony, Marina Colasanti, Danuza Leão, Antonio Prata, Ferreira Gullar e tantos outros mais. Temos uma literatura muito rica em cronistas.

Texto 1

Ah, o copo de requeijão...

Você se levanta no meio da noite – e então ele (ou ela), com aquela sensualidade postiça que o sono empresta à voz, aproveita para pedir um copo d'água. Você se sente um pouquinho explorada(o), a ideia era ir ao banheiro, ali ao lado, mas *noblesse oblige*, com ligeira irritação, a viagem no escuro é estendida até a cozinha.

Faz tempo que vocês estão juntos, já viram um montão de vezes esse filme em que o pedinte ora é um, ora é outro. Mas nenhum dos dois atentou para um detalhe. No começo da história, quando se punha no menor gesto o empenho em agradar, a água vinha no melhor copo que houvesse no armário. De cristal, se possível. Agora repare: o que você vem trazendo para matar a sede do ser amado é um reles copo de requeijão.

Não tenha dúvida, alguma coisa mudou – para pior. O que você tem nas mãos é mais do que um recipiente de vidro barato até a pouco habitado por um laticínio espesso. É o próprio símbolo da avacalhação que, sub-repticiamente, vai pondo a pique os mais sólidos *titanics* conjugais.

Exagero? Então veja: quem se detém na prateleira dos requeijões cremosos, no supermercado, em geral não está querendo um copo. Quer uma coisa gostosa para passar no pão. Quando a coisa gostosa acaba, alguém – não culpe só a empregada – lava a embalagem, remove o rótulo e põe no armário. Você não pediu aquela coisa vulgar, mas, por inércia e desleixo, lá está ela, convivendo com os belos copos da marca francesa Arcoroc. Aí o outro pede água – e você, em vez de levar no Arcoroc, leva no copo de requeijão. A vulgaridade encarnada nesse intruso se instalou entre vocês. E creia: a menos que se dê um basta, não vai ficar aí. Como no alcoolismo, não se fica no primeiro copo.

Mas pode ser que você, no supermercado, tenha pensado também no continente, além do conteúdo. Problema seu. Só não venha dizer que alguns deles são até jeitosos. São todos horrendos – inclusive aqueles esguios, retilíneos, que talvez sejam os piores: copos de requeijão que não ousam dizer o seu nome, esses pretensiosos se fingem de Arcoroc. Devem ser tratados como impostores que são.

Aqueles "culturais", vamos dizer, com reproduções de obras de arte, então nem se fala. Já que ninguém vai acabar com eles, aqui vai uma sugestão: por que ao menos não buscar uma correspondência entre a estampa e o conteúdo, impondo alguma lógica a essa sofrível pinacoteca matinal? Para o requeijão *light*, as figuras longilíneas, no limite da anorexia, de Modigliani ou Giacometti; para o outro, transbordante de calorias, a banha sem complexo das personagens de Renoir ou Botero. Ou deveria ser o contrário?

Repare como é difícil livrar-se dessa praga. Você põe na área de serviço, para que a faxineira o carregue, e ele reaparece no armário. Embora feito de vidro vagabundo, não se quebra – ao contrário dos outros, mais bonitos e mais frágeis, cujo lugar vai aos poucos ocupando. Cada vez mais numerosos, fazem parte do refugo doméstico, daqueles trastes que por alguma razão não se bota fora, e que um dia se decide levar para o eterno provisório do sítio ou da casa de praia.

Como a barata, que vai sobreviver à espécie humana, é bem possível que o copo de requeijão dure mais que o casamento. Se isso acontecer, nenhum dos cônjuges vai reivindicá-lo na partilha das "sobras de tudo que chamam lar", como na canção de Francis Hime e Chico Buarque. E se a separação não dá certo, ele não servirá sequer para um brinde comemorativo: pois entre dois copos de requeijão, como se sabe, não há tintim possível, no máximo um chocho tec-tec.

WERNECK, Humberto. *O espalhador de passarinhos e outras crônicas*.
Sabará: Dubolsinho, 2010. p. 18-9.

Humberto Werneck, a partir de um objeto tão insignificante do nosso cotidiano, conseguiu escrever uma crônica bem-humorada, com tiradas inteligentes, trazendo à luz aspectos que nos surpreendem a cada linha. O papel do cronista pode ser esse: lançar um olhar novo sobre algo trivial. Como a crônica é produto perecível, o cronista precisa saber manejar muito bem os instrumentos linguísticos para recriar a realidade. De outra forma, a crônica é lida e prontamente esquecida.

Texto 2

Meias

A gente sempre acha que a mudança virá de grandes resoluções: parar de fumar, pedir demissão, declarar-se à Regininha do RH. Às vezes, contudo, são as pequenas atitudes que alteram definitivamente a roda de nossas vidas. Nessa segunda-feira, por exemplo, pela primeira vez em 33 anos, saí para comprar meias. Sou um novo homem.

Talvez o leitor ache que estou exagerando. É que não teve o desprazer de conhecer minha gaveta de meias até 48 horas atrás. Mais parecia "saloon" de velho oeste: poucos pares, estropiados, cada um vindo de um canto – tenazes sobreviventes de diferentes etapas da minha vida.

As três brancas, de algodão, haviam sido ganhas na compra de um tênis de corrida, lá por 1998. A marca da loja já quase não se lia, escrita no elástico esgarçado. Pior que as brancas estavam as azuis, da Varig, do tempo em que a ponte aérea era feita pelos Electras, e as aeromoças davam brindes, não broncas.

O pé da meia azul não tinha curva no calcanhar nem na canela: assemelhava-se a um coador de café dos Smurfs. Ou dos Na'vi. O elástico era frouxo, mas o laço afetivo não, de modo que as seguia usando, ano após ano, mesmo diante dos encarecidos apelos de minha mulher.

Em bom estado mesmo só as cinza, com losangos, que peguei para completar o valor na troca de uma jaqueta, presente de Natal em, sei lá, 2002. Era a minha "meia de sábado", aquela que vestia para jantares, casamentos e entrevistas de emprego. Além dessas, havia mais três ou quatro, que de tão ordinárias nem merecem meu comentário.

Ah, caro leitor, eu era infeliz e não sabia! Uma vida com poucas meias é uma vida de expectativa e ansiedade. Toda manhã aquele suspense ao abrir a gaveta: quais estariam ali, quais andariam na longa peregrinação que passa pelo cesto, pela máquina, pelo varal?

Cheguei ao fundo do poço, na sexta, 31, dez da noite. Minha mulher batia na porta do banheiro, apressando-me para a ceia, enquanto eu, sentado no chão de azulejos, encaixava as meias cinza na boca do secador de cabelos. Não queria virar o ano com os pés úmidos nem gostaria que todos me vissem, quando tirasse os sapatos para pular sete ondinhas, com as velhas meias da Varig.

Naquele momento de angústia, por trás do ruído aeronáutico do secador, dos meus gritos e dos gritos de minha mulher, pude ouvir uma voz grave, que vinha de toda parte e de parte alguma: "Antonio: tu és homem feito. Pagas as contas e impostos em dia. És casado, asseado, vacinado: por que vives nesta penúria?"

Se eu soubesse como era fácil, tinha feito antes: nem cem reais, caro leitor, custou minha alforria. Hoje, se quiser, posso ir a três entrevistas de emprego, dois jantares, seis casamentos e jogar futebol, no mesmo dia, sem repetir as meias. Não terei mais que pensar no assunto até 2019, no mínimo.

Quer dizer, mais ou menos: pois enquanto contemplo a gaveta multicolorida – de "saloon" do velho oeste, transformou-se em baile da corte – minha mulher aparece no quarto, segurando as meias da Varig com as pontas dos dedos, como se fossem camisinhas usadas: "Posso jogar no lixo?"

A gente sempre acha que difícil é tomar as grandes decisões: parar de fumar, pedir demissão, declarar-se à Regininha do RH. Às vezes, contudo, são as pequenas escolhas que mais dilaceram o coração.

PRATA, Antonio. Meias. *Folha de S.Paulo*, São Paulo, 5 jan. 2011. C2.

PROPOSTA DE REDAÇÃO

Depois de ler as crônicas de Humberto Werneck e de Antonio Prata, escolha um objeto de seu cotidiano e escreva uma pequena crônica sobre ele. Explore ângulos que só você veria.

Texto 3

Florença, a inesgotável beleza

Florença não é uma cidade para amadores. É uma cidade para amantes. Amantes não entre si, amantes dela. Que sejam dedicados e servis, que se curvem diante de suas belezas. E que estejam dispostos a se deixar enganar.

O engano é inevitável. A gente chega na estação, vê a igreja de Santa Maria Novella ali ao lado, percebe a cúpula do Duomo lá adiante, vislumbra por sobre os telhados as torres de Palazzo Vecchio, e pensa já com ares de conquistador: "Pequena desse jeito, é barbada. Em dois dias será minha". Então começa a andar.

E anda no primeiro dia, e cruza pontes e dobra esquinas e se deslumbra em praças e para boquiaberto diante de um *palazzo* e ergue o queixo frente a uma fachada e baixa a cabeça na paz de um claustro, e come *pizza* e come *calzone* e toma sorvete. E bebe bom vinho. À noite, a alma encharcada de beleza, os pés em pasta, deita e pensa: "Amanhã arremato". E dorme.

E anda no segundo dia, e se debruça sobre o Arno e se perde nas ruelas e se encontra nas ruelas e entra num portão e sobe numa escadaria e percebe que já passou por aquela rua mas não tinha reparado naquele campanário e repara repara repara no campanário com suas bíforas e uma serenidade inefável se espalha no coração como se os sinos tocassem dentro do peito, e come *spaghetti* e come *bistecca* e come *semifreddo*. E bebe bom vinho. À noite, os sinos repicando alma adentro, esquecidos os pés, ainda guarda alguma ilusão.

Mas no terceiro dia, aquele que estava previsto para pegar o trem de volta, a realidade nos abate. Andamos tanto, vimos tanto, nos extasiamos tanto, e subitamente percebemos que ficou a metade, mais da metade, coisa demais para ver.

Florença é assim, capaz de sempre nos ultrapassar. E estou convencida de que o faz de propósito. Mostra suas joias mais bonitas para nos seduzir, mas guarda outras tantas escondidas para nos obrigar a voltar.

E, no entanto, bastaria o Battistero para nos obrigar a ir, e a ir de novo, infinitas vezes. E, se não existisse o Battistero com aquele seu interior em mármores coloridos e aquela sua cúpula toda decorada com mosaicos, bastariam suas portas, as famosas portas douradas, em relevo, criadas por Ghiberti, bastariam elas encostadas a um muro qualquer para justificar a viagem.

Eu iria a Florença apenas para ver a neve voltear de leve em Piazza della Signoria, como vi este ano, gentil desculpa para me abrigar na Loggia dei Lanzi, a meio caminho entre o *Perseo* de Cellini e o *David* de Michelangelo. E iria, ah! com quanta certeza iria, para atravessar Ponte alla Carraia – que sem ter o charme único e inigualável das lojinhas de Ponte Vecchio tem ainda assim a beleza plácida de toda ponte antiga – cruzar as pequenas ruas até Piazza del Carmine, entrar no portão ao lado da igreja de Santa Maria, atravessar o claustro com as duas palmeiras que se erguem entre canteirinhos de rosas, e penetrar na Cappela Brancaci onde os afrescos de Masaccio, agora recém-restaurados, não cessam, há mais de cinco séculos, de nos maravilhar.

Mas iria também se fosse somente para entrar no Museu dell'Opera del Duomo, subir a escadaria, e passar cinco minutos, cinco minutos só, diante da *Pietà*, também de Michelangelo, aquela inacabada mas tão completa, em que ele próprio se retratou amparando o Cristo morto, aquela em que a língua do tempo deu ao mármore doçura e cor de marfim.

Iria para passear no jardim de Boboli que ainda não conheço, para comprar lenço de seda sob as arcadas do Mercato Nuovo, mais conhecido como mercado do porquinho, ou simplesmente para me hospedar, como a heroína do filme e do romance homônimo, num *Quarto com vista*.

Sim, eu iria a Florença por qualquer uma das suas belezas. Mas ela cada vez me oferece muito mais. E quando, inevitavelmente, me afasto no trem, vou como se estivesse já voltando, cheia de saudade e de projetos, agendando no coração as coisas que quero rever – que são todas – e aquelas que ainda não vi – que são tantas.

COLASANTI, Marina. *Eu sei, mas não devia*. 2. ed. Rio de Janeiro: Rocco, 1996. p. 184-5.

> **PRATIQUE**
>
> Marina Colasanti descreve nessa crônica suas impressões sobre a bela cidade de Florença, na Itália. Quando viajar, tente colocar no papel as impressões que cada cidade deixou em você. Para exercitar sua escrita, comece fazendo uma crônica sobre a sua cidade. Fale dos recantos de que mais gosta, dos tipos mais marcantes, de sua história, de suas personagens ilustres.

Texto 4

O arquivo

No fim de um ano de trabalho, joão obteve uma redução de quinze por cento em seus vencimentos.

joão era moço. Aquele era seu primeiro emprego. Não se mostrou orgulhoso, embora tenha sido um dos poucos contemplados. Afinal, esforçara-se. Não tivera uma só falta ou atraso. Limitou-se a sorrir, a agradecer ao chefe.

No dia seguinte, mudou-se para um quarto mais distante do centro da cidade. Com o salário reduzido, podia pagar um aluguel menor.

Passou a tomar duas conduções para chegar ao trabalho. No entanto, estava satisfeito. Acordava mais cedo, e isto parecia aumentar-lhe a disposição.

Dois anos mais tarde, veio outra recompensa.

O chefe chamou-o e lhe comunicou o segundo corte salarial.

Desta vez, a empresa atravessava um período excelente. A redução foi um pouco maior: dezessete por cento.

Novos sorrisos, novos agradecimentos, nova mudança.

Agora joão acordava às cinco da manhã. Esperava três conduções. Em compensação, comia menos. Ficou mais esbelto. Sua pele tornou-se menos rosada. O contentamento aumentou.

Prosseguiu a luta.

Porém, nos quatro anos seguintes, nada de extraordinário aconteceu.

joão preocupava-se. Perdia o sono, envenenado em intrigas de colegas invejosos. Odiava-os. Torturava-se com a incompreensão do chefe. Mas não desistia. Passou a trabalhar mais duas horas diárias.

Uma tarde, quase ao fim do expediente, foi chamado ao escritório principal.

Respirou descompassado.

– Seu joão. Nossa firma tem uma grande dívida com o senhor.

joão baixou a cabeça em sinal de modéstia.

– Sabemos de todos os seus esforços. É nosso desejo dar-lhe uma prova substancial de nosso reconhecimento.

O coração parava.

– Além de uma redução de dezesseis por cento em seu ordenado, resolvemos, na reunião de ontem, rebaixá-lo de posto.

A revelação deslumbrou-o. Todos sorriam.

– De hoje em diante, o senhor passará a auxiliar de contabilidade, com menos cinco dias de férias. Contente?

Radiante, joão gaguejou alguma coisa ininteligível, cumprimentou a diretoria, voltou ao trabalho.

Nesta noite, joão não pensou em nada. Dormiu pacífico, no silêncio do subúrbio.

Mais uma vez, mudou-se. Finalmente, deixara de jantar. O almoço reduzira-se a um sanduíche. Emagrecia, sentia-se mais leve, mais ágil. Não havia necessidade de muita roupa. Eliminara certas despesas inúteis, lavadeira, pensão.

Chegava em casa às onze da noite, levantava-se às três da madrugada. Esfarelava-se num trem e dois ônibus para garantir meia hora de antecedência. A vida foi passando, com novos prêmios.

Aos sessenta anos, o ordenado equivalia a dois por cento do inicial. O organismo acomodara-se à fome. Uma vez ou outra, saboreava alguma raiz das estradas. Dormia apenas quinze minutos. Não tinha mais problemas de moradia ou vestimenta. Vivia nos campos, entre árvores refrescantes, cobria-se com os farrapos de um lençol adquirido há muito tempo.

O corpo era um monte de rugas sorridentes.

Todos os dias, um caminhão anônimo transportava-o ao trabalho. Quando completou quarenta anos de serviço, foi convocado pela chefia:

– Seu joão. O senhor acaba de ter seu salário eliminado. Não haverá mais férias. E sua função, a partir de amanhã, será a de limpador de nossos sanitários.

O crânio seco comprimiu-se. Do olho amarelado, escorreu um líquido tênue. A boca tremeu, mas nada disse. Sentia-se cansado. Enfim, atingira todos os objetivos. Tentou sorrir.

– Agradeço tudo que fizeram em meu benefício. Mas desejo requerer minha aposentadoria.

O chefe não compreendeu:

– Mas seu joão, logo agora que o senhor está desassalariado? Por quê? Dentro de alguns meses terá de pagar a taxa inicial para permanecer em nosso quadro. Desprezar tudo isso? Quarenta anos de convívio? O senhor ainda está forte. Que acha?

A emoção impediu qualquer resposta.

joão afastou-se. O lábio murcho se estendeu. A pele enrijeceu, ficou lisa. A estatura regrediu. A cabeça se fundiu ao corpo. As formas desumanizaram-se, planas, compactas. Nos lados, havia duas arestas. Tornou-se cinzento.

joão transformou-se num arquivo de metal.

GIUDICE, Victor. "O arquivo." In: MORICONI, Ítalo (Org.). *Os cem melhores contos brasileiros do século*. São Paulo: Objetiva, 2000. p. 382-4.

> **PRATIQUE**
>
> O conto de Victor Giudice lida com o absurdo para nos falar de uma realidade bem próxima de todos nós. Resuma o conto em um parágrafo e use-o como introdução para o seguinte tema:
>
> *"Trabalho: fator de promoção ou de degradação?"*
> (Unicamp)

Texto 5

Felicidade clandestina

Ela era gorda, baixa, sardenta e de cabelos excessivamente crespos, meio arruivados. Tinha um busto enorme, enquanto nós todas éramos achatadas. Como se não bastasse, enchia os bolsos da blusa, por cima do busto, com balas. Mas possuía o que qualquer criança devoradora de histórias gostaria de ter: um pai dono de livraria.

Pouco aproveitava. E nós menos ainda: até para aniversário, em vez de pelo menos um livrinho barato, ela nos entregava em mãos um cartão-postal da loja do pai. Ainda por cima era de paisagem do Recife mesmo, onde morávamos, com suas pontes mais do que vistas. Atrás escrevia com letra bordadíssima palavras como "data natalícia" e "saudade".

Mas que talento tinha para a crueldade. Ela toda era pura vingança, chupando balas com barulho. Como essa menina devia nos odiar, nós que éramos imperdoavelmente bonitinhas, esguias, altinhas, de cabelos livres. Comigo exerceu com calma ferocidade o seu sadismo. Na minha ânsia de ler, eu nem notava as humilhações a que ela me submetia: continuava a implorar-lhe emprestados os livros que ela não lia.

Até que veio para ela o magno dia de começar a exercer sobre mim uma tortura chinesa. Como casualmente, informou-me que possuía *As reinações de Narizinho*, de Monteiro Lobato.

Era um livro grosso, meu Deus, era um livro para se ficar vivendo com ele, comendo-o, dormindo-o. E completamente acima de minhas posses. Disse-me que eu passasse pela sua casa no dia seguinte e que ela o emprestaria.

Até o dia seguinte eu me transformei na própria esperança da alegria: eu não vivia, eu nadava devagar num mar suave, as ondas me levavam e me traziam.

No dia seguinte fui à sua casa, literalmente correndo. Ela não morava num sobrado como eu, e sim numa casa. Não me mandou entrar. Olhando bem para meus olhos, disse-me que havia emprestado o livro a outra menina, e que eu voltasse no dia seguinte para buscá-lo. Boquiaberta, saí devagar, mas em breve a esperança de novo me tomava toda e eu recomeçava na rua a andar pulando, que era o meu modo estranho de andar pelas ruas de Recife. Dessa vez nem caí: guiava-me a promessa do livro, o dia seguinte viria, os dias seguintes seriam mais tarde a minha vida inteira, o amor pelo mundo me esperava, andei pulando pelas ruas como sempre e não caí nenhuma vez.

Mas não ficou simplesmente nisso. O plano secreto da filha do dono de livraria era tranquilo e diabólico. No dia seguinte lá estava eu à porta de sua casa, com um sorriso e o coração batendo. Para ouvir a resposta calma: o livro ainda não estava em seu poder, que eu voltasse no dia seguinte. Mal sabia eu como mais tarde, no decorrer da vida, o drama do "dia seguinte" com ela ia se repetir com meu coração batendo.

E assim continuou. Quanto tempo? Não sei. Ela sabia que era tempo indefinido, enquanto o fel escorresse todo de seu corpo grosso. Eu já começara a adivinhar que ela me escolhera para eu sofrer, às vezes adivinho.

Mas, adivinhando mesmo, às vezes aceito: como se quem quer me fazer sofrer esteja precisando danadamente que eu sofra.

Quanto tempo? Eu ia diariamente à sua casa, sem faltar um dia sequer. Às vezes ela dizia: pois o livro esteve comigo ontem de tarde, mas você só veio de manhã, de modo que o emprestei a outra menina. E eu, que não era dada a olheiras, sentia as olheiras se cavando sob meus olhos espantados.

Até que um dia, quando eu estava à porta de sua casa, ouvindo humilde e silenciosa a sua recusa, apareceu sua mãe. Ela devia estar estranhando a aparição muda e diária daquela menina à porta de sua casa. Pediu explicações a nós duas. Houve uma confusão silenciosa, entrecortada de palavras pouco elucidativas. A senhora achava cada vez mais estranho o fato de não estar entendendo. Até que essa mãe boa entendeu. Voltou-se para a filha e com enorme surpresa exclamou: mas este livro nunca saiu daqui de casa e você nem quis ler!

E o pior para essa mulher não era a descoberta do que acontecia. Devia ser a descoberta horrorizada da filha que tinha. Ela nos espiava em silêncio: a potência de perversidade de sua filha desconhecida e a menina loura em pé à porta, exausta, ao vento das ruas de Recife. Foi então que, finalmente se refazendo, disse firme e calma para a filha: você vai emprestar o livro agora mesmo. E para mim: "E você fica com o livro por quanto tempo quiser". Entendem? Valia mais do que me dar o livro: "pelo tempo que eu quisesse" é tudo o que uma pessoa, grande ou pequena, pode ter a ousadia de querer.

Como contar o que se seguiu? Eu estava estonteada, e assim recebi o livro na mão. Acho que eu não disse nada. Peguei o livro. Não, não saí pulando como sempre. Saí andando bem devagar. Sei que segurava o livro grosso com as duas mãos, comprimindo-o contra o peito. Quanto tempo levei até chegar em casa, também pouco importa. Meu peito estava quente, meu coração pensativo.

Chegando em casa, não comecei a ler. Fingia que não o tinha, só para depois ter o susto de o ter. Horas depois abri-o, li algumas linhas maravilhosas, fechei-o de novo, fui passear pela casa, adiei ainda mais indo comer pão com manteiga, fingi que não sabia onde guardava o livro, achava-o, abria-o por alguns instantes. Criava as mais falsas dificuldades para aquela coisa clandestina que era a felicidade. A felicidade sempre iria ser clandestina para mim. Parece que eu já pressentia. Como demorei! Eu vivia no ar... Havia orgulho e pudor em mim. Eu era uma rainha delicada.

Às vezes sentava-me na rede, balançando-me com o livro aberto no colo, sem tocá-lo, em êxtase puríssimo.

Não era mais uma menina com um livro: era uma mulher com seu amante.

LISPECTOR, Clarice. *Felicidade clandestina*. Rio de Janeiro: Rocco, 1998. p. 9-12.

PRATIQUE

Resuma a história contada por Clarice Lispector para fazer a introdução do seguinte tema, proposto pela Universidade Federal de Pernambuco (UFPE): *Livros não mudam o mundo. Quem muda o mundo são as pessoas. Os livros só mudam as pessoas.*

Caio Graco

Qual a importância do livro para a humanidade?

Parte 5

Revisão gramatical

Apresentamos a seguir uma parte especial, com alguns temas gramaticais, mas somente aqueles em relação aos quais os estudantes sempre demonstram alguma dificuldade. Da forma como está organizado, é possível tirar rapidamente uma dúvida sobre concordância, regência, crase, uso do infinitivo, emprego da vírgula. É bom frisar que a presença desses assuntos não significa um retorno à "gramatiquice", porque sabemos que a gramática sozinha nunca fez ninguém escrever.

Escrever bem não significa apenas estruturar frases e parágrafos. É preciso dar atenção à grafia das palavras, à acentuação, à concordância, e tudo mais que denote o bom trato com a língua. Um texto com erros de português, por mais coeso e coerente que esteja, depõe contra seu autor.

O que vem a seguir não tem como objetivo esgotar os temas gramaticais abordados. Nosso objetivo foi simplesmente facilitar uma consulta às principais regras de crase, emprego da vírgula, concordância verbal, regência verbal e uso do infinitivo. Escolhemos esses assuntos porque são os que geram mais dúvidas enquanto estamos escrevendo. Para estudos mais aprofundados, sugerimos procurar os grandes gramáticos como Evanildo Bechara, Celso Cunha, Celso Pedro Luft e tantos outros mais.

> **Na redação do Enem**
> **Dominar a norma culta escrita da língua portuguesa** é um dos principais critérios de avaliação do Exame Nacional do Ensino Médio (Enem). De acordo com uma das competências de área avaliadas pela prova (ao todo são 9 competências e 30 habilidades distribuídas em cada uma delas), o candidato deve demonstrar a seguinte habilidade:
> **Reconhecer os usos da norma padrão da língua portuguesa nas diferentes situações de comunicação.**
> Mas não basta apenas reconhecer a norma culta padrão da escrita: o candidato deve também demonstrar que é "um poliglota dentro de sua própria língua", no dizer do gramático Evanildo Bechara. Isso quer dizer que o estudante deve mostrar habilidade para **reconhecer as marcas linguísticas que singularizam as variedades linguísticas sociais, regionais e de registro** e para **relacionar as variedades linguísticas a situações específicas de uso social.**

1. Crase

Regra prática

A crase resulta da fusão de duas vogais idênticas: **a** preposição com **a** artigo. Ela é indicada pelo acento grave (`).

A maneira mais simples de saber se há crase é substituir mentalmente a palavra feminina por uma masculina. Se antes desta aparecer *ao*, antes da feminina haverá, sem dúvida, o sinal de crase.

Fui **à** escola. / Fui **ao** colégio.

Uso obrigatório
- Locuções adverbiais, prepositivas e conjuntivas como **às vezes**, **à direita**, **à falta de**, **à medida que**.

    Ele enriquecia **à medida que** trabalhava.

- Antes de horas definidas.

    Saiu **à uma** da tarde.

    Chegou **à zero hora**.

Uso facultativo
- Antes de possessivos.

    Dei um presente **a minha** mãe (*ou* **à minha** mãe).

- Antes de nomes femininos.

    Falei **a** (*ou* **à**) **Sônia** do seu problema.
    A presença do artigo indica intimidade.

- Com *até*.

    Fui **até a** (*ou* **até à**) janela e não vi nada.
    O mais comum neste caso é não usar a crase.

Não haverá crase
- Antes de pronomes pessoais e de tratamento.

    Não diga nada **a ela**.

    Nada disseram **a Vossa Senhoria**.

- Antes de demonstrativos.

    Nunca me referi **a essa** pessoa.

- Antes de palavra empregada com sentido indeterminado.

    Ele tem horror **a música**.

    Mas se a palavra for especificada, a crase aparecerá:
    Ele tem horror **à música dos** *Rolling Stones*.

- Antes do artigo indefinido **uma**.

   Submeteu-se **a uma** cirurgia no coração.

- Nas expressões em que as palavras se repetem.

   O soro caía **gota a gota**.

- O **a** que antecede palavra no plural.

   Nunca falei **a pessoas** desse nível.

Casos especiais

- A crase aparece antes de uma palavra masculina quando se subentende **moda** ou **maneira**.

   Usava um chapéu **à (moda de)** Napoleão.

- Antes de **casa** quando vier especificada.

   Vou **à casa de Joana**.

- Antes de **terra**: também só quando vier especificada.

   Voltei **à terra de meus avós** vinte anos depois.

   Quando em oposição a **mar**, não é preciso usá-la.
   Quando voltaram **a terra**, já era noite.

- Antes de **que**, pronome relativo. Aplique a regra prática: ver se o **a** pode ser substituído por **ao**.

   A pessoa **a que** você se refere saiu agora mesmo.
   (O homem **a que** você se refere...) – a sem acento.

   A pessoa **à qual** você se refere saiu agora mesmo.
   (O homem **ao qual** você se refere...) – a com acento.

- Devemos usar a crase nos **adjuntos adverbiais de meio ou instrumento** sempre que houver possibilidade de produzir duplo sentido.

   Matou a família **à fome**.

   Sem o acento, a frase poderia ter o seguinte sentido:
   A fome matou a família.

   ou

   A família matou a fome.
   Mas em **fogão a lenha, carro a gasolina**, a crase é dispensável.

- Antes de **aquele(s)**, **aquela(s)**, **aquilo**.

  Usamos a crase se o termo que anteceder esses pronomes pedir a preposição **a**.

  Dê o livro **àquele** menino, por favor.

  A mesma regra vale para o pronome demonstrativo **a**, **as**.
  Sua atitude assemelha-se muito **à (àquela)** de seu irmão.

- Com nomes de cidades ou países, troque o verbo por outro, a fim de ver se ele dispensa ou não a preposição.

  Vou a Salvador. / **Vim** de Salvador.

  Como não se usa artigo antes de **Salvador**, o a não pode ser acentuado. Mas, se você der um qualificativo a essa cidade, usará a crase:
  Vou à Salvador de Jorge Amado.

ATIVIDADES

1. Use o acento indicativo de crase quando preciso.
   a) Estive cara a cara com o bandido.
   b) Entregue este livro aquele menino da direita.
   c) Quando for a Recife, não deixe de ir a Olinda.
   d) Escreva sempre a seus pais.
   e) Construiu uma casa igual a do irmão.
   f) Só estarei lá daqui a umas cinco horas.
   g) Gosto de arroz a piemontesa.
   h) Nunca vou a festas beneficentes.
   i) Saiu a meia-noite e meia.
   j) Refiro-me a certa pessoa aqui presente.

2. Sublinhe a alternativa correta quanto ao uso da crase:
   a) As cidades a/à que me refiro ficam sempre longe da costa.
   b) Fiz um trato semelhante aquele/àquele do ano passado.
   c) Não dei nenhum valor aquilo/àquilo.
   d) Refiro-me a/à Paris dos impressionistas.
   e) Não escreva a/à lápis.
   f) Quando cheguei a/à casa, já era mais de meia-noite.
   g) A missa começará a/à zero hora.
   h) Fizeram muitos elogios a/à nova obra da escritora.
   i) Nunca mais fui a/à terra dos cajueiros e papagaios.
   j) Nunca vou a/à reuniões de condomínio.

2. Concordância verbal

Verbo na terceira pessoa do singular

Você nunca errará se usar **o verbo na terceira pessoa do singular** nos seguintes casos:

1. Sujeito formado por uma **expressão partitiva** (**a maioria de, uma porção de, a maior parte de, grande número de**).

   A maioria dos alunos se saiu bem na prova.

2. Se o pronome interrogativo ou indefinido estiver no singular antes de um pronome pessoal no plural.

   Qual de vocês irá me substituir no papel?

3. Quando o sujeito é ligado por **ou**.

   Sua mãe ou sua irmã pode vir amanhã com você.

4. Com **nem um nem outro**.

   Nem um nem outro fez a lição direito.

5. Com o pronome **quem**.

   Eram os menos afortunados **quem fazia** os trabalhos pesados.

   Pode também o verbo concordar com o antecedente.
   São eles quem dão alguma esperança.

6. Com **mais de um**.

   Mais de um professor já **se queixou** desse aluno.

7. Verbos **haver** e **fazer** indicando tempo. Se tiver um **auxiliar**, a regra é a mesma.

   Havia uns dez anos que não nos víamos.

   Faz dez dias que não o vejo.

   Deve fazer uns dez dias que não o vejo.

8. Verbo **haver** no sentido de **existir**. A impessoalidade é também transmitida ao auxiliar.

   Haverá sempre pessoas dispostas a viajar.

   Deverá haver muitos fãs esperando-o.

9. Com **haja vista**.

   Haja vista as pessoas que vieram se queixar.

10. Com **é muito, é pouco, é demais**.

    Cem reais **é pouco** para os meus gastos semanais.

Verbo na terceira pessoa do plural

Você nunca errará se usar **o verbo na terceira pessoa do plural**:

1. Com as expressões **perto de, cerca de**.

   Eram cerca de duas horas da manhã quando ouvi um barulho.

2. O **sujeito** é um **pronome interrogativo** (**que, quem**...) ou **indefinido plural** (**quais, quantos, quaisquer, alguns**...) mais um pronome pessoal (**nós** ou **vós**) – duas concordâncias são possíveis.

   Alguns de nós foram recebidos pelo prefeito.

   Se você estiver incluído, pode usar **fomos**:
   Alguns de nós fomos recebidos pelo prefeito.

3. Locativos precedidos de artigo no plural.

   Os Estados Unidos continuam com toda a sua força.

   A concordância não muda quando o nome vem abreviado:
   Os EUA continuam com toda a sua força.

4. **Um milhão** seguido de nome no plural.

   Um milhão de visitantes são esperados neste domingo.

5. Sujeito ligado por **nem... nem**.

   Nem seu pai nem sua mãe deram importância à notícia.

6. **Não só... mas também, tanto... quanto**.

   Tanto a mãe quanto o pai fizeram questão de vir pedir desculpas.

Singular ou plural

Nos casos seguintes, pode ocorrer **o singular** ou **o plural**:

1. **Porcentagens** – sempre concorde o verbo com o termo que vem logo depois do número.

   Trinta por cento da turma faltou ontem.

   Trinta por cento dos meninos faltaram ontem.

2. Títulos de obras com artigo no plural.

   Os lusíadas **consagraram** Camões como o maior poeta da língua portuguesa.

   Se for o verbo **ser** e o **predicativo estiver no singular**, pode-se usar a terceira do singular.
   Os lusíadas **é** um livro grandioso.

3. Com **um dos que** – o mais comum é o verbo na terceira pessoa do plural.

   Ele foi um dos que apoiaram o candidato desde o primeiro instante.

   Se nos referirmos ao seletivo **um**, o verbo fica obrigatoriamente no singular.
   Este foi um dos livros que mais me **deu** trabalho de escrever.

4. Sujeito ligado por **com** – verbo no singular.

   O pai, com os seus filhos, atacou o rapaz indefeso.

   Se quiser **realçar a participação simultânea na ação**, verbo no plural.
   O pai, com os seus filhos, atacaram o rapaz indefeso.

5. Quando o verbo está acompanhado da partícula **se** indicando **voz passiva**, procure saber qual o **sujeito**. Se estiver no singular, verbo no singular. Se no plural, verbo no plural.

   Compra-se fio (fio é comprado). / Compram-se fios (fios são comprados).

   Obs.: Se o verbo com a partícula **se** vier seguido da preposição **de**, fica na terceira pessoa do singular.
   Trata-se de pessoas estranhas ao serviço.

6. Quando o **sujeito é constituído de infinitivos**, o verbo só vai para a terceira do plural se houver oposição de sentido.

   Dormir e acordar na hora certa **fazem** bem à saúde.

ATIVIDADES

1. Escolha a forma verbal adequada à concordância. Se as duas forem possíveis, escolha sempre a melhor.

   a) ★ quatro pessoas para fazer a faxina. (basta/bastam)
   b) Um bando de meninos ★ sobre o carro. (avançou/avançaram)
   c) Cinco quilos de carne ★ (é/são) muito para o nosso churrasco.
   d) Por acaso, algum entre nós ★ (sabe/sabemos) alguma coisa desse assunto?
   e) Este foi um ano difícil, ★ os problemas que enfrentamos. (haja vista/hajam vista)
   f) Só uma minoria dos políticos se ★ mesmo com nossos problemas. (preocupa/preocupam)
   g) ★ uns dez anos que ele não aparecia. (fazia/faziam)
   h) Os mesmos Estados Unidos que (fez/fizeram) a guerra agora ★ (quer/querem) a paz.
   i) Eu sou um dos que mais ★ contra essa situação. (falo/fala/falam)
   j) Ele, com outros professores, ★ um abaixo-assinado contra o diretor. (fez/fizeram)

2. Assinale as frases em que a concordância verbal é aceita pela norma culta.

   a) Foram eles quem fez tudo para a gente ir.
   b) Vinte por cento dos alunos faltaram por causa da chuva.
   c) Aquilo foram coisas do passado.
   d) Os culpados foi eu e você.
   e) Já são uma e meia.
   f) Eram cerca de umas vinte pessoas.
   g) Basta dois litros de leite.
   h) Qual de nós tem coragem de enfrentar o chefe?
   i) Tratam-se de casos especiais.
   j) Deve haver umas cem pessoas ao todo.

3. O uso do infinitivo

O **uso do infinitivo** é sempre uma fonte de dúvidas, pois nem sempre estamos seguros se devemos flexioná-lo ou não. Com certa atenção, é possível empregá-lo de forma correta. Basta seguir algumas regras básicas.

1. Flexione o infinitivo quando seu sujeito for diferente do sujeito do verbo principal.

   Fizemos tudo para eles **se saírem** bem na empreitada.

   Sujeito de **fizemos** – nós
   Sujeito de **saírem** – eles

2. Se o sujeito for o mesmo do verbo principal, não o flexione.

   Fizemos tudo para **chegar** na hora marcada.

   Sujeito de **fizemos** – nós
   Sujeito de **chegar** – nós

3. Quando o infinitivo anteceder o verbo principal, você pode flexioná-lo ou não. Usa-se com mais frequência a forma flexionada.

   Para **participarmos** (ou **para participar**) do concurso, fomos obrigados a pagar uma taxa exorbitante.

4. Quando o infinitivo preposicionado é **complemento de substantivo, adjetivo ou do verbo principal**, é melhor usar a forma não flexionada.

   O governo convenceu os deputados **a votar** a favor do projeto.

5. Com os verbos **mandar, deixar, fazer, ver, ouvir, sentir**, observe:

   - Se entre um desses verbos e o seguinte, no infinitivo, vier um **substantivo no plural**, a **flexão é facultativa**.

     O diretor deixou **todos os alunos** saírem (*ou* sair).
     O mais comum é flexionar.

   - Se o substantivo vier **depois do infinitivo**, use o infinitivo **não flexionado**.

     O diretor deixou sair **todos os alunos**.

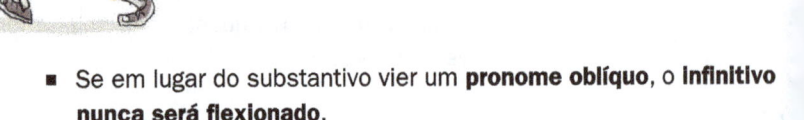

   - Se em lugar do substantivo vier um **pronome oblíquo**, o **infinitivo nunca será flexionado**.

     O diretor deixou-**os** sair.

6. Com o verbo **parecer**:

   - Não flexione o infinitivo se ele fizer parte da locução verbal.

     As crianças **pareciam estar** felizes.

   - Flexione-o quando o verbo **parecer** estiver **na terceira pessoa do singular e constituir sozinho uma oração**.

     As crianças **parecia estarem** felizes.

   A frase pode ser entendida da seguinte forma:
   Parecia que as crianças estavam felizes.

ATIVIDADES

1. Assinale a forma adequada do infinitivo nas frases que seguem:
   a) Os sem-teto estavam dispostos a *invadir/invadirem* o prédio.
   b) Todas as emissoras conquistaram o direito de *transmitir/transmitirem* os jogos da Copa.
   c) Ele sentiu *tremer/tremerem* as pernas.
   d) Julgo *ser/serem* eles os responsáveis por nossa derrota.
   e) Tomaram a decisão de *continuar/continuarem* lutando.
   f) Podemos, por acaso, *confiar/confiarmos* nesse governo?
   g) Despertei com as crianças a *chorar/chorarem*.
   h) Demorei vendo os fogos *espocar/espocarem* na praça.
   i) Convenceram os revoltosos a *depor/deporem* as armas.
   j) Os jovens não são estimulados a *ler/lerem*.

2. As frases que se seguem nada têm de condenável em sua estrutura. Este exercício é apenas um treinamento para você aprender a reduzir orações, uma forma de dar mais concisão ao texto. Reduza, pois, ao infinitivo as orações subordinadas em destaque.
   a) Os pais, *quando tratam os filhos como seres inferiores*, divorciam-se deles para sempre.
   b) Não demorou muito *para que todos vissem* que nenhum plano feito contra os interesses do povo iria dar certo.
   c) No Brasil, a via eletrônica serve como meio *para que as pessoas fujam dos impostos e transfiram dinheiro ilegalmente para contas no exterior*.
   d) Em São Paulo, algumas pessoas já estão se mudando para casas *porque o número de assaltos a edifícios tem crescido assustadoramente*.
   e) Os policiais evitam subir os morros sem o apoio de uma tropa de elite *uma vez que são sempre recebidos a bala pelos bandidos*.
   f) É preciso repensar o modelo econômico *para que possamos viver numa sociedade mais justa e alcancemos o pleno desenvolvimento*.
   g) *Porque nem todos sabem votar*, terminamos sempre nas mãos dos mesmos políticos.
   h) É indispensável que cada um de vocês conheça o regulamento *para que não incorramos em multas*.
   i) Muitos pais revelam *que têm dificuldade de falar com os filhos sobre sexo*, assunto tão banalizado em qualquer programa de TV.
   j) Mandei *que todos os alunos escrevessem um texto sobre a Amazônia*.

Revisão gramatical

4. Regência verbal

- **Aspirar**

    TD – no sentido de **sugar**:
    Aspirou o pó da sala.

    TI – no sentido de **desejar muito**:
    Aspirava a um cargo importante na empresa.

> **TD** – transitivo direto
> **TI** – transitivo indireto

- **Assistir**

    TD – no sentido de **dar assistência**:
    Ela **assistiu** o diretor durante toda a entrevista.

    TI – no sentido de **presenciar**:
    Assistiu a cenas muito românticas.

- **Beirar**

    TD – no sentido de **aproximar-se de**:
    Sua atitude **beira** a irresponsabilidade.

- **Contribuir**

    TI – 1. **ter participação** em determinado resultado:
    Ele **contribuiu para** a instauração de uma CPI.

    2. Pagar, dar dinheiro
    Ele **contribuiu com** vinte reais.

- **Esquecer/lembrar**

    TD – quando **não pronominais**:
    Lembrei as aventuras da juventude.

    TI – quando **pronominais**:
    Lembrei-me das aventuras da juventude.

- **Implicar**

    TD – no sentido de **acarretar**:
    Sua confissão **implicará** uma pena menor.

    A preposição **em** só aparece quando empregado no sentido de **envolver**:
    Ele o **implicou no (em + o)** assalto ao banco.

- **Influenciar e influir**

    Influenciar é transitivo direto:
    Ele **influenciou** o resultado das eleições.

    Influir é transitivo indireto:
    Ele **influiu no** resultado das eleições.

Parte 5: Revisão gramatical

- **Obedecer**

    TI – **Obedecer** aos pais

- **Pagar**

    TD – quando envolve coisa:
    Paguei a conta do bar.

    TI – quando envolve pessoa:
    Paguei ao garçom.

- **Perdoar**

    TD – objeto direto de coisa:
    Perdoei a **dívida de** meu irmão.

    TI – objeto indireto de pessoa:
    Perdoemos **aos nossos inimigos**.

    (hoje já se tolera a regência direta: perdoar os nossos inimigos)

- **Preferir** – preferimos **uma coisa a outra**. Nunca **do que outra**:

    Prefiro **o** verão **ao** inverno.

ATIVIDADES

1. O emprego dos pronomes **o** ou **lhe** implica conhecer regência verbal. Empregue o pronome correto nas frases abaixo.
   a) O filho sempre ★ obedeceu.
   b) O rapaz era culpado, por isso o júri não ★ perdoou.
   c) Cumprimente-★ pelo sucesso.
   d) Não ★ critique sem motivos.
   e) Se você deve a seu pai, pague-★.
   f) Minhas dívidas, eu ★ pago em dia.
   g) Faz tempo que não ★ vejo.
   h) Aviso-★ que chegarei tarde.
   i) O técnico ★ informou de que houve falhas.
   j) Prefiro-★ a um novato no serviço.

2. Assinale **S** (sim) ou **N** (não) para a regência verbal aceita pela norma culta.
   ( ) Melhorar a saúde implica em gastos elevados.
   ( ) Responda todas as questões, por favor.
   ( ) Essas ações acarretam em mais prejuízo.
   ( ) Ele é o ministro que mais influencia o presidente.
   ( ) Aspiro a ideais muito elevados.
   ( ) Esqueceram dos compromissos assumidos.
   ( ) Almejo a uma profissão de acordo com o meu modo de ser.
   ( ) Nunca desobedeça à lei.
   ( ) Paguei ao corretor uma alta comissão.
   ( ) Suas atitudes beiram a loucura.

5. O uso da vírgula

Regra básica

1. **Nunca separe o sujeito do verbo**. Atente, sobretudo, para o sujeito oracional.

    A escola do meu filho fica a cem metros de casa.

    Quem cala consente. (Sujeito oracional: **Quem cala**)

2. Mesmo que o sujeito venha posposto, não há vírgula entre ele e o verbo.

    Consideraram a lei injusta **os mesmos juízes da primeira votação**.

3. Sempre que você interromper o fluxo normal da frase, as vírgulas aparecerão.

    Exemplo de uma frase com fluxo normal:
    A escola ficou fechada vários meses por causa das reformas.

    Se anteciparmos **por causa das reformas**, usaremos a vírgula:
    A escola, **por causa das reformas,** ficou fechada vários meses.

4. Quando há **elipse do verbo**, você tem duas opções:

    a) Minha irmã é carioca; meu irmão, capixaba.

    b) Minha irmã é carioca e meu irmão capixaba.
    Na primeira frase, **a vírgula é obrigatória**. Já na segunda, **há controvérsias**. Celso Luft, por exemplo, acha que seu uso é desnecessário.

5. Não é preciso usar vírgula com **também**, a não ser que se queira dar ênfase à fala.

    Eles também fizeram a mesma coisa.

    Eles, também, são a favor da Lei da Ficha Limpa.

6. Orações ligadas por **e**, com sujeitos diferentes, podem ser separadas por vírgula.

    Os meninos chegaram primeiro, **e as meninas** algumas horas depois.

7. Com **mas** no meio da frase, use apenas uma vírgula.

    Eles até comparecem à CPI, **mas** nunca falam a verdade.

    Se o **mas** estiver no começo de uma frase, dispense a vírgula.
    Faça o que achar melhor. Mas não vá de encontro aos seus princípios.

8. As outras adversativas – **porém, entretanto, no entanto, todavia** – principalmente quando pospostas aos primeiros termos da oração, **são separadas por vírgulas**.

    Eles, **porém**, nunca falam a verdade.

9. **E sim** – use a vírgula só antes do **e**.

   As pessoas não querem esmola**, e** sim um trabalho que as dignifique.

10. **Mas sim** – isole o **sim** entre vírgulas.

    As pessoas não querem esmola**, mas, sim,** um trabalho que as dignifique.

11. Com **pois**, **logo**, **portanto**, **por conseguinte**, **por isso** use apenas uma vírgula antes.

    Vai precisar refazer o trabalho**, pois** está tudo errado.

    Penso**, logo** existo.

12. O **aposto** deve vir entre vírgulas.

    O primeiro romance de Francisco Dantas**,** *Coivara da memória,* foi publicado em 1991.

ATIVIDADES

- Os parágrafos a seguir foram transcritos sem as vírgulas. Recoloque-as onde achar necessário.

  1. "Milhões leram os romances e contos de Franz Kafka – suas obras foram traduzidas para todas as línguas que têm literatura escrita – e muitos outros milhões que nunca leram uma única linha de Kafka conhecem seu nome e com naturalidade descrevem como "kafkianas" suas experiências desnorteantes ou frustrantes com as complexidades da vida moderna. Kafka autorizou a publicação de apenas algumas de suas obras enquanto viveu. Entre elas estão duas novelas A metamorfose e Na colônia penal que cada uma isoladamente já lhe granjeariam um apreciável lugar no panteão literário. Da mesma elevada qualidade são entre outros seus contos "O veredicto" "Um médico rural" "Um relatório para uma Academia" "Um artista da fome" e o último texto que ele escreveu "Josefina a cantora ou O povo dos camundongos". Esses escritos garantiram-lhe a admiração de um público de autores e críticos em Praga Berlim e Viena que o reconheceram como um dos mestres da prosa alemã moderna. A obra de Kafka foi antologiada quando ele era ainda vivo e traduzida para o tcheco o húngaro e o sueco. Ainda assim é seguro afirmar que Kafka não teria conquistado seu monumental renome sem os incansáveis esforços de seu melhor amigo e primeiro biógrafo Max Brod o responsável pela publicação póstuma de seus romances e outros textos de ficção."

     BEGLEY, Louis. *O mundo prodigioso que tenho na cabeça: Franz Kafka: um ensaio biográfico.* Trad. Laura Teixeira Motta. São Paulo: Companhia das Letras, 2009. p. 7-8.

  2. No princípio foi Gaia que é a Terra. A vida brotou-lhe da boca. De todos os seus filhos Urano o céu estrelado foi o primeiro a sair de seu corpo sem pai nem consorte. Depois a Terra deu à luz as colinas onde as ninfas dançam e em seguida o mar onde as ondas vagueiam. Então a Terra se deitou com seu divino filho o Céu e dessa união proveio a primeira dinastia dos deuses: os chamados Titãs Oceano Hipérion Jápeto Têmis Mnemósine Febe Tétis os Ciclopes de um só olho Rea e seu irmão e marido Crono – o mais jovem e mais traiçoeiro dos filhos da Terra que castra o pai e lhe usurpa o lugar no céu.

     HIGHWATER, Jamake. *Mito e sexualidade.* Trad. João Alves dos Santos. São Paulo: Saraiva, 1992. p. 57.

3. A teoria que relaciona poucos anos de estudo à baixa renda tornou-se lugar-comum na literatura mundial sobre pobreza. Para o cientista político Eduardo Marques da Universidade de São Paulo a relação entre escola e pobreza não é errada. Apenas não explica tudo. "Encontrei pessoas com os mesmos anos de estudo moradoras de um mesmo bairro e com histórias de vida parecidas em que uma delas tinha condições de vida melhor do que a outra" diz Marques. Depois de quatro anos de pesquisa em sete áreas pobres de São Paulo replicadas agora em Salvador ele concluiu que o conjunto de relações sociais dos indivíduos – a que chama de redes – pode ser mais importante do que os anos de escola na hora de determinar se alguém terá emprego ou não. Enquanto um ano a mais na sala de aula aumenta em R$ 7 a renda mensal um padrão de redes específico traz a ele R$ 59 a mais. Os resultados obtidos por Marques inéditos no Brasil e a ser publicados no fim de setembro apontam para uma geração de políticas sociais. O combate à pobreza pode estar menos ligado a dar dinheiro aos pobres do que a criar novas oportunidades de novas relações para eles. Marques no entanto admite que nenhum governo no mundo sabe ainda como influenciar as redes sociais.

ÉPOCA. Rio de Janeiro: Globo, n. 643, 13 set. 2010. p. 70.

4. A Revolução Russa propôs-se a criar o "paraíso socialista" cujo cardápio foi parido por intelectuais europeus. Na teoria todos tinham direito a habitação emprego comida escola e ópera. Mas a dieta era parca e o povão queria consumir mais. Daí a necessidade do que Churchill chamou de Cortina de Ferro para não deixar que os russos bisbilhotassem o que consumia o mundo capitalista decadente. Para os xeretas punições ferozes. Mas os seus líderes cometeram um erro criaram também um estupendo sistema educativo para todos. Foi uma besteira pois não houve maneiras de impedir um povo educado de ver o que acontecia do lado de fora. O resultado foi a estrepitosa queda do Muro de Berlim.

CASTRO, Cláudio de Moura. Cortina de burrice. *Veja*. São Paulo: Abril, n. 2191, 17 nov. 2010. p. 24.

6. A vírgula e os relativos

Ao empregar qualquer pronome relativo, observe sempre o seguinte:

- Se você se referir a **algo ou alguém plenamente determinado**, bem identificado, **é obrigatório isolar a oração adjetiva com vírgulas**. Temos, nesse caso, uma **oração adjetiva explicativa**:

    O presidente Fernando Henrique, **que governou o país durante oito anos,** era antes um sociólogo de renome.
    O termo que antecede o que está plenamente identificado: **presidente Fernando Henrique**.

- Se você se referir a um termo de forma **indeterminada, não haverá vírgulas**. É a chamada **oração adjetiva restritiva**:

    O presidente **cujas ações são sempre dirigidas para o bem-estar do povo** merece o respeito de todos.

    O presidente a que me refiro não está identificado, pode ser qualquer um. Mas se eu o nomeasse, a oração mudaria de sentido e viria entre vírgulas:
    O presidente X, **cujas ações são sempre dirigidas para o bem-estar do povo**, merece o respeito de todos.

Parte 5: Revisão gramatical

Há uma maneira prática de saber se a oração adjetiva deve vir ou não entre vírgulas. Se ela se referir a algum elemento (ou alguns) de um conjunto maior, é restritiva e dispensará as vírgulas. Faça sempre uma pergunta: "Refiro-me a todos do grupo ou só a algum (ou alguns) deles?".

> Se for a todos: **vírgulas**.
> Se for a alguns: **sem vírgulas**.

Exemplo:

As crianças cujos pais são analfabetos tendem a perpetuar o círculo da pobreza.
Como estou falando somente de um grupo de crianças, aquelas que têm pais analfabetos, não preciso usar vírgulas.

Mas se eu escrever uma frase que se refira a todas as crianças, sem distinção alguma, as vírgulas serão obrigatórias:
A criança, cujos primeiros anos de vida são decisivos para sua formação, merece mais atenção do governo.

A presença ou ausência de vírgula na oração adjetiva altera seu sentido:
Meu irmão que mora no Rio chegou.
A ausência de vírgulas significa que chegou um dos meus irmãos, o que mora no Rio.

Meu irmão, que mora no Rio, chegou.
A presença das vírgulas significa que só tenho um irmão.

ATIVIDADE

- Substitua o ★ pelo pronome relativo adequado. Observe sempre o uso da vírgula e das preposições.

a) O jovem ★ tanto depende o futuro do país, precisa hoje empenhar-se muito mais que antigamente para conseguir seu primeiro emprego.

b) Devíamos ser mais cuidadosos com as pessoas ★ nos relacionamos.

c) Meu pai ★ eu tanto divergia terminou sendo meu aliado.

d) A casa ★ eu tinha tanto interesse já foi vendida.

e) Temos de tomar consciência de determinados fatos ★ muitos se mantêm passivos.

f) A manobra ★ você é tão hábil já não surte mais efeito.

g) Trata-se de uma pessoa ★ tenho muita admiração.

h) Esse é o cargo ★ é possível tirar muitos benefícios.

i) Não é esse o nome ★ ele atende.

j) O porte de armas ★ tantos lutam devia ser mais combatido pela polícia.

7. O emprego de *cujo*

Há determinadas palavras que dificilmente aparecem em redações. Uma delas é o pronome relativo **cujo** e suas variantes. Para empregá-lo, é preciso fazer raciocínios de idas e vindas na frase, o que para alguns alunos chega a ser uma tortura. Saiba, porém, que um **cujo** bem empregado dá maioridade ao texto e leva o professor a ver com outros olhos sua redação. Como fazê-lo? Simples. Veja a seguinte frase:

Está fadado ao fracasso o país cujos governantes pouco se importam com a pobreza.

O emprego correto de **cujo** exige dupla atenção:

1. Veja a palavra que o antecede (**antecedente**) – país.

2. Observe a palavra que o segue (**consequente**) – governantes.
   O **cujo** concordará com o **consequente**. Nunca use artigo depois dele. É inadmissível escrever **cujos os governantes**.
   O uso da vírgula segue as mesmas regras dos outros relativos.

ATIVIDADES

1. Reúna as duas frases num só período com a ajuda de **cujo** ou uma de suas variantes. Faça as alterações que achar necessárias e pense sempre no uso da vírgula.

a) Morávamos numa casa espaçosa. A garagem transformamos num laboratório de som.

b) Ele fez concurso para oficial de justiça. A tarefa do oficial de justiça não é das mais fáceis.

c) Leio sempre revistas e jornais. As informações desses meios de comunicação são muito importantes para meu dia a dia.

d) Hoje, nenhum político dispensa os institutos de pesquisa. As informações desses institutos são importantes para as estratégias de campanha.

e) O diretor era mesmo um homem sem princípios. Jamais confiei nas palavras do diretor.

f) Toda sociedade tem seus ídolos. O comportamento desses ídolos serve de modelo para a juventude.

g) A depressão pode atacar qualquer pessoa. Os sintomas da depressão às vezes se confundem com os da tristeza.

h) Meu filho me decepcionou. Eu sempre acreditei na palavra do meu filho.

i) É grande o índice de criminalidade no Brasil. A prevenção da criminalidade está mais na escola do que em polícia nas ruas.

j) Todos deviam se basear nos princípios éticos. A prática desses princípios é que torna a sociedade mais coesa.

2. Leia o texto e faça o que se pede a seguir.

Zap

Não faz muito que temos esta nova TV com controle remoto, mas devo dizer que se trata agora de um instrumento sem o qual eu não saberia viver. Passo os dias sentado na velha poltrona, mudando de um canal para outro – uma tarefa que antes exigia certa movimentação, mas que agora ficou muito fácil. Estou num canal, não gosto – zap, mudo para outro. Não gosto de novo – zap, mudo de novo.

Eu gostaria de ganhar em dólar num mês o número de vezes que você troca de canal em uma hora, diz minha mãe.

Trata-se de uma pretensão fantasiosa, mas pelo menos indica disposição para o humor, admirável nessa mulher.

Sofre, minha mãe. Sempre sofreu: infância carente, pai cruel etc. Mas o seu sofrimento aumentou muito quando meu pai a deixou. Já faz tempo; foi logo depois que nasci, e estou agora com treze anos. Uma idade em que se vê muita televisão, e em que se muda de canal constantemente, ainda que minha mãe ache isso um absurdo. Da tela, uma moça sorridente pergunta se o caro telespectador já conhece certo novo sabão em pó. Não conheço nem quero conhecer, de modo que – zap – mudo de canal. "Não me abandone, Mariana, não me abandone!" Abandono, sim. Não tenho o menor remorso, em se tratando de novelas: zap, e agora é um desenho, que eu já vi duzentas vezes, e – zap – um homem falando. Um homem, abraçado à guitarra elétrica, fala a uma entrevistadora. É um roqueiro. Aliás, é o que está dizendo, que é um roqueiro, que sempre foi e sempre será um roqueiro. Tal veemência se justifica, porque ele não parece um roqueiro. É meio velho, tem cabelos grisalhos, rugas, falta-lhe um dente. É o meu pai.

É sobre mim que fala. Você tem um filho, não tem?, pergunta a apresentadora, e ele, meio constrangido – situação pouco admissível para um roqueiro de verdade –, diz que sim, que tem um filho, só que não o vê há muito tempo.

Hesita um pouco e acrescenta: você sabe, eu tinha de fazer uma opção, era a família ou o rock. A entrevistadora, porém, insiste (é chata, ela): mas o seu filho gosta de rock? Que você saiba, seu filho gosta de rock?

Ele se mexe na cadeira; o microfone, preso à desbotada camisa, roça-lhe o peito, produzindo um desagradável e bem audível rascar. Sua angústia é compreensível; aí está, num programa local e de baixíssima audiência – e ainda tem de passar pelo vexame de uma pergunta que o embaraça e à qual não sabe responder. E então ele me olha. Vocês dirão que não, que é para a câmera que ele olha; aparentemente é isso, aparentemente ele está olhando para a câmera, como lhe disseram para fazer; mas na realidade é a mim que ele olha, sabe que em algum lugar, diante de uma tevê, estou a fitar seu rosto atormentado, as lágrimas me correndo pelo rosto; e no meu olhar ele procura a resposta à pergunta da apresentadora: você gosta de rock? Você gosta de mim? Você me perdoa? – mas aí comete um erro, um engano mortal: insensivelmente, automaticamente, seus dedos começam a dedilhar as cordas da guitarra, é o vício do velho roqueiro, do qual ele não pode se livrar nunca, nunca. Seu rosto se ilumina – refletores que se acendem? – e ele vai dizer que sim, que seu filho ama o rock tanto quanto ele, mas nesse momento zap – aciono o controle remoto e ele some. Em seu lugar, uma bela e sorridente jovem que está – à exceção do pequeno relógio que usa no pulso – nua, completamente nua.

SCLIAR, Moacyr. "Zap". In: MORICONI, Ítalo (Org.). *Os cem melhores contos brasileiros do século*. Rio de Janeiro: Objetiva, 2000. p. 555-6.

Reescreva as frases a seguir, transformando os segmentos destacados em orações nas quais apareça **cujo** ou uma de suas variantes. Faça as alterações necessárias. Seja fiel às ideias do texto que acabou de ler.

a) Não faz muito tempo que temos esta nova TV *com controle remoto que eu perdi*.
b) Essa TV é um instrumento, *sem a presença dela eu não saberia viver*.
c) O rapaz passa os dias sentado na velha poltrona, *e o forro dela já está todo puído*.
d) Se estou num canal *e não gosto do programa*, mudo para outro.
e) Minha mãe teve uma infância terrível, *pois o pai dela era muito cruel*.
f) O filho olha para o pai *e no rosto deste ele vê sofrimento*.
g) O roqueiro é um homem velho e abatido, *tem um filho que vê televisão o dia inteiro*.
h) A mãe reclama o dia inteiro do filho, *que tem como passatempo ficar zapeando na TV*.
i) A apresentadora insiste, *e o pai gostaria de fugir das perguntas que ela faz*.
j) O rapaz sente saudades do pai, *e este tem um aspecto que o repugna*.

Parte 6

Banco de temas

Esta é a última parte. Aqui você encontrará 20 temas de vestibulares, a fim de exercitar o que ensinamos ao longo deste livro. Pratique bastante, porque o hábito da escrita é que faz ruir as barreiras que criamos em relação a ela.

Tema 1

Tema organizado pelo autor desta obra

Leia os textos ao lado com atenção.

A indiferença é a forma contemporânea da barbárie. É preferível dar porque, às vezes, o que você dá é a diferença entre ter ou não uma oportunidade. Ainda que seja só a oportunidade de comer.

Rita Amaral, doutora em antropologia social pela Universidade de São Paulo.

Acho errado. Esmola vicia e leva a pessoa a viver na condição de se acomodar com o pouco que recebe.

Içami Tiba, psiquiatra, educador e autor de Quem ama educa.

Depende. Nunca dou dinheiro, mas pago uma refeição. Solidariedade é um dever ético – repartir uma porção do que tem com um amigo em dificuldade é o princípio bíblico do dízimo.

Frei Betto, teólogo e escritor.

Não. A esmola pode aliviar situações de extrema necessidade, mas não contribui para transformar a condição de miserabilidade dos pedintes.

Waldir Mafra, da Care Brasil, ONG que combate a pobreza.

As pessoas acham que mendigo gosta de pedir, mas eu não gosto. Sei que esse não é o único jeito de viver, mas ainda não vejo outra saída. Se mais gente me ajudasse, talvez eu saísse dessa situação.

Carla, moradora de rua.

Os depoimentos acima foram retirados de matéria da revista SUPERINTERESSANTE. Devemos dar esmolas? São Paulo: Abril, n. 265, maio 2009. p. 39. Seção Super Respostas.

Quem dá esmola nas ruas contribui para a manutenção da miséria e prejudica o desenvolvimento da sociedade. O brasileiro precisa parar de aliviar sua culpa esticando os braços para fora do carro. O gesto é fácil e não ajuda em nada. O que vemos nas esquinas e nos sinais de trânsito dos bairros centrais de São Paulo é reflexo da miséria que se aglomera nas periferias da cidade. Segundo o Índice Paulista de Vulnerabilidade Social (IPVS), existem 300 mil famílias ou 1,4 milhão de pessoas que vivem em situação de extrema pobreza – 13% da população –, concentradas na periferia da cidade. A vida dessas pessoas é marcada pela falta de dinheiro, de moradia digna, emprego, segurança, lazer, cultura, acesso à saúde e à educação.

Famílias inteiras migram todos os dias para os bairros centrais da capital, pois é lá que arrecadam dinheiro. Ensaiando verdadeiras coreografias, adultos submetem crianças e adolescentes à tarefa de pedir esmola. Vítimas do trabalho infantil – o que contraria a Constituição Federal e o Estatuto da Criança e do

Adolescente – eles estão expostos à violência moral, física e sexual. Estimativas revelam que dois terços do que uma criança ou um adolescente ganha em um sinal de trânsito (em média 30 reais por dia) vão parar nas mãos de um aliciador. De moeda em moeda, o paulistano acaba contribuindo com uma indústria que movimenta 25 milhões de reais por mês!

A sociedade precisa entender que existem políticas públicas para atender pessoas, famílias e, especialmente, crianças e adolescentes em situação de risco pessoal e social, e que dar esmola contribui para manter essa população longe dos programas sociais municipais. Se as doações não acontecem nas ruas, as famílias que pedem esmola terão de aceitar, por exemplo, os programas de transferência de renda, que pagam uma bolsa na condição de que seus filhos saiam dos sinais e frequentem a escola e atividades socioeducativas e de convivência. Para os moradores de rua, a esmola é uma forma fácil de ganhar dinheiro e faz com que eles não procurem os serviços públicos oferecidos. Muitos resistem, principalmente, porque, nos albergues, se deparam com regras que estão pouco habituados a cumprir, como não beber no estabelecimento, tomar banho antes de dormir e respeitar os horários das refeições, como jantar e café da manhã.

O ato de dar esmola precisa passar por uma mudança de foco: em vez de dispersas e pontuais, as ações voluntárias devem ser canalizadas para garantir, com projetos sociais sérios, os direitos fundamentais da população mais vulnerável da cidade.

Floriano Pesaro, sociólogo, é Secretário Municipal de Assistência e Desenvolvimento Social de São Paulo e ex-secretário nacional do Programa Bolsa Escola.

A esmola, com certeza, não resolve o problema da miséria que assola milhões de pessoas no Brasil e em todo o mundo. A esmola é um ato de decisão pessoal que não deve nem pode ser tutelado pelo Estado. Esta decisão deve nascer de uma profunda e séria reflexão sobre como os problemas sociais que destroem a vida, como a miséria, devem ser resolvidos e ter a nossa participação pessoal, política e social. O que não podemos é explicar a miséria que atinge a tantos pela esmola, e não podemos aceitar a rotulação de culpado a quem dá esmola, como um perpetuador da miséria.

A miséria será atenuada e extinta por um grande movimento de rearticulação política, social e econômica. O crescimento econômico é fator essencial para a superação da miséria, a geração de empregos, a capacitação profissional e a criação de políticas públicas que garantam a cidadania.

As crianças e jovens necessitam de perspectivas e meios adequados para atingir autonomia e capacidade de participação e decisão. A Constituição Federal, Estadual e a Lei Orgânica do Município de São Paulo garantem prioridade absoluta para crianças e adolescentes. Basta ver os orçamentos propostos e aprovados para comprovar que os dispositivos legais não são obedecidos. A demanda reprimida de creches em São Paulo é de cerca de 80 000 crianças, ou seja, não há lugar para todos que necessitam de educação infantil. O mesmo acontece com as políticas de proteção aos adolescentes.

Algumas vezes, acredito que quem dá esmola e perpetua a miséria é o Poder Público, que divulga o número dos atendidos e não dos excluídos das políticas sociais. O sistema neoliberal não garante lugar para todos, muitos sobram e vivem das migalhas e da esmola que lhes chega e até os humilha.

Não vamos individualizar, nem usar chavões, levando a opinião pública a acreditar que se todos parassem de dar esmola a miséria desapareceria. A esmola não explica a miséria, mas é um dos seus contraditórios efeitos. A esmola algumas vezes é um ato de relacionamento com o pobre, mas também pode ser um ato de resistência e acusação diante de uma sociedade que gera muito egoísmo e individualismo.

O preceito judaico-cristão da esmola, que favorece a partilha e a solidariedade, é uma maneira de ser na qual a riqueza de uns não resulta na miséria de outros.

Pe. Júlio R. Lancellotti é sacerdote, formado em Pedagogia e Teologia.
É fundador da Casa Vida, residência de crianças abandonadas portadoras do HIV.
Os textos acima foram retirados de matéria da revista EMOÇÃO E INTELIGÊNCIA. *Dar esmola perpetua a miséria?* São Paulo: Abril, n. 12, mar. 2007. p. 64-5. Seção Dois Lados.

> **PRATIQUE**
>
> Tomando os depoimentos e textos selecionados como meramente motivadores para a discussão, **escreva um texto dissertativo-argumentativo** sobre o tema: **Esmola: dar ou não dar, eis a questão.**
>
> Seu texto deve respeitar o limite de 25 a 30 linhas. Coloque um título em sua redação.

Tema 2
PUC-MG 2010

Ai, palavras, ai, palavras,
que estranha potência, a vossa!
Ai, palavras, ai, palavras,
sois de vento, ides no vento,
no vento que não retorna,
e, em tão rápida existência,
tudo se forma e transforma!

Cecília Meireles. *Romanceiro da Inconfidência.*

> **PRATIQUE**
>
> Tomado o trecho acima como mote, você, assumindo a posição de um jornalista, deverá produzir um **artigo de opinião**, em que refletirá sobre o poder das palavras nas interações sociais. O seu texto será publicado em uma revista de grande circulação. Para isso, recorra a exemplos que possam ilustrar seus argumentos.

Disponível em:
<http://www.pucminas.br/documentos/vestibular_2010_01_interior_portugues.pdf>.
Acesso em: 1.º mar. 2011.

Tema 3
PUC-RJ 2010

Um assunto recorrente nos debates sobre a sociedade contemporânea é a relação que os indivíduos estabelecem com o **tempo** no seu cotidiano, como ilustrado nos fragmentos ao lado:

Não sei mais calcular a cor das horas.
As coisas me ampliaram para menos.

BARROS, Manoel. *Livro das ignorâncias*.
Rio de Janeiro: Record, 1997.

"Instantaneidade" significa realização imediata, "no ato" – mas também exaustão e desaparecimento do interesse. A distância em tempo que separa o começo do fim está diminuindo ou mesmo desaparecendo [...] Há apenas "momentos" – "pontos sem dimensões."

BAUMAN, Zygmunt. *Modernidade líquida*.
Rio de Janeiro: Jorge Zahar, 2001. p. 137-8.

Na literatura sobre o tempo e sobre as "conciliações" entre vida profissional e vida privada, tem-se a impressão de que a vida das pessoas ou se resume a intermináveis jornadas de trabalho, em permanente disponibilidade às empresas, ou não passa de uma corrida frenética de um lado para outro, no cumprimento de obrigações profissionais e na assistência aos filhos ou aos pais idosos. Subitamente, é como se esses adultos não tivessem vida amorosa e sexual, que pede tempo de convivência e distensão para que possa ser fonte de alegria.

OLIVEIRA, Rosiska Darcy de. *Reengenharia do tempo*.
Rio de Janeiro: Rocco, 2003. p. 57.

Requerimento

Caro Senhor Tempo,

Espero que esta o encontre passando bem, ou melhor, passando o mais devagar possível.

Por aqui vai-se indo, como o Senhor quer e consente, meio rápido demais para o meu gosto, e quando vi já era dezembro.

Foi-se mais um ano.

E com ele foram-se uma quantidade incalculável de amores, cores, idades, alguns amigos, não sei quantos neurônios, memórias, remorsos, desvarios, cabelos, ilusões, alegrias, tristezas, várias certezas (se não me engano treze), algumas verdades indiscutíveis, umas calças que não fecham mais e aquele vestido de que eu gostava tanto.

[...]

Não pensa em tirar umas férias, dar uma pausa, respirar um pouco? Não lhe agrada a ideia de mudar o andamento? Diminuir o ritmo? Em vez de tic-tac, inventar uma palavra mais comprida para compasso, mantra, ícone, diagrama?

Me diga sinceramente: para que tanta pressa?

Anda difícil acompanhar seus passos ultimamente.

[...]

Calma, Tempo! Espera só um minutinho para eu explicar melhor o meu ponto de vista.

Nem todo mundo é pedra, concorda?

Dito isso, imagine então quantos pobres mortais sofrem da mesma agonia diária: giros e mais giros nos ponteiros, os cantos dos cucos, as denúncias das sombras, os grãos de areia escorregando (parece até hemorragia crônica), tudo escapulindo, descendo, subindo, o frenesi dos dígitos, um, dois, três, quatro, cinco, cem, o Senhor vai tirar o pai da forca? Está fugindo de alguém? De quem? De mim? De ontem?

Eu conheço de cor suas obrigações.

Estou convencida de suas utilidades.

Não fosse o Senhor, não existiriam saudade, retrato, suvenir, antiguidade, história, época, período, calendário, outrora, passatempo, novidade, creme antirrugas, disputa por pênaltis, antepassado, descendente, dia, noite, nada, não existiria sabedoria, eu sei disso.

[...]

FALCÃO, Adriana. *Veja Rio*, 25 dez. 2002.

Objetos de uso pessoal

RELÓGIO PARA SE DAR UM TEMPO

http://bloglog.globo.com/miguelpaiva/

> **PRATIQUE**
>
> E você? Como vê a relação ser humano-tempo hoje em dia?
> Produza um texto **dissertativo-argumentativo** de aproximadamente 25 linhas, apresentando um ponto de vista sobre o assunto.
> Suas ideias devem ser claras, coerentes e bem fundamentadas.
> Recomenda-se que a coletânea sirva apenas de auxílio à reflexão e que não ocorra cópia de trechos dos fragmentos expostos. Serão valorizadas a pertinência e a originalidade de seus argumentos.

Tema 4

UFT 2011

Tema: A contribuição do riso tragicômico para a formação do cidadão

Redija um texto dissertativo-argumentativo, em prosa. Observe rigorosamente as orientações e informações a seguir:

Instruções:

1. O texto deve ser desenvolvido segundo o tema.
2. O tema vem acompanhado de uma coletânea, que tem o objetivo de orientar sua linha argumentativa.
3. Sua redação será ANULADA se você: fugir ao tema proposto; desconsiderar a coletânea; não atender ao tipo de texto exigido.

Coletânea

Textos 1 e 2: Charges

Disponível em: <http://rizomas.net/charges-sobre-educacao.html>.
Acesso em: 29 set. 2010.

Disponível em: <http://jca.apc.org/fome/cidadania/charge43.html>.
Acesso em: 29 set. 2010.

Texto 3: Artigo científico

[...]

A charge traz em seu corpo sígnico [em geral] caricaturas dos governantes, paródias dos acontecimentos políticos, críticas ao sistema de forma ferina e sarcástica que podem/devem provocar o riso no "leitor". Mas que tipo de riso é esse? De acordo com Souza, o riso que a charge provoca [...] é um "riso crítico e corrosivo que funciona como elemento refrator, contra-ideológico por excelência

[...]. É um riso ambíguo que se volta contra o próprio sujeito ao revelá-lo como objeto do riso. Riso que tem a força de ludibriar e desentronizar o poder" (SOUZA, 1986, p. 85).

[...]

Dessa forma, a charge é um sistema de linguagem altamente corrosivo, que pode ferir e minar o poder. Trata-se também de uma linguagem que pode desmascarar, trazer à luz a ideologia solidificada em nossas mentes. Se certa homogeneidade nos modos de interpretação do mundo é fornecida aos indivíduos de uma dada formação social, nas suas maneiras de sentir, querer, julgar e de se conformar às suas condições reais de existência, a charge surge para tentar perfurar, descobrir os véus, revelar as artimanhas e minar a força dos dominantes.

Utilizando metáforas, antíteses, hipérboles, entre outras figuras de linguagem, as máscaras do poder dominante vão caindo, o leitor da charge tem a oportunidade de enxergar além do que os soberanos nos trazem à visão. Tais figuras de linguagem estão contidas nas charges com o intento de acentuar a crítica. [...]

Além disso, as charges são caracterizadas por uma linguagem sintética: muitas vezes apresenta-se só através de imagens, sem qualquer texto; outras vezes, palavra e imagem convivem no mesmo espaço. Da linguagem sintética retiramos um aspecto essencial na construção do humor e das críticas que as charges apresentam em suas composições: o choque. Da colisão de uma figura com uma frase, ou de duas palavras ou o choque de imagens, enfim, da colisão de dois objetos ou fatos eclode um significado.

[...]

SOUZA, Luciana Coutinho; JABUR, Marina. O potencial humorístico da charge *online*: uma leitura da linguagem tendo em vista a mudança do suporte. In: *Verso e Reverso/ Revista da Comunicação*. São Leopoldo/RS, ano XXIII, n. 54, 2009/3. Texto adaptado.

Texto 4: Notícia

Escrito 9 de abril de 2010 at 17:51 por Equipe QIR
Brasil da Piada pronta

Na definição de Chico Anysio, o "humor acusa, satiriza, descobre, desmoraliza, critica, eleva, deforma, informa, destrói, constrói, imortaliza, enterra, acaricia, açoita". Mas quando e como a identidade do humor brasileiro começou a ser formada?

Quando o Brasil se tornou o país da piada pronta

Mais do que fazer rir e melhorar um dia de estresse e trabalho, o humor tem feito o cidadão brasileiro chegar a algum lugar. Uma tirinha satírica sobre um governador corrupto, um programa de TV engraçado que polemiza a violência de uma cidade ou uma seção do jornal que faz piada do mais novo aumento salarial dos deputados podem não mudar a realidade do país, mas expõem figuras públicas, afrontam autoridades, atentam a sociedade para os problemas do país e, muitas vezes, ajudam a melhorá-los pelo alcance social que têm.

Não é a toa que Chico Anysio diz, no prefácio do livro *A alegre história do humor brasileiro*, de Jota Rui, que, "se o humor não fosse tão importante, os olhos dos homens grandes (por favor não confundam com grandes homens) não estariam tão voltados à sua vigilância".

(...)

Disponível em: <http://www.qir.com.br/?p=3336>. Acesso em: 28 set. 2010. Texto adaptado.

Texto 5: Tirinha

O CIRQUINHO DA POLÍTICA – www.clubedopanca.com.br   Caetano Cury

Caetano Cury/Acervo do cartunista

> **PRATIQUE**
>
> Em geral, as charges e tirinhas, comumente utilizadas nos meios de comunicação de massa, provocam no leitor o riso tragicômico e, consequentemente, uma indignação. Você acredita que esse riso tragicômico pode vir a contribuir para a formação de um cidadão mais consciente do seu papel diante dos problemas brasileiros? **Argumente.**
> Entende-se, neste contexto, por tragicômico o riso ambíguo que, se por um lado é provocado pelo humor, por outro, revela fragilidades que incomodam o leitor.

Tema 5

UEM 2010

A coletânea de textos ao lado aborda a temática:

O destino dos resíduos urbanos atualmente nas cidades.

Texto 1

Lixo urbano

Desde o surgimento dos primeiros centros urbanos, a produção de lixo se apresenta como um problema de difícil solução. A partir da Revolução Industrial, com a intensificação da migração dos trabalhadores do campo para a cidade, aumentaram as dificuldades referentes à produção de resíduos sólidos de diferentes naturezas (domésticos, industriais, serviços de saúde etc.).

[...]

Os excedentes vão se acumulando cada vez em maior escala, colocando a questão do lixo urbano como uma das mais sérias a ser enfrentada atualmente.

Com a elevação da população e, principalmente, com o estímulo dado ao consumismo, o problema tende a se agravar.

[...]

A grande preocupação em torno do destino do lixo se dá principalmente em face da sua característica de inesgotabilidade, comprometimento de grandes áreas e pela sua complexidade estrutural, devido à grande variedade de materiais, desde substâncias inertes a substâncias altamente tóxicas. A heterogeneidade é uma das características principais dos resíduos sólidos urbanos, que apresentam uma composição qualitativa e quantitativa muito variada. Essas variações ocorrem geralmente em função do nível de vida e educação da população, do clima, dos modos de consumo, das mudanças tecnológicas etc.

[...]

A partir da Revolução Industrial, as fábricas começaram a produzir objetos de consumo em larga escala e a introduzir novas embalagens no mercado, aumentando consideravelmente o volume e a diversidade de resíduos gerados nas áreas urbanas. O homem passou a viver então a era dos descartáveis, em que a maior parte dos produtos – desde guardanapos de papel e latas de refrigerante, até computadores – são utilizados e jogados fora com enorme rapidez. Ao mesmo tempo, o crescimento acelerado das metrópoles fez com que as áreas disponíveis para colocar o lixo se tornassem escassas. A sujeira acumulada no ambiente aumentou a poluição do solo e das águas e piorou as condições de saúde das populações em todo o mundo, especialmente nas regiões menos desenvolvidas. Até hoje, no Brasil, a maior parte dos resíduos recolhidos nos centros urbanos é simplesmente jogada sem qualquer cuidado em depósitos existentes nas periferias das cidades. O lixo urbano é, portanto, um dos maiores problemas da atualidade, pois os moldes de consumo adotados pela maioria das sociedades modernas estão provocando um aumento contínuo e exagerado na quantidade de lixo produzido.

PINHEIRO, Jairo Augusto Nogueira.
Disponível em:
<http://www.webartigos.com/articles/10684/1/Lixo-Urbano/pagina1.html>.
Acesso em: 7 abr. 2011. Texto adaptado.

Texto 2

Destinação correta dos resíduos sólidos urbanos requer inicialmente investimentos da ordem de R$ 1,3 bilhão

O *Panorama dos Resíduos Sólidos no Brasil* é um estudo realizado pela Associação Brasileira de Empresas de Limpeza Pública e Resíduos Especiais – Abrelpe – desde 2003. Em sua segunda edição, com dados referentes ao ano de 2004, ele mostra que a questão do lixo no país demanda não só vontade política para fazer andarem os projetos, para levar ao povo procedimentos de asseio basilares. Mais que isso, todo esse processo requer investimentos vultosos, da ordem de R$ 1,3 bilhão na fase pré-operacional, e R$ 80 milhões/mês na fase operacional.

[...]

O Brasil tem hoje 237 cidades, em todas as regiões, com coleta seletiva de lixo. Parece pouco diante do universo de 5 560 sob a bandeira verde-amarela, mas a curva é ascendente e os números otimistas. Ainda mais se observados os estímulos à reciclagem, que invariavelmente caminham junto com a coleta seletiva. Os dados mais significativos quanto à reciclagem podem ser sintetizados a seguir:

- a taxa de recuperação de papéis recicláveis evoluiu de 30,7%, em 1980, para 43,9%, em 2002;
- a reciclagem de plásticos pós-consumo é da ordem de 17,5, sendo que, na Grande São Paulo, o índice é de 15,8% e, no Rio Grande do Sul, é da ordem de 27,6%;
- a reciclagem de embalagens PET cresceu de 16,25%, em 1994, para 35%, em 2002;
- a reciclagem das embalagens de vidro cresceu de 42% para 45% entre 2001 e 2003;
- o índice de reciclagem de latas de aço para bebidas evoluiu de 43%, em 2001, para 75%, em 2003.

PINTO, Mônica. Disponível em: <http://noticias.ambientebrasil.com.br/exclusivas/2005/06/28/19786-exclusivo--destinacao-correta-dos-residuos-solidos-urbanos-requer-inicialmente-investimentos--da-ordem-de-r-13-bilhao.html>. Acesso em: 11 abr. 2011. Texto adaptado.

Texto 3

Você sabe a diferença entre lixão, aterro controlado e aterro sanitário?

Um lixão é uma área de disposição final de resíduos sólidos sem nenhuma preparação anterior do solo. Não tem sistema de tratamento de fluentes líquidos – o chorume (líquido preto que escorre do lixo). Este penetra pela terra levando substâncias contaminantes para o solo e para o lençol freático. [...] No lixão, o lixo fica exposto sem nenhum procedimento que evite as consequências ambientais e sociais negativas.

Já o **aterro controlado** [...] é uma célula adjacente ao lixão [...] que recebeu cobertura de argila, grama (idealmente selado com manta impermeável para proteger a pilha de água de chuva), captação de chorume e gás. [...] Tem também recirculação do chorume que é coletado e levado para cima da pilha do lixo, diminuindo a sua absorção pela terra ou eventualmente outro tipo de tratamento. [...]

Aterro sanitário [...] tem o terreno preparado previamente com o nivelamento de terra e com o selamento da base com argila e mantas de PVC extremamente resistente. Com essa impermeabilização do solo, o lençol freático não será contaminado pelo chorume. [...] A operação do aterro sanitário, assim como a do aterro controlado, prevê a cobertura diária do lixo, não ocorrendo a proliferação de vetores, mau cheiro e poluição visual.

Disponível em: <http://www.lixo.com.br/index.php?option=com_content&task=view&id=144&Itemid=251>. Acesso em: 11 abr. 2011. Texto adaptado.

PRATIQUE

Redija, em até 30 linhas, uma **resposta interpretativa** que indique quais são as formas de tratamento dos resíduos urbanos no Brasil, definindo aquela(s) que melhor atenda(m) as cidades atualmente.

Tema 6

UFRJ 2011

Leia os textos ao lado para elaborar sua redação.

Instruções:

1. Evite copiar passagens dos textos ou dos fragmentos apresentados.
2. Redija seu texto em prosa, de acordo com a norma culta escrita da língua.
3. Redija um texto de 25 a 30 linhas.
4. Atribua um título a seu texto.

Texto 1

[...] Dispomos de um número incessantemente aumentado de objetos e de lazeres: não se vê a sociedade mais radiante por isso. Consome-se três vezes mais energia que nos anos 1960: a quem faremos crer que somos três vezes mais felizes? A ideia é justa: o Produto Interno Bruto não é a Felicidade Nacional Bruta, a vida boa não pode ser confundida com o avanço consumista. [...]

LIPOVETSKY, Gilles. Tradução de Maria Lucia Machado. *A felicidade paradoxal: ensaio sobre a sociedade de hiperconsumo*. São Paulo: Cia. das Letras, 2009.

Texto 2

Minha alegria

Minha alegria permanece eternidades soterrada
e só sobe para a superfície
através dos tubos de filtros alquímicos
e não da causalidade natural.
Ela é filha bastarda do desvio e da desgraça,
minha alegria:
um diamante gerado pela combustão,
como rescaldo final de incêndio.

SALOMÃO, Waly. In: FERRAZ, Eucanaã (Org.). *Veneno antimonotonia. Os melhores poemas e canções contra o tédio*. Rio de Janeiro: Objetiva, 2005.

Texto 3

Certificação Riso 9000

Toda empresa de sucesso e visão conhece a importância de garantir a qualidade de seus processos, produtos e serviços. Também já percebeu que é preciso cuidar bastante de quem faz tudo isso acontecer – é fundamental que o funcionário funcione sempre bem! [...] atendendo a pedidos, os Doutores da Alegria criaram uma certificação inovadora: a Riso 9000, que atesta níveis saudáveis de alegria no local de trabalho. A alegria nas relações – com o trabalho, os colegas e até com as adversidades que vez ou outra insistem em acontecer – mantém a criatividade e a energia em alta, e de lambuja transforma o ambiente com a quebra positiva da rotina. [...]

Disponível em: <http://www.doutoresdaalegria.org.br>. Acesso em: 11 abr. 2011.

Texto 4

[...] o desequilíbrio leva a mudanças que levam ao surgimento de formas complexas que levam ao equilíbrio. Essa é a essência do ciclo de criação da Natureza: qualquer transformação é induzida por alguma imperfeição. [...]

GLEISER, Marcelo. *Criação imperfeita: Cosmo, Vida e o Código Oculto da Natureza*. Rio de Janeiro: Record, 2010.

Texto auxiliar constante na prova discursiva da UFRJ:

O que há de errado com a felicidade?

A pergunta do título pode deixar muitos leitores desconcertados. E foi feita mesmo para desconcertar – estimular que se faça uma pausa para pensar. Uma pausa em quê? Em nossa busca pela felicidade – que, como muitos leitores provavelmente concordarão, temos em mente na maior parte do tempo, preenche a maior parte de nossas vidas, não pode nem vai abrandar a marcha, muito menos parar... pelo menos não por mais que um instante (fugaz, sempre fugaz).

Por que é provável que essa pergunta desconcerte? Porque indagar "o que há de errado com a felicidade?" é como perguntar o que há de quente no gelo ou de malcheiroso numa rosa. Sendo o gelo incompatível com o calor, e a rosa com o mau cheiro, tais perguntas presumem a viabilidade de uma coexistência inconcebível (onde há calor, não pode haver gelo). De fato, como poderia haver algo de errado com a felicidade? "Felicidade" não seria sinônimo de ausência de erro? Da própria impossibilidade de sua presença? Da impossibilidade de todo e qualquer erro?!

[...]

Nossas vidas, quer o saibamos ou não e quer o saudemos ou lamentemos, são obras de arte. Para viver como exige a arte da vida, devemos, tal como qualquer outro tipo de artista, estabelecer desafios que são (pelo menos no momento em que estabelecidos) difíceis de confrontar diretamente; devemos escolher alvos que estão (ao menos no momento da escolha) muito além de nosso alcance, e padrões de excelência que, de modo perturbador, parecem permanecer teimosamente muito acima de nossa capacidade (pelo menos a já atingida) de harmonizar com o que quer que estejamos ou possamos estar fazendo. Precisamos tentar o impossível. E, sem o apoio de um prognóstico favorável fidedigno (que dirá da certeza), só podemos esperar que, com longo e penoso esforço, sejamos capazes de algum dia alcançar esses padrões e atingir esses alvos, e assim mostrar que estamos à altura do desafio.

A incerteza é o *habitat* natural da vida humana – ainda que a esperança de escapar da incerteza seja o motor das atividades humanas. Escapar da incerteza é um ingrediente fundamental, mesmo que apenas tacitamente presumido, de todas e quaisquer imagens compósitas* da felicidade. É por isso que a felicidade "genuína, adequada e total" sempre parece residir em algum lugar à frente: tal como o horizonte, que recua quando se tenta chegar mais perto dele.

BAUMAN, Zygmunt. "O que há de errado com a felicidade?" In: *A Arte da Vida*. Rio de Janeiro: Jorge Zahar, 2009. Texto adaptado.

*****compósito:** adj. 1. caracterizado pela heterogeneidade de elementos; feito de vários elementos ou partes diferentes; composto.

HOUAISS, Antônio; VILLAR, Mauro de Sales. *Dicionário Houaiss da Língua Portuguesa*. Rio de Janeiro: Objetiva, 2001.

> **PRATIQUE**
>
> Considerando a pergunta "O que há de errado com a felicidade?", bem como os fragmentos e o poema "Minha alegria", **redija um texto dissertativo-argumentativo** em que você problematize os parâmetros de felicidade no cenário contemporâneo e defenda suas reflexões.

Tema 7

PUC-PR 2011

Texto 1

Classe média já é 50% da população

O número de brasileiros que compõem a nova classe média, cuja renda varia de R$ 1 126 a R$ 4 854, chegou a 94,9 milhões de pessoas e ultrapassou pela primeira vez 50% da população, de acordo com dados da última Pesquisa Nacional por Amostra de Domicílios (PNAD), relativa a 2009. O indicador confirma uma tendência que já estava sendo apontada pela pesquisa mensal de emprego (PME) desde 2008, segundo informações da pesquisa "A Nova Classe Média: O Lado Brilhante dos Pobres" divulgada pela Fundação Getúlio Vargas (FGV). A pesquisa mostrou que de 2003 a 2009 um total de 29 063 545 ascenderam para a classe C, a chamada nova classe média.

Agência Estado. *Gazeta do Povo*.
Rio de Janeiro, 11 set. 2010, p. 19.

Texto 2

[Cartum: Um casal à mesa. O homem diz: "SEGUNDO ESTUDOS DA FGV, NÓS JÁ SOMOS CLASSE MÉDIA! CADÊ O BIFE?" A mulher responde: "FOI ENGOLIDO PELA MARGEM DE ERRO!" Sobre a mesa, apenas restos/cascas.]

Thiago Recchia/Acervo do cartunista

Fonte: *Gazeta do Povo*, 11 set. 2010, p. 8.

> **PRATIQUE**
>
> Com apoio nas informações do texto jornalístico e na crítica do cartunista Tiago Recchia, escreva um texto em que você deve posicionar-se sobre o tema apontado pelos dois textos. Observe o tom irônico do cartunista. Afinal, a situação é realmente boa, ou ainda falta o bife no prato dos brasileiros?

Tema 8

Vunesp 2011

Leia os três textos para elaborar sua redação.

Texto 1

[Ilustração do Estatuto da Criança e do Adolescente com personagens da Turma da Mônica, mostrando: Direito à Vida, Direito à Saúde, Direito à Alimentação, Direito à Educação, Direito ao Respeito, Direito à Dignidade, Direito à Liberdade, Direito à Profissionalização, Direito à Convivência Familiar e Comunitária, Direito à Cultura, Direito ao Lazer, Direito ao Esporte.]

O Estatuto da Criança e do Adolescente (ECA). Disponível em: <www.fundacaofia.com.br/ceats/eca_gibi/18.htm>. Acesso em: 12 abr. 2011.

Texto 2

É preciso reler o ECA, preocupando-se menos com a socioeducação e mais com a garantia e efetivação de direitos.

Toda vez que vejo a história de um interno é como se estivesse relendo *Crônica de uma Morte Anunciada*, de Gabriel García Márquez. Como no romance, a trajetória de vida do nosso adolescente-padrão nos permitiria dizer, desde muito antes de chegar à Casa (Fundação Centro de Atendimento Socioeducativo ao Adolescente), que ele para cá viria.

Desinteressou-se pela escola, agrediu a professora, acabou excluído da escola e do grupo e recebido de braços abertos pelo crime, onde se sentiu alguém socialmente. Passou a consumir drogas e a vendê-las. Ganhou dinheiro e garotas, foi pego pela polícia e internado. Tal qual a morte de Santiago (personagem de Gabriel García Márquez), o início da trama antecipava o final.

É preciso agir para diminuir as internações e deter a entrada do jovem no crime – com políticas sociais, atendimento psicológico e educacional eficiente –, tornando-o protagonista de sua história, incentivando-o a buscar alternativas de resolução de seus conflitos.

Precisamos trabalhar com a cultura da paz e com alternativas que passem longe da privação de liberdade, muito mais custosa financeira e emocionalmente. Ironicamente, tenho dois amigos que, na adolescência, destruíram o vaso sanitário de suas escolas usando bombas. Hoje, são pais de família íntegros. Fossem jovens e pobres nos dias de hoje, seriam internados, um no Rio de Janeiro, outro em São Paulo! É hora de parar de criminalizar condutas típicas de adolescentes. E, por favor, não me crucifiquem pelo que escrevo.

Apenas apelo para que todos nós façamos diferente. Vamos evitar a morte de Santiago, reescrevendo sua história.

GIANNELA, Berenice. *Folha de S.Paulo*, 13 jul. 2010. Texto adaptado.

Texto 3

A cada novo episódio em que um menor de idade se envolve num crime de grande repercussão, um velho "culpado" aparece: o Estatuto da Criança e do Adolescente (ECA). O conjunto de leis chega aos 20 anos no dia 13 de julho, em meio a críticas e elogios. Como legislação, é considerado exemplar. Mas sua execução falhada e a fama de estimular a ação de menores infratores o deixam muito longe da unanimidade.

O Brasil está perto do topo dos países do mundo que mais adiam a punição aos infratores. Poucas nações, a maioria sul-americanas, esperam que um jovem complete 18 anos para puni-lo legalmente. "O ECA é um incentivo à penalidade", diz o advogado Gilberto Pereira da Fonseca, representante da família do menino João Hélio, morto no Rio de Janeiro em fevereiro de 2007 ao ser arrastado pelo carro roubado de sua mãe.

Um menor de 16 anos participou do crime, ficou detido até completar 18 anos – e ganhou a liberdade com direito à proteção policial, mais tarde retirada. Não foi o ECA, porém, que definiu a maioridade penal em 18 anos. Ela é estabelecida pela Constituição de 1988 e já estava na Lei Magna anterior. São os artigos 228 da Constituição e 27 do Código Penal que asseguram a inimputabilidade aos menores de 18 anos. No Brasil, o título de eleitor pode ser obtido aos 16 anos.

Antes do ECA, a legislação sobre menores no país era meramente punitiva. O Código de Menores criou, em 1927, as chamadas colônias correcionais, para onde eram encaminhados os jovens infratores. A partir do Estatuto, o Estado passou a garantir direitos – e também as punições. A garantia de saúde, educação de qualidade e lazer, muitas vezes, fica apenas no papel. Para especialistas, ao reduzir o ECA à discussão sobre a maioridade penal, a sociedade desvia o foco e deixa de cobrar sua execução. "Só uma pequena parcela dos jovens comete crimes. O Estatuto não é o culpado porque, se ele fosse cumprido, muitos crimes não aconteceriam", afirma Fernanda Lavarello, coordenadora da Associação Nacional dos Centros de Defesa da Criança e do Adolescente.

ÉPOCA, 12 jul. 2010. Texto adaptado.

> **PRATIQUE**
>
> Com base nas informações dos três textos e em outras do seu conhecimento, **elabore um texto dissertativo**, em conformidade com a norma padrão da língua portuguesa, analisando o tema: **A condição da criança e do adolescente no Brasil após 20 anos do ECA.**

Tema 9

FGV 2011

Leia atentamente os textos ao lado; eles servirão de base para a proposta de redação que será feita.

O futebol, gradualmente, se tornou um dos instrumentos brasileiros de pensar e de, sobretudo, classificar o mundo. A nação brasileira não é só metaforizada no futebol, ela passa a "existir" como algo concreto e palpável por meio das imagens constituídas a partir desse esporte. [...] O futebol é um discurso capital sobre a nacionalidade. Não é simplesmente um outro discurso sobre a brasilidade, mas fundamental para a sua constituição. Não há dúvida de que o futebol é um mapa alternativo, mas é um mapa tão real quanto aquele da vida econômica ou política, pois possibilita o sentimento da nação.

Igor Machado (antropólogo).

Assim [segundo J. J. Sebreli], o futebol, que já serviu ao populismo, ao fascismo e ao totalitarismo, serviria agora ao totalitarismo do poder econômico, que lhe dá o seu rematado alcance mundial, e presta-se a promover a aceitação conformista do trabalho alienado, a mentalidade do puro rendimento, a competição brutal, a agressão, o sexismo, o fanatismo, o bairrismo, o ativismo irracional das torcidas, o desprezo pela inteligência e pelo indivíduo, o culto dos ídolos, a massificação, o autoritarismo, a fusão mística nos coletivismos tribais, a supressão do espírito crítico e do pensamento independente.

J. M. Wisnik (professor e músico).

Ninguém interessado em mudanças políticas pode ignorar o fato de que o futebol tem que ser abolido.

Terry Eagleton (crítico e escritor).

PRATIQUE

Os textos aqui reproduzidos enfatizam aspectos positivos ou negativos do futebol, mas são unânimes no reconhecimento de sua importância no mundo contemporâneo. Tendo em vista o peso cultural, político, social e econômico que o futebol tem no Brasil, **redija uma dissertação** em que você discuta o sentido do futebol na vida brasileira.

Tema 10

UFS 2011

Leia com atenção o texto apresentado.

Instruções:

1. Sua redação deverá ter no mínimo 20 e no máximo 30 linhas, considerando-se letra de tamanho regular.

2. Deverá haver argumentos pertinentes para embasar o desenvolvimento das ideias.

Foram laureados com o Nobel de Economia os americanos Peter Diamond e Dale Mortensen e o cipriota Christopher Pissarides. Eles desenvolveram uma teoria para explicar incongruências existentes na lei da oferta e da procura – em especial no mercado de trabalho. O trio se dedicou a entender por que existem empregadores em busca de mão de obra e desempregados que não são absorvidos por essa demanda. A pesquisa ganhou destaque no contexto da crise global, em especial com o persistente desemprego nas grandes economias tradicionais.

Adaptado de: Veja. 20 out. 2010. p. 62.

PRATIQUE

Com base no texto acima, **redija um texto dissertativo-argumentativo** a respeito da situação semelhante no mercado de trabalho brasileiro, em que nem sempre as vagas oferecidas encontram pessoas capacitadas a desempenhar essas funções.

Tema 11

Unemat 2010

Interpretação de textos

A Prova de Interpretação de texto tem, como tema central, as condições de saúde no Brasil. As questões abordam os efeitos das políticas de saúde na vida do povo brasileiro. Portanto, é importante que você leia atentamente todos os textos da prova, pois eles o auxiliarão na construção de suas respostas. Para todas as questões, as respostas DEVEM TER, NO MÍNIMO, 05 e, NO MÁXIMO, 10 LINHAS.

Texto 1

A saúde é direito de todos e dever do Estado, garantido mediante políticas sociais e econômicas que visem à redução do risco de doença e de outros agravos e ao acesso universal e igualitário às ações e serviços para sua promoção, proteção e recuperação.

Título VIII, Capítulo II, Seção II, Art. 196 – Da Saúde.
Constituição Federal do Brasil.

Texto 2

O brasileiro tem visto e ouvido, cotidianamente, seja pelos meios de comunicação ou de forma presencial em sua cidade ou bairro, histórias lamentáveis decorrentes do mau atendimento da população nos postos de saúde e hospitais da rede pública. São filas intermináveis na busca pelo atendimento, mortes por falta de pronta assistência, aglomerações que disseminam vírus e bactérias, desrespeito às condições especiais de crianças, idosos e deficientes, carência de recursos humanos e materiais, dor e aflição de toda ordem.

▶ PRATIQUE

Sobre os textos 1 e 2, responda:

1. Formule sua opinião sobre a saúde pública no país, ressaltando a contradição entre o texto da lei federal (texto 1) e o comentário do texto 2.

2. Narre um fato real que você tenha visto, lido ou ouvido recentemente e que exemplifique bem a opinião que você formulou na questão 1.

Texto 3

O Ministro da Saúde, José Gomes Temporão, em entrevista à BBC Brasil afirmou: "A falta de recursos públicos pode levar ao *apartheid* social o sistema de saúde brasileiro, opondo quem pode pagar por planos de saúde e quem depende exclusivamente do SUS (Sistema Único de Saúde). [...] O governo gasta em média o equivalente a R$ 650,00 *per capita* por ano, com o SUS, enquanto o gasto privado dos planos de saúde soma R$ 1 470,00 *per capita* por ano".

Disponível em:
<http://g1.globo.com/noticias/ciência/0,,MRP1318642-603,00.html>.
Acesso em: 26 set. 2009.

▶ PRATIQUE

A separação social (*apartheid*) a que se refere o Ministro diz respeito à diferença entre ricos e pobres no tratamento da saúde.

3. A partir do texto, apresente as razões que, em sua opinião, levam à discriminação no atendimento à saúde, destacando as consequências desse alegado *apartheid* social para a população.

Texto 4

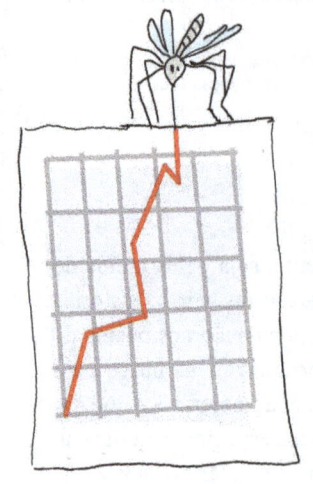

A reivindicação por aumento de recursos na saúde tem sido constante. No entanto, estudos constatam que nem sempre isso significa melhoria na qualidade da saúde pública no Brasil. Um exemplo pode ser visto no caso da persistência da hanseníase e da dengue no país.

Em um grande número de doenças transmissíveis para as quais se dispõe de instrumentos eficazes de prevenção e controle, o Brasil tem colecionado êxitos importantes. Esse grupo de doenças encontra-se em franco declínio, com reduções drásticas de incidência. Duas delas já foram erradicadas ou estão em fase de erradicação (varíola e poliomielite), o sarampo encontra-se eliminado e a meta da erradicação será atingida ainda nesta década para a raiva humana transmitida por animais domésticos, para a rubéola congênita e para o tétano neonatal. Entretanto, algumas doenças transmissíveis apresentam quadro de persistência, ou de redução em período ainda recente, configurando uma agenda inconclusa nessa área.

A hanseníase é um exemplo de situação de persistência, sendo o Brasil o segundo país a apresentar, de acordo com a Secretaria de Vigilância Sanitária do Ministério da Saúde (SVS/MS), o maior número de casos novos (CN) do mundo. [...] Por sua vez, a dengue é um caso de doença que reapareceu há alguns anos e vem mantendo um padrão de sazonalidade que acompanha a estação chuvosa (verão). A região Centro-Oeste vem apresentando as mais altas taxas de incidência e a região Sul as mais baixas, caracterizando-se as demais como áreas de média incidência.

Disponível em: <http://bvsms.saude.gov.br/bvs/publicacoes/construindo_pontes.pdf>. Acesso em: 13 abr. 2011. p. 19 e 20.

> **PRATIQUE**
>
> 4. **Produza um texto argumentativo** apresentando as razões pelas quais a qualidade da saúde pública diminui, provocando, inclusive, o reaparecimento de doenças transmissíveis. Enfatize os fatores que justificam, em sua opinião, a persistência da hanseníase e o reaparecimento da dengue no país, especialmente na região Centro-Oeste.

Texto 5

Falta de exercícios, hábitos alimentares inadequados, ansiedade, bombardeio de anúncios de alimentos "gordos" na TV, vida familiar conturbada... – tudo isso pesa na balança. Literalmente. [...] Mas, entre todos esses inimigos, o sedentarismo é o pior. "As crianças não andam mais de bicicleta porque é perigoso circular pelas ruas, passam horas grudadas na TV ou plugadas na internet e entendem recreio como hora de comprar lanche", critica Ary Lopes Cardoso, pediatra responsável pela unidade de nutrologia do Instituto da Criança do Hospital das Clínicas de São Paulo.

Disponível em: <http://saude.abril.com.br/especiais/nutri_infantil/planeta_gordinhos.shtml>. Acesso em: 12 abr. 2011.

> **PRATIQUE**
>
> 5. Em função das condições atuais de vida, os hábitos saudáveis foram substituídos por outros menos saudáveis. A partir do texto, **comente os problemas** que, do seu ponto de vista, os novos hábitos de vida diária podem acarretar para a saúde, especialmente para a sua.

Tema 12

Sistema Acafe 2010

Rio de Janeiro será a sede dos Jogos Olímpicos de 2016

O Rio de Janeiro será a sede dos Jogos Olímpicos e Paraolímpicos de 2016. A decisão histórica de levar a maior competição esportiva do planeta para a América do Sul pela primeira vez foi anunciada pelo Comitê Olímpico Internacional nesta sexta-feira, dia 2 de outubro, durante a 121.ª Assembleia da entidade, realizada em Copenhague, na Dinamarca. Na disputa, considerada a mais acirrada de todos os tempos, o Rio superou Chicago (Estados Unidos), Madri (Espanha) e Tóquio (Japão).

A vitória do Rio de Janeiro foi de goleada: 66 a 32 na rodada final contra Madri. Chicago foi eliminada na primeira rodada, com 18 votos (contra 28 de Madri, 26 do Rio e 22 de Tóquio). A candidata japonesa foi a segunda a sair da disputa, com 20 votos (contra 46 do Rio e 29 de Madri).

Disponível em: <http://www.rio2016.org.br/pt/Noticias/Noticia.aspx?idConteudo=1047>. Acesso em: 5 out. 2009. Texto adaptado.

Prós
- O plano do Rio-2016 está bem alinhado com o desenvolvimento para as necessidades sociais da cidade. Maior aceitação popular dentre as quatro candidatas;
- Aceitação por parte dos três níveis de governo (municipal, estadual e federal), garantia de completa adesão ao pleno desenvolvimento da infraestrutura necessária para a realização dos jogos olímpicos;
- Experiência na preparação de grandes jogos, como o Pan 2007 e a Copa do Mundo de 2014;
- Incrível beleza natural;
- Nunca ter recebido uma edição dos jogos olímpicos.

Contras
- Problemas com a rede hoteleira, que não tem nem a metade do número de leitos necessários para a acomodação de turistas;
- Dificuldades em obter garantia antecipada de recursos, com eventual necessidade de usar acomodações nos navios, podem comprometer o projeto do comitê de organização dos Jogos Olímpicos de 2016;
- Problemas crônicos com violência urbana e transporte;
- Problemas com corrupção interna.

> **PRATIQUE**
>
> Considerando o que se diz nos documentos acima e outras informações de que você dispõe, escreva um texto desenvolvendo o seguinte tema:
> **O que os brasileiros ganham com a realização dos Jogos Olímpicos no Rio de Janeiro em 2016?**

Tema 13

UFRN 2011

A prova de redação apresenta uma proposta de construção textual: uma **CARTA ABERTA**. Com a finalidade de auxiliá-lo(a) na compreensão prévia da temática em foco, apresenta-se uma coletânea constituída de um cartaz e dois fragmentos de textos retirados de fontes diversas.

Coletânea

Texto 1

Art. 1.º Esta Lei cria mecanismos para coibir e prevenir a violência doméstica e familiar contra a mulher, nos termos do § 8.º do art. 226 da Constituição Federal, da Convenção sobre a Eliminação de Todas as Formas de Violência contra a Mulher, da Convenção Interamericana para Prevenir, Punir e Erradicar a Violência contra a Mulher e de outros tratados internacionais ratificados pela República Federativa do Brasil; dispõe sobre a criação dos Juizados de Violência Doméstica e Familiar contra a Mulher; e estabelece medidas de assistência e proteção às mulheres em situação de violência doméstica e familiar.

Artigo da Lei n. 11.340, conhecida como Lei Maria da Penha. Disponível em: <http://www.planalto.gov.br/ccivil_03/_ato2004-2006/2006/lei/l11340.htm>. Acesso em: 13 abr. 2011.

Texto 2

Quem bate na mulher machuca a família inteira.

Ligue 180. Não se cale diante da violência doméstica.

Disponível em: <www.copodeleite.rits.org.br>. Acesso em: 16 out. 2010.

Texto 3

Denúncias de violência contra a mulher crescem 112% em 2010

Manchete de reportagem. Disponível em: <http://g1.globo.com/brasil/noticia/2010/08/denuncias-de-violencia-domestica--contra-mulher-crescem-112-em-2010.html>. Acesso em: 13 abr. 2011.

A violência contra a mulher tem sido, por um lado, objeto de reflexões de diversos estudiosos e, por outro, alvo de ações implementadas por órgãos governamentais e não governamentais no intuito de denunciar e erradicar esse crime.

Neste segundo semestre de 2010, o Conselho Nacional de Justiça (CNJ) está desenvolvendo uma campanha publicitária nacional com o objetivo de promover a aplicabilidade da Lei Maria da Penha tanto por parte dos órgãos Judiciários como pela sociedade. Com o *slogan* "Violência contra a mulher não tem desculpa, tem Lei", filmes, cartazes, *banners* e outras peças de propaganda estão sendo veiculados por diversos meios de comunicação. O CNJ está fazendo a sua parte. Você também deve fazer a sua.

> **PRATIQUE**
>
> Escreva uma CARTA ABERTA à sociedade natalense com o intuito de convencê-la a participar dessa campanha e a não se calar diante das diversas formas de violência praticadas contra a mulher.

Tema 14

UFRR 2011

Selecione um dos temas e redija um texto dissertativo, em linguagem adequada, clara e correta.

Instruções:

1. Não se esqueça de dar um título à sua redação.
2. Será desclassificado o texto com menos de 12 linhas.
3. Texto com mais de 25 linhas será corrigido, penalizado e desconsiderado o excedente.
4. Também será desclassificado o candidato que:
   – Fugir totalmente do tema;
   – Utilizar um gênero diferente do solicitado;
   – Identificar sua redação.

Tema A

Bullying

O *bullying* escolar na infância é uma prática observada em várias culturas.

Bullying é um termo em inglês utilizado para descrever atos de violência física ou psicológica, intencionais e repetidos, praticados por um indivíduo (*bully* – "tiranete" ou "valentão") ou grupo de indivíduos com o objetivo de intimidar ou agredir outro indivíduo (ou grupo de indivíduos) incapaz(es) de se defender. Também existem as vítimas/agressoras, ou autores/alvos, que em determinados momentos cometem agressões, porém também são vítimas de *bullying* pela turma.

Disponível em: <http://pt.wikipedia.org/wiki/Bullying>. Acesso em: 13 abr. 2011.

> **PRATIQUE**
>
> **Escreva um texto dissertativo-argumentativo** acerca do *bullying*, apresentando possíveis causas e resultados, bem como sugestões para amenizar o problema.

Tema B

A ESCOLHA PROFISSIONAL
Informe-se sobre as possíveis carreiras

Antes de optar por uma carreira, é importante colher o máximo de informações possíveis sobre o curso, a profissão e o mercado de trabalho. Vale compreender as diferenças que existem entre carreiras parecidas e também as possibilidades que cada área oferece.

O que faz o profissional? Quais são os campos de atuação? É possível se tornar proprietário de um negócio? É necessário fazer especialização depois da faculdade? Qual é a média salarial na profissão? Há trabalho para este profissional em cidades pequenas?

Disponível em: <http://www.mundovestibular.com.br/articles/8385/1/Saibacomo-escolher-o-curso-certo-no-vestibular/Paacutegina1.html>. Acesso em: 13 abr. 2010.

> **PRATIQUE**
>
> Em sua opinião, qual(is) critério(s) deve(m) ser levado(s) em conta no momento de decidir a profissão? **Escreva um texto dissertativo-argumentativo**, apresentando argumentos consistentes

Banco de temas 205

Tema C

Em "O sexo forte", reportagem de *Veja*, 10 de novembro de 2010, o geriatra Renato Maia Guimarães explica que "Há componentes biológicos determinantes para que as mulheres vivam mais. Do ponto de vista da longevidade, a mulher é o sexo forte". (p. 151)

> **PRATIQUE**
>
> Discuta, em termos gerais, a afirmação do geriatra. Você concorda que a mulher é o sexo forte? **Produza um texto dissertativo-argumentativo**, defendendo sua opinião com argumentos consistentes.

Tema 15

UEL 2011

Para elaborar sua redação, você deve escolher UMA entre as duas propostas indicadas. Observe, rigorosamente, as instruções a seguir.

Instruções:

1. Não se esqueça de focalizar o tema proposto.
2. A sua redação deve, necessariamente, referir-se ao texto de apoio ou dialogar com ele. Atenção, evite mera colagem ou reprodução.
3. Organize sua redação de modo que preencha entre 20 (mínimo) e 25 (máximo) linhas plenas, considerando-se letra de tamanho regular.
4. Observe o espaçamento que indica início de parágrafo.
5. Use a prosa como forma de expressão.
6. Crie um título para a sua redação e coloque-o na linha adequada.

Proposta 1

Ser inteligente saiu de moda

"Nada mais brega do que bancar o inteligente", afirmam, sem nenhuma vergonha, muitos estudantes ingleses a seus boquiabertos professores. Diante do fato, alguns dos mais brilhantes catedráticos decidiram se reunir na tentativa de explicar o fenômeno. Resultado? Se ainda não foi banido pelos professores, o adjetivo *clever* (inteligente) está muito perto disso. Decidiu-se inclusive que, daqui por diante, será preciso tomar cuidado antes de chamar de inteligentes os melhores alunos. Porque, segundo uma pesquisa, são exatamente os melhores da turma os que mais correm risco de cair na prática do *bullying* (assédio físico ou 1psicológico aos colegas) para tentar se livrar da pecha de chatos. Os professores estão convencidos de que os estudantes, após serem definidos como "inteligentes", se sentem de algum modo marcados. E por isso reagem adversamente. Provas disso? Em numerosos casos, muitos deles se recusam inclusive a retirar os prêmios escolares que ganharam por medo de serem ridicularizados pelos colegas.

Existe, no entanto, um outro aspecto mais sociológico, ligado ao desenvolvimento de uma sociedade tipicamente consumista que se agarra aos "mitos" do espetáculo e das celebridades do momento. Ou seja, não mais os grandes escritores e compositores, os cientistas e filósofos, não mais os grandes empreendedores constituem os padrões de sucesso e de afirmação social a serem perseguidos. A culpa deve ser atribuída, sobretudo, aos atuais modelos e cânones de celebridade que contribuem para bloquear os jovens, afastando-os do sucesso acadêmico. Cita-se, por exemplo, um *self-made-man* como Alan Sugar, popularmente conhecido como "Barão Sugar", empresário britânico, conhecidíssimo personagem da mídia e consultor político. Nascido de família humilde, ele é hoje dono de uma fortuna estimada em US$ 1,2 bilhão. A exemplo de outros homens e mulheres de sucesso contemporâneos, Sugar não costuma ler livros e gosta de se vangloriar das notas baixas que alcançou na escola. Não menos deprimente foi o panorama desenhado por Ann Nuckley, administradora escolar em Southwark, bairro no sul de Londres. Segundo ela, os estudantes preferem adotar como modelo as celebridades do momento que transitam pelas revistas de fofoca social ou as que analisam nos mínimos detalhes a gloriosa existência do último garotão que, da noite para o dia, saiu do anonimato para a luz do estrelato graças a um papel na novela da televisão.

PELLEGRINI, L. Ser inteligente saiu de moda. *Revista Planeta*, ed. 47, out. 2010. p. 34-5. Texto adaptado.

> **PRATIQUE**
>
> Com base na reportagem, **redija um texto dissertativo-argumentativo**, indicando as razões dessa perigosa inversão de valores que caracteriza nosso momento histórico, no qual os grandes são esquecidos e desprezados e os medíocres são elevados ao olimpo dos deuses de curta duração.

Proposta 2

Carta sobrevive na era do *e-mail*

Ninguém questiona o fato de que a internet chegou para ficar e está transformando o modo como o mundo se comunica. A proliferação do uso de *e-mails*, *sites* de relacionamento e mesmo SMS enterrou para muitos a ideia de enviar uma carta. Mas os correios em todo o mundo descobriram que a carta não desapareceu. Há três anos, o envio de correspondências se mantém estável, segundo a União Postal Universal, fundada em 1874 em Berna. No mundo são 1,2 bilhão de cartas mandadas por dia. Por ano, os campeões são os americanos, com 199 bilhões de cartas. O Japão vem em distante segundo lugar, com 25 bilhões, e a Alemanha, com 21 bilhões.

Segundo 193 correios do mundo, há grandes diferenças ainda entre os países sobre como as pessoas se comunicam. Na Arábia Saudita, a carta continua sendo a forma mais usada por trabalhadores imigrantes provenientes da Ásia para se comunicar com suas famílias em seus países de origem. Na África, a realidade é mais problemática. Somente uma a cada oito pessoas tem um endereço para onde alguém possa enviar uma carta. Se nem endereço fixo é uma realidade, a internet continua um sonho distante. No mundo, uma a cada três pessoas tem acesso à internet em casa. Mas a taxa é de uma a cada 20 nos países em desenvolvimento, segundo a União Internacional de Telecomunicações.

Agência Estado. *Gazeta do Povo*, 6 jun. 2010. p. 15. Texto adaptado.

> **PRATIQUE**
>
> Tendo em vista a importância da troca de correspondências nos dias atuais, **redija uma carta** a um amigo que vive num país distante, numa cidade que não dispõe de rede de comunicação para *e-mail* e internet, relatando a ele os fatos mais importantes ocorridos no Brasil nesse ano ou no ano passado.

Tema 16

Unicamp 2010

ORIENTAÇÃO GERAL: LEIA ATENTAMENTE

OLHO VIVO!

Como era tradicional nos vestibulares da Unicamp até 2010, as propostas de redação de seu processo seletivo dividiam o tema geral em três recortes temáticos: **narração, dissertação** e **carta**. A fim de respeitar os limites teóricos e metodológicos deste livro, apresentaremos apenas dois desses recortes: **dissertação** e **carta**. A narração foi excluída da atividade. A partir do vestibular de 2011, a Unicamp adotou outro modelo de prova de redação (apresentamos esse novo modelo no Tema 17 deste **Banco**). Apesar da mudança, a proposta que apresentamos aqui continua sendo bastante proveitosa, sobretudo porque solicita ao estudante a elaboração de dois gêneros textuais bastante exigidos em vestibulares por todo o Brasil.

O tema geral da prova da primeira fase é GERAÇÕES. A redação propõe dois recortes desse tema.

PROPOSTAS: Cada proposta apresenta um recorte temático a ser trabalhado de acordo com as instruções específicas. Escolha uma das duas propostas para a redação (dissertação ou carta) e assinale sua escolha no alto da página de resposta.

COLETÂNEA: A coletânea é única e válida para as duas propostas. Leia toda a coletânea e selecione o que julgar pertinente para a realização da proposta escolhida. Articule os elementos selecionados com sua experiência de leitura e reflexão. O uso da coletânea é obrigatório.

ATENÇÃO: Sua redação será anulada se você desconsiderar a coletânea ou fugir ao recorte temático ou não atender ao tipo de texto da proposta escolhida.

APRESENTAÇÃO DA COLETÂNEA: Em toda sociedade convivem gerações diversas, que se relacionam de formas distintas, exigindo de todos o exercício contínuo de lidar com a diferença.

Texto 1

Disponível em: http://festerblog.com/wp-content/uploads/2009/05/redatores.jpg

Texto 2

Para o sociólogo húngaro Karl Mannheim, a geração consiste em um grupo de pessoas nascidas na mesma época, que viveram os mesmos acontecimentos sociais durante a sua formação e crescimento e que partilham a mesma experiência histórica, sendo esta significativa para todo o grupo. Estes fatores dão origem a uma consciência comum, que permanece ao longo do respectivo curso de vida. A interação de uma geração mais nova com as precedentes origina tensões potencializadoras de mudança social. O conceito que aqui está patente atribui à geração uma forte identidade histórica, visível quando nos referimos, por exemplo, à "geração do pós-guerra". O conceito de "geração" impõe a consideração da complexidade dos fatores de estratificação social e da convergência sincrônica de todos eles; a geração não dilui os efeitos de classe, de gênero ou de raça na caracterização das posições sociais, mas conjuga-se com eles, numa relação que não é meramente aditiva nem complementar, antes se exerce na sua especificidade, ativando ou desativando parcialmente esses efeitos.

Adaptado de: Manuel Jacinto Sarmento. Gerações e alteridade: interrogações a partir da sociologia da infância. *Educação e Sociedade*. Campinas, vol. 26, n. 91, p. 361-78, maio/ago. 2005. Disponível em: <http://www.cedes.unicamp.br>.

Texto 3

A partir do advento do computador, as empresas se reorganizaram rapidamente nos moldes exigidos por essa nova ferramenta de gestão. As organizações procuraram avidamente os "quadros técnicos" e os encontraram na quantidade demandada. Os primeiros quadros "bem formados" tiveram em geral carreiras fulminantes. Suas trajetórias pessoais foram tomadas como referência pelos executivos mais jovens. Aqueles "grandes executivos" foram considerados portadores de uma "visão de conjunto" dos problemas empresariais, que os colocava no campo superior da "administração estratégica", enquanto o principal atributo da nova geração passa a ser a contemporaneidade tecnológica. Os constrangimentos advindos do choque geracional encarregaram-se de fazer esses "jovens" encarnarem essa característica, dando a esse trunfo a maior rentabilidade possível. Assim, exacerbaram-se as diferenças entre os recém-chegados e os antigos ocupantes dos cargos. No plano simbólico, toda a ética construída nas carreiras autodidatas é posta em xeque no conflito que opõe a técnica dos novos executivos contra a lealdade dos antigos funcionários, que, no mais das vezes, perdem até a capacidade de expressar o seu descontentamento, tamanha é a violência simbólica posta em marcha no processo, que não se trava simplesmente em cada ambiente organizacional isolado, mas se generaliza.

Adaptado de: Roberto Grün. Conflitos de geração e competição no mundo do trabalho. *Cadernos Pagu*. Campinas, vol. 13, p. 63-107, 1999.

Texto 4

Ao longo da década de 1990, a renda das famílias brasileiras com filhos pequenos deteriorou-se com relação à das famílias de idosos. Ao mesmo tempo, há crescentes evidências de que os idosos aumentaram sua responsabilidade pela provisão econômica de seus filhos adultos e netos.

Ana Maria Goldani. Relações intergeracionais e reconstrução do estado de bem-estar. *Por que se deve repensar essa relação para o Brasil*, p. 211. Disponível em: <http://www.abep.nepo.unicamp.br/docs/PopPobreza/GoldaniAnaMariaCapitulo7.pdf>.

Texto 5

Disponível em: <http://humornainformatica.blogspot.com/2008/05/videogame-para-terceira-idade.html>.

Texto 6

As relações intergeracionais permitem a transformação e a reconstrução da tradição no espaço dos grupos sociais. A transmissão dos saberes não é linear; ambas as gerações possuem sabedorias que podem ser desconhecidas para a outra geração, e a troca de saberes possibilita vivenciar diversos modos de pensar, de agir e de sentir, e assim, renovar as opiniões e visões acerca do mundo e das pessoas. As gerações se renovam e se transformam reciprocamente, em um movimento constante de construção e desconstrução.

Adaptado de: Maria Clotilde B. N. M. de Carvalho. *Diálogo intergeracional entre idosos e crianças*. Rio de Janeiro, PUC-RJ, 2007, p. 52.

▶PRATIQUE

PROPOSTA A (DISSERTAÇÃO)

Leia a coletânea e elabore sua dissertação a partir do seguinte recorte temático:

A relação entre gerações é frequentemente caracterizada pelo conflito. Entretanto, há outras formas de relacionamento que podem ganhar novos contornos em decorrência de mudanças sociais, tecnológicas, políticas e culturais.

Instruções:
1. Discuta formas pelas quais se estabelecem as relações entre as gerações.
2. Argumente no sentido de mostrar que essas diferentes formas coexistem.
3. Trabalhe seus argumentos de modo a sustentar seu ponto de vista.

▶PRATIQUE

PROPOSTA B (CARTA)

Leia a coletânea e elabore sua carta a partir do seguinte recorte temático:
As diferenças entre gerações são percebidas também no plano institucional como, por exemplo, no ambiente de trabalho.

Observação:
Ao assinar a carta, use apenas suas iniciais, de modo a não se identificar.

Instruções:
1. Coloque-se na posição de um gerente, recém-contratado por uma empresa tradicional no mercado, que precisa convencer os acionistas da necessidade de modernizá-la.
2. Explicite as mudanças necessárias e suas implicações.
3. Dirija-se aos acionistas por meio de uma carta em que defenda seu ponto de vista.

Tema 17

Unicamp 2011

Texto 1

Imagine-se como um **jovem** que, navegando pelo *site* da MTV, se depara com o **gráfico "Os valores de uma geração"** da pesquisa Dossiê MTV Universo Jovem, e resolve comentar os dados apresentados, por meio do "fale conosco" da **emissora**. Nesse **comentário**, você, necessariamente, deverá:
a) comparar os três anos pesquisados, indicando **dois (2) valores relativamente estáveis** e **duas (2) mudanças significativas de valores**;
b) manifestar-se no sentido de **reconhecer-se ou não** no perfil revelado pela pesquisa.

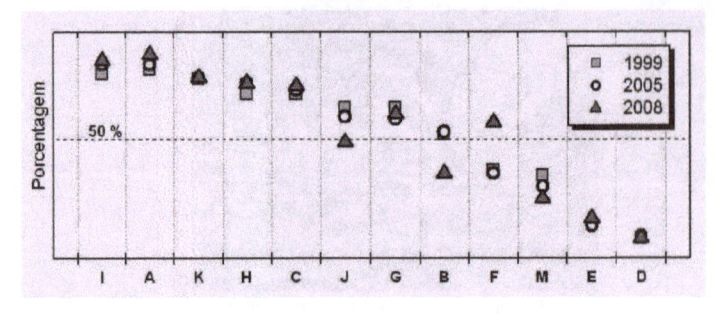

- 1999
- 2005
- 2008

I Viver em uma sociedade mais segura, menos violenta.
A Ter união familiar, boa relação familiar.
K Ter uma carreira, uma profissão, um emprego.
H Viver num país com menos desigualdade social/Viver numa sociedade mais justa.
C Ter fé/Crer em Deus.
J Ter amigos.
G Ter uma vida tranquila, sem correrias, sem estresse.
B Divertir-se, aproveitar a vida.
F Ter independência financeira/Ter mais dinheiro do que já tem.
M Poder comprar o que quiser, poder comprar mais.
E Ter mais liberdade do que já tem.
D Beleza física/Ser bonito.

Texto 2

Coloque-se no lugar de um **líder de grêmio estudantil** que tem recebido reclamações dos colegas sobre **o ensino de ciências em sua escola** e que, depois de ler a entrevista com Tatiana Nahas na revista de divulgação científica *Ciência Hoje*, decide convidá-la a **dar uma palestra para os alunos e professores** da escola. Escreva um **discurso de apresentação do evento**, adequado à modalidade oral formal. Você, necessariamente, deverá:

a) apresentar um diagnóstico com **três (3)** problemas do ensino de Ciências em sua escola; e
b) justificar a presença da convidada, mostrando em que medida as ideias por ela expressas na entrevista podem oferecer subsídios para a superação dos problemas diagnosticados.

Escola na mídia

Tatiana Nahas. Bióloga e professora de Ensino Médio, tuiteira e blogueira. Aos 34 anos, ela cuida da página *Ciência na mídia*, que, nas suas palavras, "propõe um olhar analítico sobre como a ciência e o cientista são representados na mídia".

Ciência Hoje: É perceptível que seu *blogue* dá destaque, cada vez mais, à educação e ao ensino de ciências.

Tatiana Nahas: Na verdade, é uma retomada dessa direção. Eu já tinha um histórico de trabalho em projetos educacionais diversos. Mas, mais que isso tudo, acho que antes ainda vem o fato de que não dissocio sobremaneira pesquisa de ensino. E nem de divulgação científica.

Ciência Hoje: Como você leva a sua experiência na rede e com novas tecnologias para os seus alunos?

Tatiana Nahas: Eu não faço nenhuma separação que fique nítida entre o que está relacionado a novas tecnologias e o que não está. Simplesmente ora estamos usando um livro, ora os alunos estão criando objetos de aprendizagem relacionados a determinado conteúdo, como jogos. Um exemplo do que quero dizer: outro dia estávamos em uma aula de microscopia no laboratório de biologia. Os alunos viram o microscópio, aprenderam a manipulá-lo, conheceram um pouco sobre a história dos estudos citológicos caminhando em paralelo com a história do desenvolvimento dos equipamentos ópticos etc. Em dado ponto da aula, tinham que resolver o problema de como estimar o tamanho das células que observavam. Contas feitas, discussão encaminhada, passamos para a projeção de uma ferramenta desenvolvida para a internet por um grupo da Universidade de Utah. Foi um complemento perfeito para a aula. Os alunos não só adoraram, como tiveram a possibilidade de visualizar diferentes células, objetos, estruturas e átomos de forma comparativa, interativa, divertida e extremamente clara. Por melhor que fosse a aula, não teria conseguido o alcance que essa ferramenta propiciou. Veja, não estou competindo com esses recursos e nem usando-os como muleta. Esses recursos são exatamente o que o nome diz: recursos. Têm que fazer parte da educação porque fazem parte do mundo, simples assim.

	Ah, mas e o monte de bobagens que encontramos na internet? Bom, mas há um monte de bobagens também nos jornais, nos livros e em outros meios "mais consolidados". Há um monte de bobagens mesmo nos livros didáticos. A questão está no que deve ser o foco da educação: o conteúdo puro e simples ou as habilidades de relacionar, de interpretar, de extrapolar, de criar etc.?
Ciência Hoje:	Você acha que é necessário mudar muita coisa no ensino de ciências, especificamente?
Tatiana Nahas:	Eu diria que há duas principais falhas no nosso ensino de ciências. Uma reside no quase completo esquecimento da história da ciência na sala de aula, o que faz com que os alunos desenvolvam a noção de que ideias e teorias surgem repentinamente e prontas na mente dos cientistas. Outra falha que vejo está no fato de que pouco se exercita o método científico ao ensinar ciências. Não dá para esperar que o aluno entenda o *modus operandi* da ciência sem mostrar o método científico e o processo de pesquisa, incluindo os percalços inerentes a uma investigação científica. Sem mostrar a construção coletiva da ciência. Sem mostrar que a controvérsia faz parte do processo de construção do conhecimento científico e que há muito desenvolvimento na ciência a partir dessas controvérsias. Caso contrário, teremos alunos que farão coro com a média da população que se queixa, ao ouvir notícias de jornal, que os cientistas não se resolvem e uma hora dizem que manteiga faz bem e outra hora dizem que manteiga faz mal. Ou seja, já temos alguns meios de divulgação que não compreendem o funcionamento da ciência e a divulgam de maneira equivocada. Vamos também formar leitores acríticos?

CAMELO, Thiago. *Ciência Hoje On-line*.
Disponível em: <http://cienciahoje.uol.com.br>.
Acesso em: 13 abr. 2011. Texto adaptado.

Texto 3

Coloque-se na posição de um **articulista** que, ao fazer uma pesquisa sobre **as recentes catástrofes ocorridas em função das chuvas que afetaram o Brasil a partir do final de 2009**, encontra a crônica de Drummond, publicada em 1966, e decide dialogar com ela em um **artigo jornalístico opinativo** para uma série especial sobre cidades, publicada em revista de grande circulação. Nesse artigo você, necessariamente, deverá:

a) relacionar **três (3)** problemas enfrentados recentemente pelas cidades brasileiras em função das chuvas com aqueles trabalhados na crônica;
b) mostrar em que medida concorda com a visão do cronista sobre a questão.

Os dias escuros

Amanheceu um dia sem luz – mais um – e há um grande silêncio na rua. Chego à janela e não vejo as figuras habituais dos primeiros trabalhadores. A cidade, ensopada de chuva, parece que desistiu de viver. Só a chuva mantém constante seu movimento entre monótono e nervoso. É hora de escrever, e não sinto a menor vontade de fazê-lo. Não que falte assunto. O assunto aí está, molhando, ensopando os morros, as casas, as pistas, as pessoas, a alma de todos nós. Barracos que se desmancham como armações de baralho e, por baixo de seus restos, mortos, mortos, mortos. Sobreviventes mariscando na lama, à pesquisa de mortos e de pobres objetos amassados. Depósito de gente no chão das escolas, e toda essa gente precisando de colchão, roupa de corpo, comida, medicamento. O calhau solto que fez parar a adutora. Ruas que deixam de ser ruas, porque não dão mais passagem. Carros submersos, aviões e ônibus interestaduais paralisados, corrida a mercearias e supermercados como em dia de revolução. O desabamento que acaba de acontecer e os desabamentos programados para daqui a poucos instantes.

Este, o Rio que tenho diante dos olhos, e, se não saio à rua, nem por isso a imagem é menos ostensiva, pois a televisão traz para dentro de casa a variada pungência de seus horrores.

Sim, é admirável o esforço de todo mundo para enfrentar a calamidade e socorrer as vítimas, esforço que chega a ser perturbador pelo excesso de devotamento desprovido de técnica. Mas se não fosse essa mobilização espontânea do povo, determinada pelo sentimento humano, à revelia do governo incitando-o à ação, que seria desta cidade, tão rica de galas e bens supérfluos, e tão miserável em sua infraestrutura de submoradia, de subalimentação e de condições primitivas de trabalho? Mobilização que de certo modo supre o eterno despreparo, a clássica desarrumação das agências oficiais, fazendo surgir de improviso, entre a dor, o espanto e a surpresa, uma corrente de afeto solidário, participante, que procura abarcar todos os flagelados.

Chuva e remorso juntam-se nestas horas de pesadelo, a chuva matando e destruindo por um lado, e, por outro, denunciando velhos erros sociais e omissões urbanísticas; e remorso, por que escondê-lo? Pois deve existir um sentimento geral de culpa diante de cidade tão desprotegida de armadura assistencial, tão vazia de meios de defesa da existência humana, que temos o dever de implantar e entretanto não implantamos, enquanto a chuva cai e o bueiro entope e o rio enche e o barraco desaba e a morte se instala, abatendo-se de preferência sobre a mão de obra que dorme nos morros sob a ameaça contínua da natureza; a mão de obra de hoje, esses trabalhadores entregues a si mesmos, e suas crianças que nem tiveram tempo de crescer para cumprimento de um destino anônimo.

No dia escuro, de más notícias esvoaçando, com a esperança de milhões de seres posta num raio de sol que teima em não romper, não há alegria para a crônica, nem lhe resta outro sentido senão o triste registro da fragilidade imensa da rica, poderosa e martirizada cidade do Rio de Janeiro.

ANDRADE, Carlos Drummond de. *Correio da manhã*, 14 jan. 1966.

Tema 18 — Um mundo por imagens

Fuvest 2010

Observe esta imagem e leia com atenção os textos a seguir.

Disponível em: <http://www.imotion.com.br/imagens/data/media/83/4582janela.jpg>. Acesso em: 15 out. 2009. Adaptado.

A imaginação simbólica é sempre um fator de equilíbrio. O símbolo é concebido como uma síntese equilibradora, por meio da qual a alma dos indivíduos oferece soluções apaziguadoras aos problemas.

Gilbert Durand.

Ao invés de nos relacionarmos diretamente com a realidade, dependemos cada vez mais de uma vasta gama de informações, que nos alcançam com mais poder, facilidade e rapidez. É como se ficássemos suspensos entre a realidade da vida diária e sua representação.

Tânia Pellegrini. Adaptado.

Na civilização em que se vive hoje, constroem-se imagens, as mais diversas, sobre os mais variados aspectos; constroem-se imagens, por exemplo, sobre **pessoas**, **fatos**, **livros**, **instituições** e **situações**.

No cotidiano, é comum substituir-se o real imediato por essas imagens.

▶PRATIQUE

Dentre as possibilidades de construção de imagens enumeradas acima, em negrito, escolha **apenas uma**, como tema de seu texto, e redija uma dissertação em prosa, lançando mão de argumentos e informações que deem consistência a seu ponto de vista.

Instruções:

1. Lembre-se de que a situação de produção de seu texto requer o uso da modalidade escrita culta da língua portuguesa.

2. Dê um título para sua redação, a qual deverá ter entre 20 e 30 linhas.

3. NÃO será aceita redação em forma de verso.

Tema 19

Fuvest 2011

Observe esta imagem e leia com atenção os textos a seguir.

Texto 1

Um grandioso e raro espetáculo da natureza está em cena no Rio de Janeiro. Trata-se da floração de palmeiras *Corypha umbraculifera*, ou *palma talipot*, no Aterro do Flamengo.

Trazidas do Sri Lanka pelo paisagista Roberto Burle Marx, elas florescem uma única vez na vida, cerca de cinquenta anos depois de plantadas. Em seguida, iniciam um longo processo de morte, período em que produzem cerca de uma tonelada de sementes.

Disponível em: <http://veja.abril.com.br>. Acesso em: 13 abr. 2011. Texto adaptado.

Texto 2

Quando Roberto Burle Marx plantou a *palma talipot*, um visitante teria comentado: "Como elas levam tanto tempo para florir, o senhor não estará mais aqui para ver". O paisagista, então com mais de 50 anos, teria dito: "Assim como alguém plantou para que eu pudesse ver, estou plantando para que outros também possam contemplar".

Paisagem Escrita, n. 131. Disponível em: <http://www.abap.org.br>. Acesso em: 13 abr. 2011. Texto adaptado.

Texto 3

Onde não há pensamento a longo prazo, dificilmente pode haver um senso de destino compartilhado, um sentimento de irmandade, um impulso de cerrar fileiras, ficar ombro a ombro ou marchar no mesmo passo. A solidariedade tem pouca chance de brotar e fincar raízes. Os relacionamentos destacam-se sobretudo pela fragilidade e pela superficialidade.

BAUMAN, Z. *Vidas desperdiçadas*. Rio de Janeiro: Jorge Zahar, 2005. Texto adaptado.

Texto 4

A cultura do sacrifício está morta. Deixamos de nos reconhecer na obrigação de viver em nome de qualquer coisa que não nós mesmos.

G. Lipovetsky, cit. por Z. Bauman, em *A arte da vida*. Rio de Janeiro: Jorge Zahar, 2009.

Instruções:

1. Lembre-se de que a situação de produção de seu texto requer o uso da norma padrão da língua portuguesa.

2. A redação deverá ter entre 20 e 30 linhas.

3. Dê um título a sua redação.

> **PRATIQUE**
>
> Como mostram os textos 1 e 2, a imagem de abnegação fornecida pela *palma talipot*, que, de certo modo, "sacrifica" a própria vida para criar novas vidas, é reforçada pelo altruísmo* de Roberto Burle Marx, que a plantou, não para seu próprio proveito, mas para o dos outros. Em contraposição, o mundo atual teria escolhido o caminho oposto.
>
> Com base nas ideias e sugestões presentes na imagem e nos textos aqui reunidos, **redija uma dissertação argumentativa**, em prosa, sobre o seguinte tema: **O altruísmo e o pensamento a longo prazo ainda têm lugar no mundo contemporâneo?** Observe rigorosamente todas as instruções indicadas ao lado.
>
> Altruísmo = *s.m.* Tendência ou inclinação de natureza instintiva que incita o ser humano à preocupação com o outro.
>
> Dicionário Houaiss da língua portuguesa, 2009.

Tema 20

Enem 2010

Para produzir sua redação, você deve ler com atenção os textos indicados. Considere as instruções a seguir.

Instruções:

1. Seu texto tem de ser escrito **à tinta**.

2. Desenvolva seu texto **em prosa**: não redija narração, nem poema.

3. O texto com até 7 (sete) linhas escritas será considerado texto em branco.

4. O texto deve ter, no máximo, 30 linhas.

O que é trabalho escravo

Escravidão contemporânea é o trabalho degradante que envolve cerceamento da liberdade. A assinatura da Lei Áurea, em 13 de maio de 1888, representou o fim do direito de propriedade de uma pessoa sobre a outra, acabando com a possibilidade de possuir legalmente um escravo no Brasil. No entanto, persistiram situações que mantêm o trabalhador sem possibilidade de se desligar de seus patrões. Há fazendeiros que, para realizar derrubadas de matas nativas para formação de pastos, produzir carvão para a indústria siderúrgica, preparar o solo para plantio de sementes, entre outras atividades agropecuárias, contratam mão de obra utilizando os contratadores de empreitada, os chamados "gatos". Eles aliciam os trabalhadores, servindo de fachada para que os fazendeiros não sejam responsabilizados pelo crime.

Trabalho escravo se configura pelo trabalho degradante aliado ao cerceamento da liberdade. Este segundo fator nem sempre é visível, uma vez que não mais se utilizam correntes para prender o homem à terra, mas sim ameaças físicas, terror psicológico ou mesmo as grandes distâncias que separam a propriedade da cidade mais próxima.

Disponível em: <http://www.reporterbrasil.org.br>.
Acesso em: 13 abr. 2011 (fragmento).

O futuro do trabalho

Esqueça os escritórios, os salários fixos e a aposentadoria. Em 2020, você trabalhará em casa, seu chefe terá menos de 30 anos e será uma mulher. Felizmente, nunca houve tantas ferramentas disponíveis para mudar o modo como trabalhamos e, consequentemente, como vivemos. E as transformações estão acontecendo. A crise despedaçou companhias gigantes tidas até então como modelos de administração. Em vez de grandes conglomerados, o futuro será povoado de empresas menores reunidas em torno de projetos em comum. Os próximos anos também vão consolidar mudanças que vêm acontecendo há algum tempo: a busca pela qualidade de vida, a preocupação com o meio ambiente, e a vontade de nos realizarmos como pessoas também em nossos trabalhos. "Falamos tanto em desperdício de recursos naturais e energia, mas e quanto ao desperdício de talentos?", diz o filósofo e ensaísta suíço Alain de Botton em seu novo livro *The Pleasures and Sorrows of Work* (*Os prazeres e as dores do trabalho*, ainda inédito no Brasil).

Disponível em: <http://revistagalileu.globo.com>.
Acesso em: 13 abr. 2011 (fragmento).

▶PRATIQUE

Com base na leitura dos textos motivadores e nos conhecimentos construídos ao longo de sua formação, **redija texto dissertativo-argumentativo** em norma culta escrita da língua portuguesa sobre o tema **O trabalho na Construção da Dignidade Humana**, apresentando **experiência ou proposta de ação social, que respeite os direitos humanos**. Selecione, organize e relacione, de forma coerente e coesa, argumentos e fatos para defesa de seu ponto de vista.

Um breve histórico dos temas do Enem

Para que você conheça os assuntos que foram objeto de discussão das provas de redação do Enem, listamos a seguir um resumo dos temas selecionados a partir de 1998 até 2009. A prova de 2010 está no Tema 16 deste **Banco de temas**. De acordo com informação do Portal do MEC, **Energia** e **Meio Ambiente** foram os temas mais recorrentes desde a criação do exame.

Na redação do Enem
O atendimento às instruções fornecidas em qualquer que seja a prova de Redação é condição fundamental para alcançar um bom desempenho nesse tipo de avaliação. A leitura desatenta do roteiro de tarefas fornecido pela avaliação pode ter como consequência a temida **Fuga do tema**, o que quer dizer, em outras palavras, que **sua redação não atendeu ao que foi solicitado e, por isso, será anulada**, mesmo que tenha sido escrita de forma impecável, de acordo com as normas gramaticais e com coesão e coerência.
Na prova de Redação do Enem, em particular, há uma instrução bastante clara que não deve ser jamais ignorada: a elaboração de **uma proposta de ação social, que respeite os direitos humanos**. Por isso, não se esqueça de articular sua tese ao que prevê o 5.º eixo cognitivo que consta da matriz de referência da prova:

Elaborar propostas (EP): recorrer aos conhecimentos desenvolvidos na escola para elaboração de propostas de intervenção solidária na realidade, respeitando os valores humanos e considerando a diversidade sociocultural.

Temas do Enem

1998 – A redação do primeiro Enem foi sobre o tema "Viver e aprender" e teve como base a música "O que é, o que é?", de Gonzaguinha.

1999 – "Cidadania e a Participação Social". Na redação o aluno deveria formular uma proposta de ação social, tarefa que se tornaria recorrente e obrigatória nos exames seguintes.

2000 – "Direitos da criança e do adolescente: como enfrentar esse desafio nacional?". No texto, o candidato precisava dissertar sobre situações em que há desrespeito à infância e mostrar formas de enfrentá-las.

2001 – "Desenvolvimento e preservação ambiental". Os candidatos precisavam responder à seguinte questão: "Como conciliar esses interesses em conflito?".

2002 – "O direito de votar: como utilizar-se do voto para promover as transformações sociais de que o Brasil precisa?"

2003 – "A violência na sociedade brasileira: como mudar as regras desse jogo?". Para realizar a redação, os candidatos receberam diversos textos e dados do Brasil sobre investimentos em Segurança Pública.

2004 – "Como garantir a liberdade de informação e evitar os abusos dos meios de comunicação?"

2005 – "O trabalho infantil na realidade brasileira". Para realização da redação foram apresentados aos candidatos alguns dados sobre o número de crianças que trabalhavam no Brasil.

2006 – "O poder de transformação da leitura". Havia diversos textos comentando a importância de ler para desenvolver o tema proposto.

2007 – "A diversidade cultural". Na redação o candidato precisava refletir sobre o fato de conviver com as diferenças de crenças, raças etc.

2008 – "A preservação da Floresta Amazônica". O candidato tinha de escolher uma das três opções oferecidas e analisar os pontos positivos e negativos de cada uma delas. Entre as possibilidades oferecidas para a preservação estavam: suspender o desmatamento, dar incentivo financeiro para proprietários deixarem de desmatar e a de maior fiscalização e aplicação de multas para quem desmatar.

2009 (Prova anulada) – "A Valorização da Terceira Idade". Solicitava-se ao candidato uma proposta de ação social.

2009 – "O indivíduo frente à Ética nacional". A coletânea de textos motivadores versava sobre corrupção política e comportamento ético do cidadão comum no cotidiano. Como de costume, pedia-se a elaboração de uma proposta de ação social.

Lista de siglas das instituições promotoras das Propostas de Redação deste Banco de temas

Em ordem alfabética:

Enem – Exame Nacional do Ensino Médio
FGV-SP – Fundação Getúlio Vargas
Fuvest-SP – Fundação Universitária para o Vestibular
PUC-MG – Pontifícia Universidade Católica de Minas Gerais
PUC-PR – Pontifícia Universidade Católica do Paraná
PUC-RJ – Pontifícia Universidade Católica do Rio de Janeiro
Sistema Acafe-SC – Associação Catarinense das Fundações Educacionais
UEL-PR – Universidade Estadual de Londrina
UEM-PR – Universidade Estadual de Maringá
UFRJ – Universidade Federal do Rio de Janeiro
UFRN – Universidade Federal do Rio Grande do Norte
UFRR – Universidade Federal de Roraima
UFS – Universidade Federal de Sergipe
UFT-TO – Universidade Federal do Tocantins
Unemat – Universidade do Estado do Mato Grosso
Unicamp-SP – Universidade Estadual de Campinas
Vunesp-SP – Fundação para o Vestibular da Universidade Estadual Paulista

SUGESTÕES DE LEITURA

Literatura brasileira

Capitães da Areia

Título original: *Capitães da Areia* (1937)
Autor: Jorge Amado
Editora: Companhia das Letras, 2008
Área; Gênero: Literatura; Romance

Jorge Amado (1912-2001) ainda era bem jovem quando publicou *Capitães da Areia*, em 1937. O autor tinha 25 anos apenas. Romance inovador, destaca-se pela ousadia de discutir, em plena ditadura de Getúlio Vargas, a violência das grandes cidades sob a ótica da marginalização de crianças, que têm a infância usurpada pela miséria, pela opressão e pelo abuso e descaso das autoridades. O livro conta a história de uma quadrilha de menores abandonados à própria sorte que sobrevive de furtos e pequenas trapaças na cidade de Salvador. Jorge Amado conduz o enredo com maestria ao entrelaçar sua prosa envolvente aos destinos individuais de cada integrante do bando.

Nova reunião – 23 livros de poesia

Título original: *Reunião* (1969)
Autor: Carlos Drummond de Andrade
Editora: BestBolso, 2009. 3 volumes
Área; Gênero: Literatura; Poesia

Apresentando a mais legítima e luminosa poesia drummondiana, repleta do mais competente lirismo, *Nova reunião* resgata a seleção de poemas que Carlos Drummond de Andrade (1902-1987) publicou originalmente pela editora José Olympio em 1969. São 23 livros de poesia organizados em três volumes. No primeiro: *Alguma poesia*; *Brejo das almas*; *Sentimento do mundo*; *José*; *A rosa do povo*; *Novos poemas*; *Claro enigma* e *Fazendeiro do ar*. No segundo: *A vida passada a limpo*; *Lição de coisas*; *A falta que ama*; *As impurezas do branco*; *A paixão medida* e *Boitempo I*. Por fim, no terceiro: *Boitempo II*; *Boitempo III*; *Viola de Bolso*; *Versiprosa*; *Discurso de primavera e algumas sombras*; *Corpo*; *Amar se aprende amando*; *O amor natural* e *Farewell*.

50 contos de Machado de Assis

Título original/Organização: Contos selecionados por John Gledson
Autor: Machado de Assis
Editora: Companhia das Letras, 2007
Área; Gênero: Literatura; Conto

Notável romancista, autor de *Dom Casmurro* e *Memórias póstumas de Brás Cubas*, Machado de Assis (1839-1908) foi também mestre na arte do conto. Esse gênero literário, bastante novo no Brasil do século XIX, alcançou, na pena de Machado, um nível de excelência inimaginável na cena literária do país naquela época, que só voltou a ganhar fôlego novo em 1970, com autores como Dalton Trevisan, Rubem Fonseca e Clarice Lispector. Contos como "A causa secreta", "A cartomante", "Um homem célebre", "A igreja do Diabo" e "Entre santos", entre outros menos famosos, atestam o talento do nosso mais aclamado escritor, que, a partir de situações aparentemente corriqueiras e banais, consegue descortinar as mais insuspeitas paixões e contradições da alma humana.

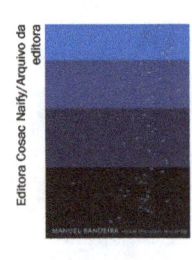

50 poemas escolhidos pelo autor

Título original/Organização: *50 poemas escolhidos pelo autor* (1955)
Autor: Manuel Bandeira
Editora: Cosac Naify, 2006. 1.ª reimpressão 2011
Área; Gênero: Literatura; Poesia

Preocupado com a formação cultural de jovens leitores, o então Ministério da Educação e Cultura encomendou a Manuel Bandeira (1886-1968), nos anos 1950, uma antologia com 50 poemas que o poeta recifense julgasse mais significativos de sua carreira literária. Para nossa sorte, o pedido do Ministério foi atendido, e o resultado é uma obra que resume todo o lirismo da poética de Bandeira, em que não ficaram de fora seus principais temas: os confrontos entre o erotismo e a religiosidade, a infância em Recife, o cotidiano, a paixão pela vida e a própria poesia. A edição indicada acompanha CD com gravações feitas pelo próprio Manuel Bandeira.

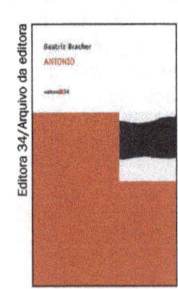

Antonio

Título original: *Antonio* (2007)
Autora: Beatriz Bracher
Editora: Editora 34, 2007
Área; Gênero: Literatura; Romance

Neste romance, Beatriz Bracher (1961-), uma das mais bem conceituadas escritoras da nova geração da literatura brasileira atual, conta a história de Benjamim. Prestes a ser pai, ele quer desvendar um segredo familiar. Para isso, busca descobrir a verdade com os envolvidos: a avó, Isabel; Haroldo, amigo de seu avô; e Raul, amigo de seu pai. Revezando-se como narradores, cada um relata suas versões dos fatos. E o que mais chama a atenção é que os relatos podem ser lidos desobedecendo a conhecida linearidade dos livros comuns. Benjamim começa a recolher esses excertos de memórias para montar o quebra-cabeça da história de sua família. Os relatos refletem a vida de uma família paulistana de classe média alta, com todas as suas contradições, angústias, tabus e hipocrisias, desde a década de 1950 até hoje.

O amor acaba

Título original/Organização: A obra é uma reunião de crônicas publicadas pelo autor com mais 23 crônicas inéditas em livro
Autor: Paulo Mendes Campos
Editora: Civilização Brasileira, 2001
Área; Gênero: Literatura; Crônica

"O amor acaba. Numa esquina, por exemplo, num domingo de lua nova, depois de teatro e silêncio; acaba em cafés engordurados, diferentes dos parques de ouro onde começou a pulsar". Essas são as primeiras linhas da crônica "O amor acaba", que faz parte da reunião homônima de crônicas do escritor mineiro Paulo Mendes Campos (1922-1991), organizada por Flávio Pinheiro. Com uma prosa lírica de intensa originalidade, herdeira do existencialismo de Kierkegaard, Paulo Mendes Campos evoca as perplexidades humanas com poesia, bom humor e necessário realismo. Na crônica "Declarações de males", vemos uma amostra do talento do escritor ao escrever uma carta ao Ilmo. Sr. Diretor do Imposto de Renda, dizendo logo no início: "Antes de tudo devo declarar que já estou, parceladamente, à venda.
Não sou rico nem pobre, como o Brasil, que também precisa de boa parte do meu dinheirinho. Pago imposto de renda na fonte e no pelourinho.".

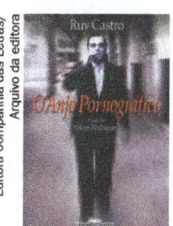

O anjo pornográfico: a vida de Nelson Rodrigues

Título original: O anjo pornográfico: a vida de Nelson Rodrigues
Autor: Ruy Castro
Editora: Companhia das Letras, 1992
Área; Gênero: Literatura; Biografia

Se fosse possível reduzir a biografia de uma pessoa a um único termo, Nelson Rodrigues (1912-1980) seria definido, no mínimo, como polêmico. Cronista, contista e dramaturgo, Nelson foi rotulado de pervertido, subversivo, genial, louco. Em seus textos, retratava a "vida como ela é" e gostava de dizer que fazia "teatro desagradável". A vida de Nelson Rodrigues, marcada por eventos trágicos, mereceu o retrato construído por Ruy Castro (1948-). Para isso, Ruy realizou entrevistas com mais de uma centena de pessoas, íntimas de Nelson e de sua família, que ajudaram a reconstituir a trajetória do "Anjo pornográfico", para quem, em suas próprias palavras: "A amargura é o elemento do artista.".

Tanto faz & Abacaxi

Títulos originais: Tanto faz (1981) & Abacaxi (1985)
Autor: Reinaldo Moraes
Editora: Companhia das Letras, 2011
Área; Gênero: Literatura; Romance

Tanto faz & Abacaxi, de Reinaldo Moraes (1950-), foram publicados pela primeira vez em 1981 e em 1985, respectivamente. Em Tanto faz, Ricardo de Mello, o herói-personagem, abandona um emprego entediante e burocrático em São Paulo para encarar um ano de bolsa de estudos em Paris. Não demora muito para Ricardo descobrir que a universidade não é mesmo sua praia. Decide então viver uma louca vida, já que ela é breve, como já cantou Cazuza. Bebidas, drogas e mulheres são agora sua rotina. Passa um ano todo assim, na mais completa esbórnia. Sua volta, com escala em Nova Iorque e chegada ao Rio de Janeiro, é o tema de Abacaxi, cujo teor sexual pode surpreender os espíritos mais sensíveis. Preste atenção na linguagem sedutora de Reinaldo Moraes: os diálogos são cômicos e a manipulação com a linguagem é primorosa.

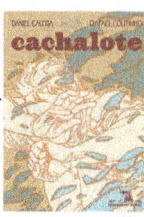

Cachalote

Título original: Cachalote (2010)
Autores: Daniel Galera e Rafael Coutinho
Editora: Companhia das Letras, 2010
Área; Gênero: Literatura; Romance gráfico

Outro nome importante de nossa produção literária atual, ao lado de Milton Hatoum, Luiz Ruffato e outros, é Daniel Galera (1979-). Em parceria com Rafael Coutinho, publicou recentemente, em 2010, a história em quadrinhos Cachalote. É difícil encaixar Cachalote nas tradicionais listas de gêneros literários que conhecemos. Podemos considerar a obra um romance gráfico, uma improvável mistura de romance e graphic novel. Seis histórias se alternam, sem se cruzar, conduzindo o leitor por uma trama instigante, deixando-o ávido por uma solução, para descobrir até onde os personagens irão. O cachalote, nos momentos em que surge, parece apontar, concretamente, para o absurdo, para o contraditório e para o fantástico da vida comum.

Estudos para o seu corpo

Título original/Organização: A obra é uma reunião de 4 livros do autor
Autor: Fabrício Corsaletti
Editora: Companhia das Letras, 2007
Área; Gênero: Literatura; Poesia

Fabrício Corsaletti (1978-) é um dos mais novos craques do recente time de poetas da nova geração. *Estudos para o seu corpo* é uma reunião de quatro livros de Fabrício, cujos temas abordam a infância na província, a descoberta da vida na metrópole e as especulações sobre as primeiras experiências amorosas. *Movediço* (2001) e *O sobrevivente* (2003), publicados originalmente em pequenas tiragens, tratam desses temas, ao passo que *História das demolições* e *Estudos para o seu corpo*, inéditos, somam a essas discussões a investigação da alma feminina.

Nova antologia poética

Título original: *Antologia poética* (1996)
Autor: Mario Quintana
Editora: Editora Globo, 2008
Área; Gênero: Literatura; Poesia

Com sutil ironia, humor simples, lirismo e evasão, Mario Quintana (1906-1994), gaúcho da cidade de Alegrete, constrói um espelho do mundo que o cerca e, por meio de poesia, apresenta suas emoções e sentimentos para refletir imagens da natureza, do cotidiano, da vida e também da morte. Os temas da estética de Quintana são marcados pela intensa preocupação com a passagem e duração do tempo e pelas reminiscências da infância. Esta *Nova antologia poética* inclui 40 poemas a mais do que a antologia original, publicada em 1966.

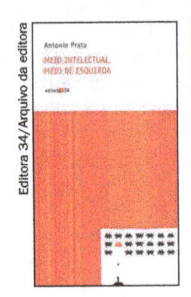

Meio intelectual, meio de esquerda

Título original/Organização: Crônicas publicadas em jornais e revistas entre 2004 e 2010
Autor: Antonio Prata
Editora: Editora 34, 2011
Área; Gênero: Literatura; Crônica

Os quase 80 textos reunidos nesta obra, publicados, em sua maioria, entre 2004 e 2010, em jornais e revistas, comprovam o perfeito exercício do gênero da crônica, por meio do qual Antonio Prata (1977-) indaga o absurdo do cotidiano. Os textos são divertidos, poéticos, repletos de *insights* lancinantes sobre a vida nas metrópoles, por meio dos quais se visualiza a originalidade e a abrangência do olhar desse novo talento da literatura atual. Na página 156, você leu uma das crônicas de Antonio Prata, intitulada "Meias".

Felicidade clandestina

Título original: *Felicidade clandestina* (1971)
Autora: Clarice Lispector
Editora: Rocco, 1998
Área; Gênero: Literatura; Conto

A ucraniana naturalizada brasileira Clarice Lispector (1920-1977) foi um dos principais nomes da terceira fase do Modernismo brasileiro. Publicado originalmente em 1971, *Felicidade clandestina* reúne 25 contos que tratam da infância, da adolescência e da família. A prosa de Clarice investiga as angústias da alma, as dificuldades nos relacionamentos, o fluxo de consciência de suas personagens até a epifania, momento em que há profundas transformações no interior de cada uma delas.

Vidas secas

Título original: *Vidas secas* (1938)
Autor: Graciliano Ramos
Editora: Record, 2005
Área; Gênero: Literatura; Romance

Lançado originalmente em 1938, *Vidas secas* é a obra em que Graciliano Ramos (1892-1953) alcança o máximo da expressão em sua prosa. O romance regionalista discute temas como injustiça social, miséria, fome, desigualdade, seca. Em uma peregrinação silenciosa, a animalização de um homem e sua família, acompanhados por uma cachorrinha, revela as condições sub-humanas de sobrevivência, em meio à paisagem hostil do sertão nordestino. O livro é um retrato fiel da realidade brasileira, transcendendo a época em que foi escrito, pois ainda reflete a realidade dos dias atuais.

O filho eterno

Título original: *O filho eterno* (2007)
Autor: Cristovão Tezza
Editora: Record, 2007
Área; Gênero: Literatura; Romance

Cristovão Tezza (1952-) é um dos mais conceituados escritores brasileiros contemporâneos. *O filho eterno*, ganhador do Prêmio Jabuti de 2008, é um corajoso relato autobiográfico, embora narrado em terceira pessoa. O romance aborda os conflitos de um homem que tem um filho com síndrome de Down. O pai, protagonista da história, mostra-se inseguro, medroso e envergonhado diante da situação, mas aos poucos, com muito esforço, enfrenta a realidade e passa a ter uma convivência afetuosa com o menino.

Literatura estrangeira

A metamorfose

Título original: *The metamorphosis* (Alemão: *Die Verwandlung*) (1915)
Autor: Franz Kafka
Editora: Companhia das Letras, 2000
Área; Gênero: Literatura; Novela

Franz Kafka (1883-1924) nasceu em Praga, hoje capital da República Tcheca. Teve convivência difícil com o pai na infância e passou boa parte de sua curta vida (morreu com 41 anos apenas) solitário e doente. Mesmo assim conseguiu se formar em Direito e se tornar um dos maiores escritores da literatura mundial. Além de *A Metamorfose*, Kafka escreveu outro clássico: *O Processo*. Em *A Metamorfose*, Kafka nos apresenta a história de Gregor Samsa, um caixeiro-viajante que é subitamente transformado em um inseto monstruoso bem parecido com uma barata. O pesadelo realista de Kafka, em que as angústias e frustrações da sociedade são tratadas sem subterfúgios, rendeu até a criação do adjetivo *kafkiano*, cuja referência, segundo o *Dicionário Eletrônico Houaiss*, "evoca uma atmosfera de pesadelo, de absurdo, especialmente em um contexto burocrático que escapa a qualquer lógica ou racionalidade".

Poesias

Título original/Organização: Antologia organizada pela autora Sueli Barros Cassal em 1996
Autor: Fernando Pessoa
Editora: L&PM, 1996
Área; Gênero: Literatura; Poesia

No contexto da Literatura portuguesa, Fernando Pessoa (1888-1935), maior poeta do Modernismo português, está à altura da importância de Camões, grande nome da poesia portuguesa do século XVI. Nesta antologia, foram selecionados alguns dos principais poemas produzidos por Pessoa, em suas diversas fases e pelos seus três heterônimos: Álvaro de Campos (poeta da emoção), Ricardo Reis (poeta da razão) e Alberto Caeiro (poeta das sensações), para quem "pensar é estar doente dos olhos". No site da editora L&PM está disponível a versão e-book do livro (acesso ao site realizado em 4 de maio de 2011).

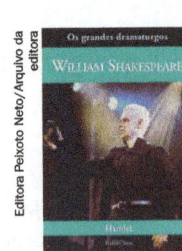

Hamlet

Título original: *Hamlet* (Inglaterra)
Autor: William Shakespeare
Editora: Peixoto Neto, 2004
Área; Gênero: Literatura; Teatro

Certa noite, Hamlet, príncipe da Dinamarca, é assombrado pela visita do fantasma do rei, seu pai, que revela ter sido assassinado pelo próprio irmão, Claudio, e, por isso, clama por vingança. Mas, segundo a especialista em William Shakespeare (1554-1616), Barbara Heliodora, o que parece ser uma corriqueira história de vingança se revela "uma magistral investigação sobre a condição humana". Hamlet, dilacerado pela dúvida sobre a veracidade daquela visão fantasmagórica, passa pelo enfrentamento entre o drama da consciência e a ação de vingança propriamente dita, e é nesse choque entre reflexão e ação, entre "ser ou não ser", que reside o grande valor da tragédia do bardo inglês. De acordo com Harold Bloom, outro especialista em Shakespeare, Hamlet é "o primeiro protagonista moderno, que reflete sobre si mesmo e evolui.".

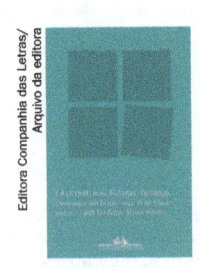

Fábulas italianas

Título original: *Fiabe italiane* (1954)
Autor: Italo Calvino
Editora: Companhia das Letras, 2006
Área; Gênero: Literatura; Fábula

Italo Calvino (1923-1985) nasceu em Cuba e se mudou para a Itália, onde protestou contra o fascismo e foi membro do Partido Comunista. Inicialmente neorrealista, tornou-se conhecido por suas fábulas e histórias fantásticas. Em 1954, um editor italiano elegeu Calvino para ser o organizador de um livro de fábulas italianas. O objetivo do editor era o de presentear a literatura italiana com uma coletânea de fábulas que fosse tão importante quanto as coletâneas francesa, de Perrault, e a alemã, dos Irmãos Grimm. Calvino selecionou cerca de cem fábulas e as recontou do seu jeito. Reis e camponeses, santos e ogros, plantas e animais extraordinários povoam as fábulas que narram muitas tradições da história italiana.

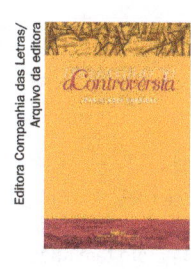

A Controvérsia

Título original: *La controverse de Valladolid* (1993)

Autor: Jean-Claude Carrière

Editora: Companhia das Letras, 2003

Área; Gênero: Literatura; Romance histórico de estrutura teatral

A Controvérsia é um romance histórico que narra os debates de um tribunal religioso instituído na Espanha do século XVI para determinar se os índios que vivem na América, o recém-descoberto Novo Mundo, têm alma ou não, isto é, se são ou não humanos. A sentença era decisiva, já que sua confirmação autorizava os europeus a dar prosseguimento à colonização. Jean-Claude Carrière (1931-) é um premiado roteirista francês que já trabalhou com grandes diretores, como Luís Buñuel. Neste livro, Carrière mistura história e ficção para não só denunciar a intolerância e a violência da colonização, mas também para defender a humanidade dos índios, que tiveram sua dignidade ultrajada sobretudo pela escravidão imposta pelos europeus.

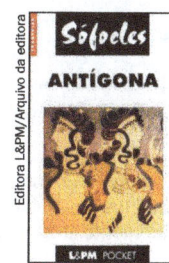

Antígona

Título original: *Antigonê* (cerca de 442 a.C.)

Autor: Sófocles

Editora: L&PM, 1999

Área; Gênero: Literatura; Teatro

Apaixonado pelas questões da moral humana, o dramaturgo grego Sófocles (496 a.C.-406 a.C.) escreveu mais de 120 peças teatrais, das quais poucas chegaram até nós completas, dentre elas as famosas *Édipo Rei* e *Antígona*, duas tragédias. Em *Antígona*, Sófocles nos conta o mito de uma mulher, a Antígona que dá nome à peça, que desafia o poder instituído por um tirano ao reclamar o direito de enterrar o irmão, acusado de traição, em sua terra natal. A peça suscita profundas reflexões políticas, morais e religiosas, mas sobretudo *Antígona* é um drama que mostra a força, a coragem e a abnegação da mulher, historicamente injustiçada e oprimida pelos homens.

Desonra

Título original: *Disgrace* (1999)

Autor: J. M. Coetzee

Editora: Companhia das Letras, 2000

Área; Gênero: Literatura; Romance

Em *Desonra*, o escritor e professor sul-africano J. M. Coetzee (1940-), ganhador do prêmio Nobel de Literatura em 2003, conta a história de David Lurie, um professor de Literatura que não consegue harmonizar sua formação humanista, o desejo amoroso latente e as rígidas normas de sua universidade. Ao se envolver com uma aluna, é acusado de abuso e acaba expulso da instituição de ensino onde leciona. Viaja para a propriedade rural da filha, Lucy, e lá conhece pessoalmente a violência e o rancor da África do Sul pós-*apartheid*, um lugar que ainda esconde um caldeirão de grupos humanos em pleno estado de ebulição.

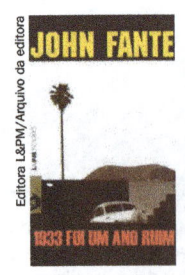

1933 foi um ano ruim

Título original: *1933 was a bad year* (1985)
Autor: John Fante
Editora: L&PM, 2003
Área; Gênero: Literatura; Romance

Em *1933 foi um ano ruim*, John Fante (1909-1983) narra a história de Dominic Molise, filho de um pedreiro, imigrante italiano. O garoto tem suas próprias pretensões: seu sonho é se tornar um arremessador de *baseball*. O pai desdenha dos objetivos do filho e só pensa em transformá-lo em um pedreiro como ele. Ao frequentar a casa de Kenny, filho de um dos homens mais ricos da cidade, apaixona-se por Dorothy, a irmã do amigo. É a partir das tentativas de resolução desses conflitos que John Fante nos apresenta um mundo repleto de compaixão para com as fraquezas e misérias humanas, pelas quais o homem, em seu estado mais frágil, recupera a honra e a dignidade.

Todos os fogos o fogo

Título original: *Todos los fuegos el fuego* (1936)
Autor: Julio Cortázar
Editora: Civilização Brasileira, 2002
Área; Gênero: Literatura; Conto

Em *Todos os fogos o fogo*, Cortázar (1914-1984) agrupa oito contos, alguns simétricos, ao contrapor tempo e espaço, outros paralelos e simultâneos, tecidos por associações de ideias. O livro apresenta o refinamento literário do autor, em uma antologia que beira a perfeição. Destacam-se narrativas como *A autoestrada do sul*, *O outro céu* e a narrativa que dá título à obra.

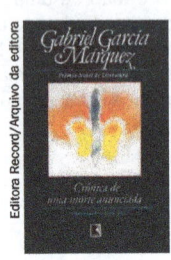

Crônica de uma morte anunciada

Título original: *Crónica de una muerte anunciada* (1981)
Autor: Gabriel García Márquez
Editora: Record, 2004
Área; Gênero: Literatura; Romance

Em *Crônica de uma morte anunciada*, Gabriel García Márquez narra, por meio de uma reconstrução jornalística, o último dia de vida de Santiago Nasar. Em um quebra-cabeça envolvente, as peças se encaixam pouco a pouco, através da superposição das versões de testemunhas que estiveram próximas ao protagonista. O livro trata do perdão e do tempo, da brevidade da vida e da eternidade dos sentimentos.

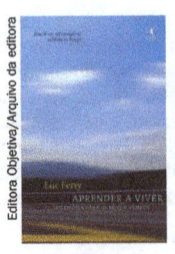

Aprender a viver: filosofia para os novos tempos

Título original: *Apprendre à vivre: Traité de philosophie à l'usage des jeunes générations* (2006)
Autor: Luc Ferry
Editora: Objetiva, 2008
Área; Gênero: Filosofia

Uma das qualidades mais louváveis de *Aprender a viver* é seu esforço por tornar as teses e discursos filosóficos bastante acessíveis aos jovens e aos leigos no assunto, sem apelar para simplificação exagerada ou ingênua. O objetivo principal de Luc Ferry (1951-) ao escrever o livro foi o de apontar a sabedoria filosófica como um possível caminho para uma vida melhor e mais feliz. Para isso, o filósofo francês reuniu, em cinco grandes momentos, a história da filosofia, da Grécia antiga à filosofia contemporânea pós-Heidegger.

Os chefes/Os filhotes

Título original: Los jefes (1959)/Los cachorros (1967)
Autor: Mario Vargas Llosa
Editora: Alfaguara, 2010
Área; Gênero: Literatura; Conto e Novela

Este volume reúne dois livros da obra de Mario Vargas Llosa (1936-), prêmio Nobel de Literatura de 2010: Os chefes, seu primeiro livro, publicado em 1959, com seis contos sobre desafios, provações e morte; Os filhotes, de 1967, uma novela de impacto sobre o complexo amadurecimento de garotos na Lima dos anos 1950. A reunião de Os chefes e Os filhotes apresenta um mundo vibrante e imprevisível, poucas vezes visto na literatura, destacando a impactante narrativa de um dos prosadores mais importantes da atualidade.

125 contos de Guy de Maupassant

Título original/Organização: Reunião de contos escritos de 1880 a 1890
Autor: Guy de Maupassant
Editora: Companhia das Letras, 2009
Área; Gênero: Literatura; Conto

Os 125 contos reunidos apresentam o que há de melhor na prosa do francês Guy de Maupassant (1850-1893), discípulo predileto de Gustave Flaubert. Entre os contos, além dos mais conhecidos do público, como Bola de Sebo e O Horla, encontram-se textos geniais do horror, o caso do conto A Morta e Sobre a água. Nos contos, são os retratos pouco edificantes, pessimistas e críticos da sociedade que ganham destaque, concluídos sempre por uma visão irônica a respeito do que foi contado.

A Revolução dos Bichos

Título original: Animal Farm (1945)
Autor: George Orwell
Editora: Companhia das Letras, 2003
Área; Gênero: Literatura; Romance

George Orwell (1903-1950) nasceu na Índia, na época em que o país estava sob o domínio da Inglaterra. Inicialmente encantado com os movimentos políticos de esquerda, com o passar do tempo Orwell começou a discordar do stalinismo na antiga União Soviética, berço das revoluções socialistas, e o encantamento inicial transformou-se em frustração e crítica. A Revolução dos Bichos é a tradução da crítica de Orwell ao universo político que não raro resvala em totalitarismo. A obra é uma fábula sobre o poder, na qual se conta a insurreição dos animais de uma granja contra seus donos. Aos poucos, contudo, a revolução culmina em uma tirania ainda mais opressiva e violenta que a dos humanos.

Histórias extraordinárias

Título original/Organização: Contos selecionados, traduzidos e apresentados por José Paulo Paes
Autor: Edgar Allan Poe
Editora: Companhia das Letras, 2008
Área; Gênero: Literatura; Conto

Na seleção e tradução de José Paulo Paes, os contos trazem algumas das mais conhecidas histórias de terror e suspense da literatura de Edgar Allan Poe (1809-1849). Entre os textos, encontram-se "O gato preto", "O poço e o pêndulo", "A carta roubada" e "O escaravelho de ouro". Os textos de Poe, além de personagens com notável profundidade psicológica, utilizam diversos artifícios narrativos inovadores, para criar atmosferas e situações aterrorizantes.

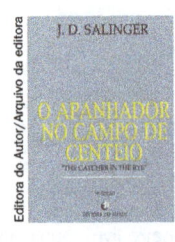

O Apanhador no Campo de Centeio

Título original: The Catcher in the Rye (Estados Unidos)

Autor: J. D. Salinger

Editora: Editora do Autor, 1999

Área; Gênero: Literatura; Romance

O romance do judeu nova-iorquino J. D. Salinger (1919-2010) é uma das obras mais significativas da literatura norte-americana do pós-guerra. Após sucessivas reprovações no colégio, um garoto americano de 16 anos relata suas experiências, revelando seus pensamentos e angústias sobre os pais, professores e amigos. A narrativa de Salinger dá voz ao típico adolescente contestador e desajustado ao mesmo tempo em que tece duras críticas ao modo de vida americano e suas fórmulas pré-fabricadas de felicidade.

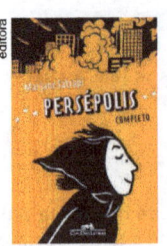

Persépolis

Título original: Persepolis (2000)

Autora: Marjane Satrapi

Editora: Cia. das Letras, 2004

Área; Gênero: Literatura; Autobiografia em quadrinhos

Persépolis é a autobiografia em quadrinhos da iraniana Marjane Satrapi (1969-). Nesta edição, estão reunidas as quatro partes da história original. Marjane Satrapi, quando tinha apenas 10 anos, assistiu ao início da revolução que colocou o Irã sob o regime xiita. A obra aproxima as culturas do Oriente e do Ocidente, sendo crítica, mas, ao mesmo tempo, sensível às questões políticas e pessoais do sofrido povo iraniano em guerra.

Maus: a história de um sobrevivente

Título original: Maus: A Survivor's Tale (1991)

Autor: Vladek Spiegelman

Editora: Companhia das Letras, 2005

Área; Gênero: Literatura; Quadrinhos

Maus ("rato", em alemão) é a história de Vladek Spiegelman (1949-), judeu-polonês que sobreviveu ao campo de concentração de Auschwitz, narrada por ele próprio ao filho Art. O livro, vencedor do Pulitzer de 1992, é considerado um clássico contemporâneo das histórias em quadrinhos. As tiras retratam judeus como ratos e, nazistas, como gatos; poloneses não judeus são porcos, e americanos, cachorros. A ausência de cor reforça o espírito do livro, ao relatar de modo contundente e perturbador as atrocidades do Holocausto.

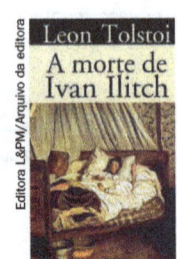

A morte de Ivan Ilitch

Título original: Em inglês: The death of Ivan Ilyich; Em russo: Smert Ivana Ilyicha (1886)

Autor: Leon Tolstoi

Editora: L&PM, 1997

Área; Gênero: Literatura; Novela

O escritor russo Leon Tolstoi (1828-1910) escreveu algumas das principais obras da literatura mundial, como Guerra e paz e Ana Karênina, além de A Morte de Ivan Ilitch. A obra é considerada por muitos estudiosos como a obra máxima da literatura russa e uma das novelas mais perfeitas da literatura mundial. Ao relatar a agonia de um burocrata insignificante, que tem sua vida cercada de hipocrisia e falsidade, o autor nos insere em uma narrativa realista que se relaciona à vida e ao destino de cada um de nós, sendo impossível concluir a leitura sem ficar com a sensação de angústia e, ao mesmo tempo, de purificação.

RESPOSTAS

Parte 1. A caminho do texto

1. Busque a coesão e a coerência

1. a) Seis; b) sua biografia, ele (não tinha alternativa), ele (se tornasse); c) elipse e pronome possessivo; d) Pronome do caso oblíquo; e) elipse do sujeito

2. Resposta pessoal.

3. a) a cachorrinha – ela (passava) – (ela) foi submetida – sua dona – (ela) se curou; b) ela está – erguê-la – vitamina K – sua falta; c) Pasta – (ele) afirmou – o pintor – ele (se interessou) – Pasta; d) Dias, sua família, o (procurou), seu corpo, seu destino, a história de Ivan, os corpos de Ivan e de outros 16 desaparecidos; e) Brasileiro: o cidadão, (ele) entrega, (ele) ganha, (ele) espera, o cidadão, o brasileiro. Sócio grandalhão: o sócio, o sócio, desse sócio, o Estado, uma organização formada por 540 mil funcionários, cujo dirigente máximo [...]

2. Melhore a coesão

1. a) O pai nunca deu condições para que os filhos ascendessem na vida, mas eles também não fizeram nada para se tornarem pessoas independentes.
   b) O mundo está preocupado com a futura escassez de petróleo, mas a água deve ser também motivo de preocupação. Por causa do desperdício e do aumento da população mundial, ela poderá vir a faltar muito brevemente.
   c) Muitos jovens já não sabem viver longe da internet, da tevê e do celular. É por meio deles que ficam plugados 24 horas por dia em tudo o que acontece no mundo.
   d) A pessoa que não come deixa de fornecer ao corpo a energia necessária para sobreviver. Ela precisa se alimentar corretamente para garantir suas 1 700 calorias diárias; caso contrário, seu metabolismo fica prejudicado.
   e) JP é hoje um dos artistas plásticos mais valorizados no mercado de arte. Na última exposição, ele teve suas telas furtadas por ladrões, que terminaram presos.
   f) O álcool, se consumido em excesso, pode provocar até a morte. Ele é responsável por inúmeros acidentes de trânsito, mas é tolerado pela família, que incentiva os filhos a beber desde cedo.
   g) Os governantes acham que os jornalistas só vivem atrás de notícias ruins. Eles os culpam por não divulgarem fatos positivos, como programas sociais que deram certo, o crédito fácil e a interiorização da economia.
   h) Dados mostram que a China tem sustentado o crescimento mundial. Ela é um dos polos da atenção de investidores do mundo ocidental. Não obstante, alguns economistas acham que esse gigante da Ásia vai entrar em crise em algum momento.
   i) Nelson Rodrigues, o maior dramaturgo brasileiro, era filho de uma família pobre que se mudou de Pernambuco para o Rio quando ele tinha apenas 4 anos de idade. O autor de *Vestido de noiva*, peça inovadora do teatro brasileiro, teve uma vida sofrida, sobretudo por causa da tuberculose.
   j) O sol pode ser prejudicial à pele, mas a Medicina diz que ele é bom para a saúde, pois desperta a vitamina D presente em nosso organismo.

2. a) *Eles* não retoma corretamente o sujeito da frase 1: a *geração atual*. O pronome correto seria *ela*, que pode vir oculto por elipse. **Correção**: A geração atual vive em função de modismos. Está sintonizada com tudo o que ocorre no momento na internet, mas não sabe quase nada da vida política do país.
   b) Mesmo erro de coesão da frase anterior. *O governo* é terceira pessoa do singular, logo deve ser substituído na frase seguinte por *ele* ou simplesmente pela elipse. **Correção**: O governo não colocou ainda a educação como prioridade para o desenvolvimento do país. Contingencia o orçamento sem se incomodar com as dificuldades por que passam escolas, professores e alunos.
   c) O sujeito da primeira frase, *jovens*, é substituído indevidamente na segunda por *esses alunos*, quando o melhor seria pelo pronome *eles*. Na terceira frase, deve-se acrescentar *deles* a *muitos*. **Correção**: Em geral, os jovens não são motivados a procurar outras fontes de conhecimento além das apostilas. Habituam-se a isso e descartam o livro com a maior facilidade. Por isso, muitos deles só se interessam pelo assunto que cairá na prova.
   d) Para evitar a perífrase desnecessária "desse elemento indispensável ao desenvolvimento", basta usar o pronome possessivo *sua*. **Correção**: Segundo dados da Secretaria de Comércio Exterior, o combustível é o segundo item mais importado pelo Brasil. Atrás apenas dos itens siderúrgicos, sua importação cresceu muito em relação ao ano passado.
   e) *Juventude* não retomou corretamente os termos anteriores: *criança* e *jovem*. A solução é usar o pronome pessoal do caso oblíquo *lhes*. **Correção**: Um dos problemas de ver muita TV é que ela dá à criança e ao jovem uma série de estímulos rápidos e fragmentados. Isso lhes cria dificuldades para prestar atenção numa aula expositiva, em que o único movimento é o dos passos do professor.

f) O sujeito da primeira frase é *o jovem*. Para retomá-lo, o correto é o pronome *ele*, e não *eles*. Para evitar a repetição desse pronome, o melhor é ocultá-lo na segunda frase e deixá-lo na terceira. **Correção:** O jovem gosta de andar em grupo porque, assim, sente-se mais fortalecido. Sozinho, não tem a mesma força. Ele, com os amigos, torna-se mais audacioso e mais encorajado a vencer desafios.

g) *Mídia* não é sinônimo de *televisão*, portanto não pode substituí-la. *Capacitá-lo*, e não *capacitá-los*, pois na frase anterior fala-se do *jovem* e não dos *jovens*; o mesmo se aplica a *conscientizando-os* e *os cercam*. **Correção:** A televisão é um dos veículos mais importantes para o jovem entender seu tempo. Ela pode capacitá-lo também para o exercício da cidadania, conscientizando-o dos problemas que o cercam.

h) O demonstrativo *daquelas* fica no singular, pois retoma vida (bem diferente daquela vida). Na segunda frase, em vez de *elas*, *ela*, para retomar *a mulher*, sujeito da primeira. A concordância verbal (*é*, *vê*) e nominal (*independente*) deve se adaptar ao novo sujeito no singular. **Correção:** A mulher de hoje vive uma vida bem diferente daquela das mulheres de cinquenta anos atrás. Hoje ela é mais independente, não vê empecilho em fazer qualquer faculdade e ocupar os mesmos cargos dos homens.

i) Suprimir a retomada viciosa de *preservação esta* e reordenar a frase. Suprimir um dos dois *até*. Fazer uma inversão na ordem: "a diminuir a porção de carne e aumentar a de legumes" para: "estão aumentando a porção de legumes e diminuindo a de carne". Assim, fica mais coesa a retomada de *carne* no final da frase pelo pronome oblíquo *a* (retirá-la) em lugar de *a mesma*. **Correção:** A preservação do meio ambiente está modificando até os hábitos alimentares. Alguns *chefs* de renomados restaurantes estão aumentando a porção de legumes e diminuindo a de carne, a ponto de retirá-la de vez do cardápio.

j) Melhorar a estrutura da frase com uma pequena inversão. Usar o pronome *o* para evitar *esse nível de ensino*. Na segunda frase, é preciso acrescentar a palavra genérica *estudantes*, porque *uma* retomaria *criança*, o que é incompatível com Ensino Médio, em que só há adolescentes. A palavra *classe* está mal empregada. Melhor dizer *ciclo*. **Correção:** De cada dez crianças que entram no Ensino Básico, só três o concluem. E, no Ensino Médio, só um em cada dez estudantes sabe o que deveria saber ao chegar ao final desse ciclo.

3. Faça bem as conexões

As respostas a seguir são apenas sugestões. O professor deve trabalhar cada frase a partir das respostas dos alunos.

1. a) O salário mínimo é tão pequeno que cabe até no bolso. Por isso é (ou *Daí ser*) chamado de mínimo, o que significa que menor não há. (O professor deve chamar a atenção para a sequência de sons duros em *que quer dizer que* [...] e ajudar os alunos a desfazê-la.)

b) Meu pai diz que o salário mínimo é um dinheiro insignificante, mas na televisão o presidente falou que tal valor era o máximo que ele podia dar e ponto-final. Meu pai quase destruiu a televisão ao ouvi-lo dizer isso.

c) Espero conseguir uma boa nota, porquanto a professora é muito generosa/magnânima e merece ganhar muito mais do que todos os salários mínimos juntos. (O uso de *pois* ou *porquanto* alivia a sequência *que/porque/que*.)

d) Meu pai disse que, certa vez, um presidente falou que, se ganhasse salário mínimo, daria um tiro na cabeça. Só pode ter sido brincadeira, pois quem ganha salário mínimo não tem dinheiro para comprar revólver.

e) A minha mesada é muito pequena. Felizmente ninguém inventou a mesada mínima, pois a que recebo de minha mãe quase não dá para comprar nada. (Evitar sempre que possível a sequência de sons duros como *porque com o que*.)

f) O meu pai não ganha salário mínimo, mas seu salário também não dá para comprar muitos revólveres, a não ser os de brinquedo, e só de vez em quando.

g) Quando eu crescer, não vou querer ganhar salário mínimo, ainda que seja o dobro. Ele parece ser tão pequeno que, mesmo sendo o dobro do dobro, continua mínimo.

h) Lá em casa disseram que esse salário mínimo não dá nem para comprar a cesta básica. Não sei muito bem que cesta é essa, mas parece que tem algo a ver com comida. Se for assim, basta diminuir o tamanho da cesta para caber tudo dentro.

2. a) A introdução do *já* exprime uma cobrança de quem fala em relação às outras pessoas que ainda não fizeram sua parte.

b) O advérbio *infelizmente* expressa uma atitude de desilusão por parte do locutor.

c) O *até* demonstra que o pai não é pessoa de apelar para Deus. O operador mostra que a situação ultrapassou todos os limites.

d) *No mínimo* indica que alguém fez algo de muito errado.

e) *Aliás* expressa uma ressalva, uma correção na fala.

f) *Pelo menos* sinaliza que a pessoa ainda não fez nada do trabalho.

g) *Na verdade* reforça o ponto de vista do locutor.

h) *Até mesmo* demonstra que a descrença nessa pessoa chegou ao ápice.

i) *Também* indica que alguém faz parte de um bloco maior de pessoas que trazem problemas.
j) *Francamente* mostra uma atitude de total desaprovação do emissor diante do que alguém fez.

3. As respostas são apenas sugestões. É bom o professor explorar outras formas de expressar a mesma ideia com outros conectivos da mesma área.
   a) Apesar de o Brasil ter mais de 500 anos, ainda precisa avançar muito em direitos humanos.
   b) A discussão entre os dois homens foi tão violenta que um deles saiu direto para o cardiologista, que o deixou em observação.
   c) Embora os governadores reeleitos disponham de muito tempo para melhorar a vida do povo, não conseguem fazer nada, provando que a reeleição de nada serviu para o Brasil.
   d) Apesar de a raça ser um recurso útil para prever o risco de doenças, muitos médicos acreditam que seria melhor abandonar esse critério em favor de uma análise mais rigorosa da ascendência de cada um.
   e) Quando a renda aumenta, o consumo melhora e o povo passa a ter fé no futuro.
   f) A primeira linha de combate, no caso dos homicídios, deve ser contra as armas de fogo, que chegam a representar 80% das mortes em algumas cidades, aí incluídos os casos de suicídio.
   g) O Brasil é capaz de conquistar um grau de desenvolvimento econômico até elevado em alguns setores, consequentemente já poderia apresentar um quadro de violência menor.
   h) Quando a tropa foi embora, os manifestantes voltaram a ocupar a praça em cujo centro ficou destroçada a estátua do imperador.
   i) Quando o ministro anunciou um pacote de corte de gastos que atingia até educação e saúde, os protestos não demoraram a acontecer.
   j) Uma das grandes preocupações das organizações esportivas é o combate ao *doping*, ou seja, ao uso de substâncias químicas que aumentam artificialmente o desempenho do atleta.

4. Reconheça os paralelismos

1. a) Só teremos um país realmente desenvolvido quando não houver mais descaso com a educação e a saúde.
   b) Para um país se desenvolver, é preciso criar boas escolas e promover o desenvolvimento econômico.
   c) Cabe a cada um de nós escolher o que assistir na televisão e estabelecer horário para as crianças verem seus programas.
   d) Certos programas da TV aberta podem prejudicar a formação da criança e do adolescente.
   e) O homem tem várias formas de lazer a sua disposição: viagens, teatro, leitura, cinema.
   f) O erotismo exagerado não é só um problema da televisão, mas também dos *outdoors* e das revistas.
   g) Um povo sem educação não sabe como resolver seus problemas nem escolher bem seus representantes.
   h) O ministro negou que seu assessor tivesse se apropriado do dinheiro da campanha e enriquecido ilicitamente em pouco tempo.
   i) O técnico da seleção está cheio de esperanças com o novo time e com a possibilidade de chegar à final.
   j) As pessoas aplicam conceitos numéricos ao calcular o salário, ao utilizar um computador ou ao fazer qualquer compra.

2. a) Os países da Europa e os da África estão distantes anos-luz em termos econômicos.
   b) A falta do hábito da leitura entre os jovens é, em primeiro lugar, culpa da escola, e, em segundo, dos pais.
   c) A geração atual vive estímulos que a anterior não teve.
   d) Enquanto a maioria dos trabalhadores ganha até dois salários mínimos, os políticos ganham somas incalculáveis.
   e) Na França, lê-se uma média de dez livros por ano; no Brasil, menos de dois.
   f) O mercado de trabalho não seleciona apenas pelo nível de conhecimento, mas também pela capacidade de liderança, versatilidade e até bom humor.
   g) A indisciplina dos jovens é culpa não só da família, mas também da escola.
   h) Era um aluno interessado não só em Filosofia, mas também em História e Literatura.
   i) Com o uso da neuroimagem, é possível ver quais são as alterações no cérebro em casos de Alzheimer, transtorno obsessivo-compulsivo e depressão.
   j) O futebol nos enche de orgulho, mas devíamos nos orgulhar também de nossa música.

3. O professor deve chamar a atenção para a frequência de paralelismos sobretudo quando aparece a conjunção *e*.

   Sofremos de um mal na atualidade: a incivilidade. A toda hora, somos obrigados a testemunhar <u>cenas de grosseria entre as pessoas, de falta de respeito pelo espaço que usamos e de absoluta carência de cortesia nas relações interpessoais</u>.
   Os adultos perderam <u>a vergonha de ofender</u> publicamente e em alto e bom som, <u>de transgredir</u> as normas da vida comum por quaisquer razões. Parece mesmo que nossa vida segue um lema: cada um por si e, ao mesmo tempo, contra todos.

Por isso, perdemos totalmente a sensibilidade pelo direito do outro: cada um de nós procura, desesperadamente, seus direitos, sua felicidade, seu poder de consumo, seu prazer, sem reconhecer o outro. E, claro, isso gera intolerância, discriminação, ameaça. O pacto social parece ter sido rompido e não tomamos nenhuma medida para reverter esse processo.

As mídias, por exemplo, comentam cenas de incivilidade ocorrida entre pessoas que ocupam posição de destaque. Virou moda e ganhou visibilidade dizer tudo o que se pensa, agredir para se defender, fazer pouco do outro. Pessoas que ocupam cargos de chefia expressam seu descontentamento com seus funcionários aos berros e assim por diante.

Ao mesmo tempo, crescem entre os mais novos problemas como falta de limites, indisciplina e falta de respeito pelo outro. O fenômeno conhecido como *bullying* – intimidação física ou psicológica – assusta crianças e adolescentes e preocupa pais e professores. Nas escolas do mundo todo, o clima é de "falta de respeito" generalizado, mesmo que essa expressão seja usada de modo impreciso.

Mas o fato é que as crianças e os adolescentes praticam o conceito de cidadania do qual se apropriaram pela observação do mundo adulto. Em uma conversa com crianças que frequentam o Ensino Fundamental, ouvi relatos que me deixaram muito pensativa. Um garoto disse que achava que os alunos maiores intimidavam os menores porque a escola e os pais ensinam que se deve respeitar os mais velhos.

Veja você: o conceito de mais velho deixou de significar adulto ou velho e passou a ser usado como de mais idade. Assim, revelou o garoto, uma criança de um ou dois anos a mais que a outra se considera um "mais velho" e, assim, pode explorar os de menos idade.

Podemos ampliar esse conceito apreendido pelas crianças e, além da idade, pensar em poder, por exemplo. Isso nos faz pensar que o *bullying* ocorre principalmente, mas não apenas, porque crianças e adolescentes desenvolvem relações assimétricas entre eles, por causa da idade, do tamanho, da força e do poder.

Talvez seja em casa e na escola que pais e professores possam e devam repensar e reinventar o conceito de cidadania. Mas também temos nós, os adultos, o dever de adotar boas maneiras na convivência social. Afinal, praticar boas maneiras e ensinar aos mais novos o mesmo nada mais é do que reconhecer o outro e buscar formas de boa convivência com ele. Disso depende a sobrevivência da vida social porque somos todos interdependentes.

5. Repita palavras com arte

1. O professor poderá fazer as alterações que achar necessárias para chegar à boa expressão sem deixar de ser fiel às ideias originais.
   Respostas possíveis:
   a) A tecnologia, que veio para facilitar nossa vida, às vezes complica mais do que resolve nossos problemas. Hoje somos tão dependentes do celular, do computador, da internet, que não sabemos mais dar um passo sem eles.
   b) O lixo é um dos grandes problemas da humanidade. É preciso reciclá-lo, mas sua reciclagem também gera poluição. Qual então a saída? Procurar formas de produzi-lo em menor quantidade. Um exemplo: em vez de usarmos guardanapos de papel, que poluem tanto, por que não voltarmos aos de tecido?
   c) Conectadas à internet, algumas pessoas nem pensam mais em sair de casa. Elas aproveitam toda a praticidade da rede e fazem compras, consultam saldos bancários, pesquisam nas melhores fontes e até estudam línguas. O problema é que, pouco a pouco, perdem contato com o mundo real e se isolam dos amigos, com quem se comunicam só por redes sociais.
   d) O homem está se tornando escravo do mundo virtual. À medida que se aperfeiçoam as novas técnicas de comunicação, ele acha que basta um *e-mail* para fazer amigos. Por mais prático que seja esse mundo, ele está afastando o indivíduo da vida autêntica, aquela em que os gestos são mais importantes que as palavras.
   e) A relação médico/paciente é cada vez mais rápida. Sem tempo para dar uma atenção mais individualizada, o médico termina solicitando uma série de exames que nem sempre são necessários. Pesquisas já constataram que os pacientes ficam frustrados com esse tipo de atendimento e nem todos fazem os exames solicitados.
   f) O vestibulando limita-se a decorar apenas o que lhe apresentam como importante para fazer uma prova e não se preocupa em frequentar bibliotecas, ler jornais, revistas, romances. Assim, ele entra numa universidade sem muita bagagem cultural.
   g) O jovem tem à sua disposição um mundo variado de lazer que atrai sua atenção, que estimula sua curiosidade, tornando-se refém dele. Eis uma das razões por que no seu mundo sobra tão pouco espaço para a leitura.
   h) Ainda há escolas que pouco se preocupam em desenvolver o raciocínio dos alunos. O que elas visam, antes de tudo, é chegar a bons resultados no vestibular e não o aprendizado de algo mais substancial para a vida.
   i) A hipocondria acomete mais gente do que imaginamos. Provoca um sofrimento verdadeiro na

pessoa, porque ela acha que está doente, mesmo sem apresentar sinais claros da doença que pensa ter.

j) Nosso sistema de ingresso na universidade faz com que os alunos não adquiram uma boa base cultural para enfrentar a vida. E as escolas, por sua vez, não oferecem a eles os meios para que se desenvolvam intelectualmente.

2. Resposta pessoal. O texto que segue deve servir apenas de orientação.

Educar bem sempre foi uma preocupação dos pais. Eles tentam fazer o possível para que os filhos possam viver bem no futuro, mas nem sempre agem de maneira correta.

Alguns pais são liberais em demasia. Deixam os filhos fazer o que bem querem e atendem a todas as suas vontades. Isso acarretará, posteriormente, desobediência e perda de autoridade.

Outros agem de forma totalmente diferente. Impõem uma educação bastante rígida, em que a liberdade de ação não existe. Às vezes essa educação é dada à base de castigos e de desrespeito aos direitos da pessoa.

Existe também aquele tipo de pai que, pensando numa educação melhor, ocupa os filhos com atividades extras, como o aprendizado de línguas, artes e prática de esportes. Acha que, assim, está fazendo de tudo para que eles fiquem bem preparados para enfrentar a vida.

Enfim, qual é realmente a maneira correta de educar um filho? Certamente, não é dando-lhe liberdade total, nem exigindo além da conta, nem enchendo-o de atividades que o estressem. Um pouco disso tudo é necessário, desde que haja respeito às individualidades.

3. • "Havia-os de todos os tipos [...]" – substituição por um pronome pessoal do caso oblíquo.
• "[...] era o do Pipiripau [...]" – uso do pronome demonstrativo o.
• "[...] Ir ao Piriripau [...]" – a palavra presépio não aparece, mas só o nome do lugar.
• "[...] o presépio nunca deixou [...]" – repetição distante da primeira vez em que a palavra aparece. Está no singular, enquanto na primeira frase do primeiro parágrafo está no plural.
• "[...] o presépio era um desafio [...]" – também há um distanciamento da palavra anterior.
• "[...] inventá-lo, armá-lo, transformá-lo – que nunca repetisse o dos Natais anteriores" – substituído, respectivamente, pelo pronome do caso oblíquo na forma lo e pelo pronome demonstrativo o.

6. **Dê ritmo à frase**

Esta é uma boa oportunidade para o professor organizar a frase do aluno. Mostre-lhe o quanto é importante saber dividi-la em segmentos para conseguir ritmo e clareza.

1. a) Era uma velha sequinha que, / doce e obstinada, / não parecia compreender que estava só no mundo. Os olhos lacrimejavam sempre, / as mãos repousavam sobre o vestido preto e opaco, / velho documento de sua vida.

b) Saia marrom, / camisa bege, / meias três-quartos de lã, / mocassins com sola de borracha, / trança loura na cintura arrematada por um laço de seda. / Idos de fevereiro, / final de um verão impiedoso, / mas Júlia tremia.

c) Eu sabia que estava cometendo uma imprudência, / que haveria de arcar com as consequências, / que podia prejudicar a carreira que mal principiava, / mas tinha de me ir de pé.

d) Talvez ninguém reparasse, / nem ele mesmo, / porém foi sim, / foi depois daquela noite, / que os dois começaram brigando por um nada.

e) Passei a primeira marola e, / vendo que ainda estava firme, / comecei sofregamente a remar, / sempre acompanhado pela turma, / que, / emocionada, aplaudia cada braçada minha como se, / ao me distanciar da praia mar adentro, / eu também estivesse deixando na areia não apenas minhas muletas como tudo aquilo que não me dizia mais respeito.

f) As crônicas da vila de Itaguaí dizem que em tempos remotos vivera ali um certo médico, / o dr. Simão Bacamarte, / filho da nobreza da terra e o maior dos médicos do Brasil, / de Portugal e das Espanhas.

g) Certa vez, / quando entrava com fome e sem dinheiro num restaurante árabe na rua Senhor dos Passos, / chamou minha atenção um enorme libanês que comia quibe cru e contava histórias no estilo das *Mil e uma noites*.

h) Tudo o que ouvi dizer de minha avó materna devo à insistência com que abordei o assunto. / Minha mãe gostava de contar casos de família depois do jantar, / sentada à mesa da copa ou numa poltrona de couro da sala, / mas esse ela muitas vezes evitava com habilidade.

i) Aqui no prédio estão dando uma festa no sétimo andar, / parece que está animada, / música a todo volume, / o som bate no prédio em frente e volta, / dá a impressão de que a festa é lá e não cá, / as aparências enganam, / quem vê cara não vê.

j) A família estava reunida em torno do fogo, / Fabiano sentado no pilão caído, / sinhá Vitória de pernas cruzadas, / as coxas servindo de travesseiro aos filhos.

2. a) Ao redigir o projeto a ser aprovado pelo Congresso, o deputado ignorou os pontos mais importantes da reforma sindical.

b) Pouco antes de a propaganda ir ao ar, o diretor ligou para o presidente da fundação que administra o programa de alfabetização.

c) Por incrível que pareça, a chegada desse dinheiro ao campo pode provocar efeitos colaterais indesejados.
d) Sem que ninguém se desse conta, a internet, que transformou a vida de muitas pessoas, abriu inumeráveis portas de pesquisa.
e) Graças ao acesso fácil à rede, nas salas de bate-papo as pessoas conversam com desconhecidos sem nenhum constrangimento.
f) Há cerca de cem mil anos, quando a África ficou pequena para os primeiros grupos humanos, eles se espalharam por outros continentes e chegaram à Àsia.
g) Com a vitória desse catarinense no mês passado, um brasileiro, pela primeira vez, é o número 1 nesse esporte.
h) Insatisfeitos com o que já têm, os americanos compram cada vez mais.
i) Em tese, o progresso deveria trazer bem-estar ao homem, mas, em vez disso, trouxe muita ansiedade.
j) Ao ver que faltavam poucas assinaturas, a reação do governo foi chamar os aliados para barrar qualquer ideia de CPI.

PARTE 2 - Prepare sua base: o parágrafo

7. Dê atenção ao tópico frasal

1. Resposta pessoal.
2. As respostas que se seguem servem apenas de orientação para que o aluno escreva seu tópico frasal.
   a) O eleitor brasileiro ainda não aprendeu a votar.
   b) A violência atingiu níveis insuportáveis no Brasil.
   c) A crise da insegurança que atinge o Brasil faz crescer na população o medo de sair à rua a qualquer hora do dia e da noite.
   d) O vestibular é uma das maiores preocupações dos jovens.
   e) O futebol nunca deixará de ser o esporte que reforça a autoestima do brasileiro.
   f) O desenvolvimento científico é imprescindível para um país como o Brasil.
   g) As dificuldades de criar um filho hoje são maiores que antigamente.
   h) Os meios de comunicação se aperfeiçoam cada vez mais.
   i) O mercado de trabalho hoje não se contenta mais com pessoas que tenham apenas um diploma na mão.
   j) O brasileiro parece que já se acostumou com a corrupção.
3. O segundo parágrafo começa em:
   a) Se escuto [...]
   b) Se fosse só isso, vá lá [...]
   c) Naquele dia, porém, [...]
   d) O ser humano que não conhece a arte [...]
   e) Em muitas sociedades [...].
4. **Parágrafo 1** – de "Comparo" até "sertaneja";
   Parágrafo 2 – de "A desventura" até "periquito";
   Parágrafo 3 – de "Quanto ao desastre" até "lagoa vazia";
   Parágrafo 4 – de "Se na primeira passagem" até "agressão física".

8. Não perca o sujeito de vista

1. a) Frase 1 – sujeito: a publicidade; frase 2 – elipse; frase 3 – elipse.
   b) Frase 1 – sujeito: Turco Velho; frase 2 – ele; frase 3 – retomada do nome Turco Velho.
   c) Frase 1 – sujeito: as vizinhas; frases 2 e 3 – elipse.
   d) Frase 1 – sujeito: Dr. Gumercindo; frases 2, 3 e 4 – elipse.
   e) Frase 1 – sujeito: eu; frases 2, 3 e 4 – elipse.
   f) Frase 1 – sujeito: Heitor Villa-Lobos; frases 2, 3, 4, 5 e 6 – elipse.
   g) Frase 1 – sujeito: a borboleta; frases de 2 a 5 – elipse.
   h) Frase 1 – sujeito: Sinhá Josefina; frases 2 e 3 – elipse.
   i) Frase 1 – sujeito: Sofia; frases 2 e 3 – elipse.
   j) Frase 1 – sujeito: Bertoleza; frases 2 e 3 – elipse; frase 4 – retomado pela perífrase "o demônio da mulher".

2. Respostas pessoais.
3. Resposta pessoal.
4. Resposta pessoal.

9. Pense nas associações

1. Respostas pessoais.
2. Respostas pessoais. Geralmente, os alunos só conseguem escrever duas frases. O professor deve incentivá-los a escrever uma terceira.
3. a) alegre atmosfera;
   b) cozinha, cheiro espesso, coador, bolhas, água fervente, pó, sabor, cheiro;
   c) casamentos, festas de aniversário, viagens, bons momentos da vida, câmaras digitais, bolsa, casaco, mesa de trabalho, obrigação, cliques, momentos especiais;
   d) samba, *rock*, bossa, bolero, baião, sertanejo, *rock* brasileiro, *rock* rural, interpretações, gêneros tão diversos entre si;

e) guerra particular, veículos militares blindados da Marinha, seis tanques de guerra, dois veículos anfíbios, *bunker*, fortaleza.

10. Aprenda a dividir o tema

1. a) São duas as formas típicas da arquitetura do século XIX, e elas se devem respectivamente à produção mecânica e ao individualismo democrático: a fábrica, com suas chaminés, e as fileiras de casas das famílias trabalhadoras. Enquanto a fábrica representa a organização econômica gerada pela produção industrial, as casas representam o ideal de segregação social de uma população essencialmente individualista.
   b) A criança deve vivenciar situações de uso da língua [...], atuando primeiro como mero *ouvinte*, depois, *receptor* e, finalmente, *emissor* de mensagens. Enquanto mero ouvinte, a criança apenas receberá os enunciados produzidos pelas outras pessoas. Quando for receptor, ela não só receberá, mas também compreenderá esses enunciados. Quando passar a emissor, ela responderá às mensagens recebidas ou tomará a iniciativa de enviar suas mensagens.
   c) O machismo enquanto ideologia constitui um sistema de crenças e valores elaborado pelo homem com a finalidade de garantir sua própria supremacia através de dois artifícios básicos: afirmar a superioridade masculina e reforçar a inferioridade correlata da mulher.
   d) Os jovens voluntários são movidos por três estímulos básicos. O primeiro é a vontade de ajudar a resolver os problemas e as desigualdades sociais. O segundo é o de se sentir útil e valorizado. Por fim, o desejo de fazer algo diferente no dia a dia.
   e) [...] pode-se dizer que a mudança da capital estimulou dois tipos de movimento, que contribuíram para o esvaziamento do Rio: imigrantes passaram a preferir destinos como São Paulo e Brasília, em vez da antiga capital, e antigos moradores emigraram, alguns envolvidos com a burocracia federal, outros pela queda da qualidade de vida na cidade.
   f) Uma bênção e uma maldição se aninham ao mesmo tempo abaixo da vasta superfície do Irã. A bênção é o petróleo, que jorra farto e bom. A maldição também tem origem no coração da terra: os terremotos que assolam o país regularmente, em razão de sua localização, sobre uma das placas tectônicas mais ativas do planeta.
   g) As pessoas se acostumaram com uma separação das escolas em dois grupos: as conservadoras e as liberais. As duas palavras dizem respeito a um ponto de vista próprio sobre a forma de impor limites e garantir a disciplina na sala de aula e nas demais dependências do estabelecimento escolar. Resumindo, as escolas conservadoras eram rigorosas contra os desvios e suspendiam ou até expulsavam o aluno diante de um deslize mais sério. Já as liberais respeitavam um ritual mais lento. Chamavam o pai do aluno para uma conversa. Depois criavam um grupo de debates e só então, se nada funcionasse, partiam para as soluções radicais.
   h) São múltiplas as causas dos juros altos, mas somente o Brasil reúne muitas ao mesmo tempo. Analisemos três das principais. Primeira, a despesa pública de quase 40% do PIB supera a dos demais países emergentes. Consequência: mais demanda na economia, mais dívida pública e mais pressão para aumentar juros.

   Segunda, os consumidores pouco se influenciam pela taxa de juros. Olham mais quanto as prestações pesam na sua renda. Para que se obtenham os efeitos observados em outros países, a taxa precisa ser mais alta. Isso se exacerbou com a ampliação da classe média e do acesso ao crédito, o que é bom, mas pressiona a inflação.

   Terceira, um terço do crédito não obedece a altas da Selic. É o caso de operações de bancos oficiais – em especial o BNDES –, do crédito imobiliário e de outras. Compare essa situação à de um sistema hidráulico de três canais em que um deles está entupido. A potência para fazer a água fluir (no caso, os juros) tem de ser maior.
   i) Tomás de Aquino acreditava que, no nascimento, a mente era uma 'tábula rasa', uma lousa em branco, e que todo o nosso conhecimento advém de nossa experiência sensorial. Ele distinguiu dois caminhos para a aquisição do conhecimento. Um é raciocinar com base nas evidências colhidas do mundo à nossa volta. Outro é a revelação. Mas embora traçasse uma divisão clara entre o que chamava de teologia 'natural' e 'revelada', Aquino acreditava que suas descobertas deviam ser compatíveis, pois ambas representavam caminhos abertos por Deus para a descoberta da mesma realidade. [...]
   j) A presidenta Dilma Roussef estaria prestes a anunciar duas iniciativas extraordinariamente importantes para melhorar o desempenho da economia brasileira em meio à guerra mundial por empregos. A primeira seria controlar com mais firmeza os gastos públicos, para aliviar o recurso exclusivo ao aumento dos juros no combate à inflação. A segunda seria reduzir substancialmente os encargos sociais e trabalhistas que encarecem e impedem a criação de milhões de novos empregos.

2. Respostas pessoais.

3. Resposta pessoal.

4. Resposta pessoal.

11. Faça oposições

1. a) esteja; b) estar; c) tivesse aberto; d) cumpra; e) tenha feito; f) ter; g) saiba; h) tivesse programado; i) ter feito; j) ter cumprido

2. a) Apesar de ele ter chegado atrasado, não deu nenhuma justificativa.

    b) Não obstante ter chovido demais naquela noite, eles tiveram de ir à cidade em busca de socorro.

    c) Malgrado uma boa parcela da população brasileira ainda passar fome, programas assistenciais sem criação de renda não resolvem o problema.

    d) Posto que a seca no Nordeste seja um problema recorrente, poucos se preocupam em acabar de uma vez por todas com ela.

    e) Mesmo o clima do lugar não sendo dos melhores, levas de migrantes chegam lá todos os meses.

    f) Enquanto os países desenvolvidos valorizam a educação, os países emergentes ainda não dão a ela o devido destaque.

    g) Em que pese o enredo da peça ser muito interessante, o diretor não soube conduzir os atores.

    h) A despeito de o carnaval ser uma festa popular, no Rio de Janeiro ela é feita para turistas e pessoas endinheiradas.

    i) Conquanto a água seja um bem finito, as pessoas a desperdiçam sem a menor crise de consciência.

    j) O Brasil é um dos maiores produtores de alimento do mundo, no entanto boa parte de sua produção se perde antes de chegar ao destino.

3. Educação: guerra × paz.

4. Resposta pessoal.

Parte 3 – A hora do texto

12. Encadeie bem os parágrafos

1. O professor deve comentar por que as outras opções estão erradas.

    a) opção 3; b) opção 2; c) opção 2; d) opção 3; e) opção 1; f) opção 1

2. Parágrafo 2 em relação ao 1: *alguns desses* retoma *críticos*.

    Parágrafo 3 em relação ao 2: *isto* retoma as perguntas anteriores.

    Parágrafo 4 em relação ao 3: *envelhecer* retoma *envelhecer*, e *plainar* retoma por oposição os verbos de sentido negativo do parágrafo anterior.

    Parágrafo 5 em relação ao 4: o autor usou o exemplo dos elefantes para dar continuidade à ideia de envelhecer bem explorada no parágrafo anterior.

    Parágrafo 6 em relação ao 5: *envelhecem melhor ainda* continua a ideia do parágrafo anterior, agora com o exemplo do vinho.

    Parágrafo 7 em relação ao 6: *o problema da velhice* retoma ainda a ideia de envelhecer bem, agora com o exemplo das facas.

    Parágrafo 8 em relação ao 7: dá continuidade à ideia de envelhecer como as facas.

3. Resposta pessoal.

13. Procure motivar as palavras

1. **Texto 1**: a) jurar; b) álcool – o mais; c) paisagens, músicas de Tom Jobim, versos de Mário Quintana, pileque de Segall, *Índia Reclinada*, de Celso Antônio; d) pôr do sol; e) morrer

    Texto 2: a) nanopartículas; b) microscópios; c) células-tronco e nanopartículas; d) nanopartículas; e) foram requeridas mais de 300 patentes de produtos relacionados à saúde; f) nanotecnologia

    Texto 3: a) cirurgia plástica; b) frase 2 – marmanjos; frase 3 – homens; c) "a insatisfação com a própria aparência e as inúmeras tentativas fracassadas de obter uma silhueta perfeita à base de dietas e exercícios"; d) "os homens já representam 30% de todas as cirurgias realizadas anualmente no Brasil"; e) bisturi; f) Brasil

    Texto 4: a) F; b) V; c) V; d) V; e) V; f) F

2. Resposta pessoal.

14. Argumente e comente

1. a) A; b) I; c) A; d) I; e) A; f) I; g) A; h) I; i) I; j) A

2. 1: c; 2: c; 3: b; 4: c; 5: a; 6: a; 7: c; 8: a; 9: b; 10: c

3. Respostas pessoais.

4. 1. O hábito do brasileiro de se aproveitar dos cargos públicos para enriquecer. 2. "Não se pense que foi criado ontem" 3. Argumento de autoridade, recorrendo à citação indireta de Raymundo Faoro. 4. O parágrafo 6, só feito de perguntas. 5. A sequência histórica: período colonial, Império e República. 6. A partir do oitavo. 7. O financiamento público de campanha. O contínuo fortalecimento de ações efetivas da Polícia Federal, do Ministério Público, do Legislativo, do Judiciário e da Controladoria Geral da União. Apuração equilibrada da imprensa. 8. Se nada for feito, continuaremos assistindo à cena farsesca de um candidato acusando o outro. 9. Uma ilustração. Ao contar a história do menino que joga carvão nos outros e limpa as mãos na própria roupa, ele fala dos políticos que acusam os outros mas também estão sujos. 10. A frase "E dá-lhe Lei da Ficha Limpa." (parágrafo 11).

15. Conclua com segurança

1. **Texto 1:** Ser infeliz é muito ruim, mas ser feliz é muito difícil.

    Texto 2: Quem estranha muito tem muito medo e perde fácil a estribeira. Estamos a um passo da violência. Barbárie à vista?

    Texto 3: Mas, ao fim e ao cabo, quem desautoriza uma ministra como Marina Silva não é o governo, incomodado com suas propostas e visão ambiental. Somos nós, ao consumir produtos e ideias que poluem e destroem o mundo. Pensemos nisso, antes da próxima compra.

2. Há pelo menos cinco argumentos: 1) diminui o risco de infiltração, comum na construção de jardins suspensos; 2) barateia os custos da obra; 3) aumenta a retenção das águas da chuva; 4) diminui o calor dos prédios; 5) plantas e árvores combatem a poluição atmosférica.

16. Enfrente os temas abstratos

1. a) Os bens que o dinheiro compra × os bens que o dinheiro não compra; b) vencedor × perdedor; c) rebeldia inconsciente × rebeldia consciente ou revolta; d) sonho × realidade; e) punição × impunidade; f) renúncia/desprendimento/desapego × avidez/ambição/apego; g) responsabilidade individual/ética individual × responsabilidade coletiva/ética coletiva; h) manutenção ou preservação da amizade × deterioração ou decadência da amizade; i) sensatez/equilíbrio/prudência × insensatez/desequilíbrio/imprudência; j) razão × emoção/amor/paixão

2. Sugestões de respostas:
    a) Os bens que o dinheiro compra – coisas materiais.
    Os bens que o dinheiro não compra – amor, felicidade, satisfação profissional etc.
    Conclusão – Tomar consciência do valor do dinheiro e dos seus limites.
    b) Vencedor – aquele que jamais desiste diante de uma derrota.
    Perdedor – o que se abate diante do menor fracasso e desiste de tudo.
    Conclusão – Nunca se deixar abater.
    c) Rebelde sem causa – o que se rebela sem um alvo definido.
    Rebelde consciente, melhor dizendo, revoltado – aquele que se revolta diante de uma situação e age para mudá-la.
    Conclusão – A rebeldia pura e simples é inútil. É preciso saber usar as energias para alcançar um fim útil.
    d) O sonho dá forças gigantescas ao homem.
    A realidade se contrapõe ao sonho.
    Conclusão – É preciso sonhar com os pés no chão para não se frustrar.
    e) Crimes ocorrem em qualquer lugar e em qualquer época. Devem ser sempre punidos.
    A impunidade faz o crime proliferar.
    Conclusão – Punir sempre, mesmo os menores delitos.
    f) Bens materiais, em geral, podem ser subtraídos. Amor, conhecimento, solidariedade, felicidade, por exemplo, são nossos bens mais preciosos e dificilmente podem ser subtraídos.
    Conclusão – É preciso aprender a valorizar aquilo que é realmente importante.
    g) As pessoas quase nunca assumem responsabilidade individual em ações coletivas malsucedidas.
    A responsabilidade individual sempre está presente em qualquer ação coletiva.
    Conclusão – É preciso assumir responsabilidades individuais em qualquer ação em grupo, principalmente ações que trazem resultados inesperados.
    h) Os amigos são parte importante da nossa vida. Manter a amizade por toda a vida é muito difícil, já que as pessoas mudam ao longo do tempo e o convívio social entre os amigos pode sofrer transformações e abalos importantes.
    Conclusão – É preciso reconhecer as dificuldades inerentes aos relacionamentos entre amigos e trabalhar para superá-las.
    i) A sensatez, isto é, o bom senso, o equilíbrio e a temperança são fundamentais para uma vida saudável e feliz no presente.
    A insensatez provoca perturbações de toda natureza e impede que se viva um presente tranquilo, pleno e feliz.
    Conclusão – Para viver a vida com sabedoria, é indispensável buscar o bom-senso.
    j) Os amantes não se importam com o discurso repetitivo e monótono.
    A razão não tolera discursos que se repetem infinitamente.
    Conclusão – O amor tolera coisas que a razão desconhece.

3. Resposta pessoal.

Parte 5 – Revisão gramatical

1. Crase

1. Há crase em: b; e; g; i.
    Não há crase em: a; c; d; f; h; j.

2. a) a; b) àquele; c) àquilo; d) à; e) a; f) a; g) à; h) à; i) à; j) a

2. Concordância verbal

1. a) bastam; b) avançou; c) é; d) sabe; e) haja vista; f) se preocupa; g) fazia; h) fizeram/querem; i) falam; j) fez/fizeram (prefira "fez").

2. a, b, c, f, h, j.

3. O uso do infinitivo

1. a) invadir; b) transmitir; c) ambos estão corretos, mas *tremer* é melhor que *tremerem* porque o sujeito está posposto; d) serem; e) continuar; f) confiar; g) chorar; h) ambos estão corretos; i) depor; j) ler

2. a) Os pais, ao tratar(em) os filhos como seres inferiores, divorciam-se deles para sempre.
   b) Não demorou muito para todos verem que nenhum plano feito contra os interesses do povo iria dar certo.
   c) No Brasil, a via eletrônica serve como meio para as pessoas fugirem dos impostos e transferirem dinheiro ilegalmente para contas no exterior.
   d) Por ter crescido assustadoramente o número de assaltos a edifícios, em São Paulo algumas pessoas já estão se mudando para casas.
   e) Por serem sempre recebidos a bala pelos bandidos, os policiais evitam subir os morros sem o apoio de uma tropa de elite.
   f) É preciso repensar o modelo econômico para podermos viver numa sociedade mais justa e alcançarmos o pleno desenvolvimento.
   g) Por nem todos saberem votar, terminamos sempre na mão dos mesmos políticos.
   h) É indispensável que cada um de vocês conheça o regulamento para não incorrermos em multas.
   i) Muitos pais revelam ter dificuldade de falar com os filhos sobre sexo, assunto tão banalizado em qualquer programa de TV.
   j) Mandei todos os alunos escrever/escreverem um texto sobre a Amazônia.

4. Regência verbal

1. a) lhe; b) lhe; c) o; d) o; e) lhe; f) lhe; g) o; h) lhe; i) o; j) o

2. Não: a, b, c, f, g; Sim: d, e, h, i, j.

5. O uso da vírgula

a) 1.

Milhões leram os romances e contos de Franz Kafka – suas obras foram traduzidas para todas as línguas que têm literatura escrita – e muitos outros milhões que nunca leram uma única linha de Kafka conhecem seu nome e com naturalidade descrevem como "kafkianas" suas experiências desnorteantes ou frustrantes com as complexidades da vida moderna. Kafka autorizou a publicação de apenas algumas de suas obras enquanto viveu. Entre elas estão duas novelas, *A metamorfose* e *Na colônia penal*, que, cada uma isoladamente, já lhe granjeariam um apreciável lugar no panteão literário. Da mesma elevada qualidade são, entre outros, seus contos "O veredicto", "Um médico rural", "Um relatório para uma Academia", "Um artista da fome", e o último texto que ele escreveu, "Josefina a cantora ou O povo dos camundongos". Esses escritos garantiram-lhe a admiração de um público de autores e críticos em Praga, Berlim e Viena, que o reconheceram como um dos mestres da prosa alemã moderna. A obra de Kafka foi antologiada quando ele era ainda vivo e traduzida para o tcheco, o húngaro, e o sueco. Ainda assim, é seguro afirmar que Kafka não teria conquistado seu monumental renome sem os incansáveis esforços de seu melhor amigo e primeiro biógrafo, Max Brod, o responsável pela publicação póstuma de seus romances e outros textos de ficção.

2.

No princípio foi Gaia, que é a Terra. A vida brotou-lhe da boca. De todos os seus filhos, Urano, o céu estrelado, foi o primeiro a sair de seu corpo, sem pai nem consorte. Depois, a Terra deu à luz as colinas, onde as ninfas dançam, e em seguida o mar, onde as ondas vagueiam. Então a Terra se deitou com seu divino filho, o Céu, e dessa união proveio a primeira dinastia dos deuses: os chamados Titãs, Oceano, Hipérion, Jápeto, Têmis, Mnemósine, Febe, Tétis, os Ciclopes de um só olho, Rea e seu irmão e marido Crono – o mais jovem e mais traiçoeiro dos filhos da Terra, que castra o pai e lhe usurpa o lugar no céu.

b) A teoria que relaciona poucos anos de estudo à baixa renda tornou-se lugar-comum na literatura mundial sobre pobreza. Para o cientista político Eduardo Marques, da Universidade de São Paulo, a relação entre escola e pobreza não é errada. Apenas não explica tudo. "Encontrei pessoas com os mesmos anos de estudo, moradoras de um mesmo bairro e com histórias de vida parecidas em que uma delas tinha condições de vida melhor do que a outra", diz Marques. Depois de quatro anos de pesquisa em sete áreas pobres de São Paulo, replicadas agora em Salvador, ele concluiu que o conjunto de relações sociais dos indivíduos – a que chama de redes – pode ser mais importante do que os anos de escola na hora de determinar se alguém terá emprego ou não. Enquanto um ano a mais na sala de aula aumenta em R$ 7 a renda mensal, um padrão de redes específico traz a ele R$ 59 a mais. Os resultados obtidos por Marques, inéditos no Brasil e a ser publicados no fim de setembro, apontam para uma geração de políticas sociais. O combate à pobreza pode estar menos ligado a dar dinheiro aos pobres do que a criar novas oportunidades de novas relações para eles. Marques, no entanto, admite que nenhum governo no mundo sabe ainda como influenciar as redes sociais.

c) A Revolução Russa propôs-se a criar o "paraíso socialista", cujo cardápio foi parido por intelectuais europeus. Na teoria, todos tinham direito a habitação, emprego, comida, escola e ópera. Mas a dieta era parca e o povão queria consumir mais. Daí a necessidade do que Churchill chamou de Cortina de Ferro, para não deixar que os russos bisbilhotassem o que consumia o mundo capitalista decadente. Para os xeretas, punições ferozes. Mas os seus líderes cometeram um erro, criaram também um estupendo sistema educativo para todos. Foi uma besteira, pois não houve maneiras de impedir um povo educado de ver o que acontecia do lado de fora. O resultado foi a estrepitosa queda do Muro de Berlim.

6. A vírgula e os relativos

a) O jovem, **do qual/de quem** tanto depende o futuro do país, precisa hoje empenhar-se muito mais que antigamente para conseguir seu primeiro emprego.
b) Devíamos ser mais cuidadosos com as pessoas **com as quais/com que** nos relacionamos.
c) Meu pai, **do qual/de quem** eu tanto divergia, terminou sendo meu aliado.
d) A casa, **na qual/em que** eu tinha tanto interesse, já foi vendida.
e) Temos de tomar consciência de determinados fatos **diante dos quais** muitos se mantêm passivos.
f) A manobra **em que/na qual** você é tão hábil já não surte mais efeito.
g) Trata-se de uma pessoa **por quem/pela qual** tenho muita admiração.
h) Esse é o cargo **do qual** é possível tirar muitos benefícios.
i) Não é esse o nome **pelo qual/por que** ele atende.
j) O porte de armas, **contra o qual** tantos lutam, devia ser mais combatido pela polícia.

7. O emprego de *cujo*

1. a) Morávamos numa casa espaçosa, cuja garagem transformamos num laboratório de som.
    b) Ele fez concurso para oficial de justiça, cuja tarefa não é das mais fáceis.
    c) Leio sempre revistas e jornais, cujas informações são muito importantes para meu dia a dia.
    d) Hoje, nenhum político dispensa os institutos de pesquisa, cujas informações são importantes para as estratégias de campanha.
    e) O diretor, em cujas palavras jamais confiei, era mesmo um homem sem princípios.
    f) Toda sociedade tem seus ídolos, cujo comportamento serve de modelo para a juventude.
    g) A depressão, cujos sintomas às vezes se confundem com os da tristeza, pode atacar qualquer pessoa.
    h) Meu filho, em cuja palavra sempre acreditei, me decepcionou.
    i) É grande no Brasil o índice de criminalidade, cuja prevenção está mais na educação do que na pura repressão.
    j) Todos deviam se basear nos princípios éticos, cuja prática é que torna a sociedade mais coesa.

2. a) Não faz muito tempo que temos esta nova TV, cujo controle remoto eu perdi.
    b) Essa TV é um instrumento sem cuja presença eu não saberia viver.
    c) O rapaz passa os dias sentado na velha poltrona, cujo forro já está todo puído.
    d) Se estou num canal de cujo programa não gosto, mudo para outro.
    e) Minha mãe, cujo pai era muito cruel, teve uma infância terrível.
    f) O filho olha para o pai, em cujo rosto vê sofrimento.
    g) O roqueiro, cujo filho vê televisão o dia inteiro, é um homem velho e abatido.
    h) A mãe reclama o dia inteiro do filho, cujo passatempo é ficar zapeando na TV.
    i) A apresentadora, a cujas perguntas o pai gostaria de fugir, insiste.
    j) O rapaz sente saudades do pai, cujo aspecto o repugna.

Bibliografia

ALMEIDA, Napoleão Mendes de. *Gramática metódica da língua portuguesa*. São Paulo: Saraiva, 1963.

ANTUNES, Irandé. *Língua, texto e ensino*. São Paulo: Parábola Editorial, 2009.

_____. *Lutar com palavras: coesão e coerência*. São Paulo: Parábola Editorial, 2005.

BECHARA, Evanildo. *Moderna gramática portuguesa*. Rio de Janeiro: Lucerna, 2000.

BERNARDO, Gustavo. *Educação pelo argumento*. Rio de Janeiro: Rocco, 2000.

BRETON, Philippe. *A argumentação na comunicação*. Trad. Viviane Ribeiro. São Paulo: Edusc, 1999.

CARDOSO, João Batista. *Teoria e prática de leitura, apreensão e produção de texto*. Brasília: Edunb/Imprensa Oficial do Estado, 2001.

CASTTELAN, João Carlos; BOTEGA, Rita Maria Decarli. "O texto como agenciamento autoral de vozes: a redação no vestibular". *Letras & Letras*, Uberlândia, UFU, Instituto de Letras e Linguística, v. 19, n. 2, jul./dez. 2003, p. 41-56.

CAVALCANTI, Jauranice Rodrigues. *Professor, leitura e escrita*. São Paulo: Contexto, 2010.

CRESSOT, Marcel. *O estilo e as suas técnicas*. Trad. Madalena Cruz Ferreira. Lisboa: Edições 70, [s.d.].

FERREIRA, Luiz Antonio. *Leitura e persuasão*. São Paulo: Contexto, 2010.

GARCEZ, Lucília H. do Carmo. *Técnica de redação*. São Paulo: Martins Fontes, 2001.

GARCIA, Othon M. *Comunicação em prosa moderna*. 23. ed. Rio de Janeiro: Fundação Getúlio Vargas, 2003.

HARVEY, Paul. *Dicionário Oxford de literatura clássica, grega e latina*. Trad. Mário da Gama Kury. Rio de Janeiro: Zahar, 1987.

INFANTE, Ulisses. *Curso de gramática aplicada aos textos*. São Paulo: Scipione, 2001.

KOCH, Ingedore Villaça; ELIAS, Vanda Maria. *Ler e escrever*. São Paulo: Contexto, 2010.

KÖCHE, Vanilda Salton; BOFF, Odete Maria Benetti; MARINELLO, Adiane Fogali. *Leitura e produção textual: gêneros textuais do argumentar e do expor*. Petrópolis: Vozes, 2010.

KOTHE, Flávio R. *A alegoria*. São Paulo: Ática, 1986.

LUFT, Celso Pedro. *A vírgula*. Org. e superv. Lya Luft. São Paulo: Ática, 1996.

_____. *Dicionário prático de regência nominal*. São Paulo: Ática, 1999.

_____. *Dicionário prático de regência verbal*. São Paulo: Ática, 2000.

_____. *Gramática resumida*. Porto Alegre: Globo, 1976.

MACAMBIRA, José Rebouças. *Português instrumental*. São Paulo: Pioneira, 1978.

MAIA, José Domingues. *Literatura: textos & técnicas*. São Paulo: Ática, 1996.

MANUAL de redação e estilo. 3. ed. rev. e ampl. São Paulo: *O Estado de S. Paulo*, 1997.

MARQUESI, Sueli C. *A organização do texto descritivo em língua portuguesa*. Petrópolis: Vozes, 1996.

MEYER, Bernard. *Maîtriser l'argumentation*. Paris: Armand Collin, 1996.

MOISÉS, Massaud. *Dicionário de termos literários*. 14. ed. São Paulo: Cultrix, 1995.

PÉCORA, Alcir. *Problemas de redação*. 4. ed. São Paulo: Martins Fontes, 1992.

PLANTIN, Christian. *L'argumentation*. Paris: Seuil, 1996.

VAL, Maria das Graças Costa. *Redação e textualidade*. São Paulo: Martins Fontes, 1994.

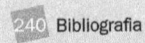